suhrkamp taschenbuch 2472

Gewöhnlich beschränkt sich unser Interesse am Geld darauf, es zu erwerben und damit umzugehen, d. h. auszugeben. Die grundsätzliche Frage, welchen Einfluß das Geld in unserer Zivilisation besitzt, wird eigentlich nicht gestellt. Jacob Needleman geht dieser Frage nach, er macht sich ernsthafte und nützliche Gedanken über die Beziehung zwischen dem Trachten nach Geld und unserer Bewußtseinsfindung. »Liebe und Haß, Sicherheit und Gefahr, Arbeit und Muße, Ehe, Kinder, Angst, Einsamkeit, Freundschaft, Wissen und Kunst. Der Faktor Geld ist allgegenwärtig, hüllt alles ein oder steckt in allem. Wir sehen, daß die Krise der modernen Welt durch und durch von dem Faktor des Geldes beherrscht wird: Krieg, soziale Ungerechtigkeit, die Unterdrückung von Völkern, Verbrechen, unsere sterbende Umwelt.«

Geld ist das Rohmaterial, aus dem wir unser Leben bauen. Doch da wir das Geld nicht ernster nehmen, kennen wir den Preis von allem und den Wert von nichts. Das bemerkenswerte Buch von Jacob Needleman macht uns bewußt, was das Geld eigentlich wert ist. Wir lernen zu enträtseln, welche kulturelle Macht das Geld über uns hat und wie wir Geld zu einem einzigartigen Mittel der Selbsterkenntnis machen können.

Jacob Needleman studierte in Harvard, Yale und Freiburg, er ist Professor für Philosophie an der San Francisco State University und Verfasser zahlreicher Publikationen zur Religionsgeschichte, Philosophie und Physik.

Jacob Needleman
Geld und der Sinn des Lebens

Aus dem Amerikanischen
von Charlotte Franke

Suhrkamp

Die Originalausgabe erschien 1991 bei Doubleday, New York,
unter dem Titel *Money and the meaning of life*

Umschlagfoto: Regina Göllner

suhrkamp taschenbuch 2472
Erste Auflage 1995

Lizenzausgabe mit freundlicher Genehmigung des Insel Verlags
Suhrkamp Taschenbuch Verlag

Druck: Nomos Verlagsgesellschaft, Baden-Baden
Printed in Germany
Umschlag nach Entwürfen von
Willy Fleckhaus und Rolf Staudt

1 2 3 4 5 6 – 00 99 98 97 96 95

Für Gail

Inhalt

Danksagungen

Mein Dank gilt vor allem Laurance S. Rockefeller für seine ermutigende und großzügige Unterstützung, die es mir ermöglicht hat, dieses Buch zu schreiben, und Sidney und Jean Lanier für ihre Freundschaft, die mir bei meiner Arbeit so sehr geholfen hat.

Viele Menschen haben ihre Erfahrungen und ihre Gedanken über das Geld mit mir geteilt. Vor allem möchte ich Rich Arnold, Russ Berrie, Joseph Firrigno, John Levy, Danie Hulett, Michael Murphy, Joshua Mailman, Michael Gerber, Charles Schwab und Marge Voyvodick danken.

Besonderen Dank schulde ich Rich Arnold, John Hunt und William Torbert, die das Manuskript für dieses Buch gelesen haben und deren Hinweise und kritischen Bemerkungen eine nützliche Hilfe waren.

Danken möchte ich auch Cathy Grans, Jeffrey Kessler, Olga Madden, Carol Meehan, Gregory Porter und Steve Zimmerman. Und ich möchte meinen Studenten danken. Viele Ereignisse und Charaktere, die in diesem Buch dargestellt sind, vor allem die von Bill Cordell und Alyssa, sind fiktive Gestalten, die aus dem ergiebigen Gedankenaustausch mit den Studenten in meinen Seminaren und Vorlesungen hervorgegangen sind.

Die große Hilfe, die ich von meiner Frau erhalten habe, und mein Dank an sie lassen sich nicht in Worte fassen.

Einleitung
Die Macht des Geldes

Ich habe einmal folgenden Rat gehört: ›Wenn du dir über jemanden ein richtiges Urteil bilden willst, dann beobachte, wie er mit der Sexualität, mit der Zeit und mit dem Geld umgeht.‹ Diesen Rat erhielt eine Frau, die einem spirituellen Lehrer aus dem Orient begegnet war und alles stehen und liegen lassen wollte, um ihm zu folgen. Und der den Rat erteilte, war selbst ein Lehrer mit beträchtlicher Macht, aber ein Mann des Westens, der es gewohnt war, sich in der rauhen Welt der Geschäfte und der Politik zu bewegen. In all den Jahren, die ich diesen Mann kannte, war ich von seiner Fähigkeit, andere Menschen auf den Weg zur Selbsterkenntnis zu bringen, zutiefst beeindruckt. Aber es war noch etwas anderes an ihm, etwas Wesentliches, das ich nicht zu fassen bekam, eine Fähigkeit, die ihn von den vielen anderen Lehrern und Führern unterschied, die ich in all den Jahren kennengelernt hatte. In dem Augenblick, in dem er das Wort ›Geld‹ im Zusammenhang mit spiritueller Größe erwähnte, wurde dieses Gefühl, das ich schon immer bei ihm hatte, sofort wieder wach. Ich begriff, daß das einzigartige an ihm die Fähigkeit war, sich den Aspekten des menschlichen Lebens, von denen sich die meisten Menschen bei der Suche nach dem Sinn des Lebens vereinnahmen und verwirren lassen, offen zu stellen.

Sexualität, Zeit und *Geld*: Wir wissen, daß ersteres eine Kraft ist, mit der wir alle zu kämpfen haben, ganz gleich, wer wir sind oder welches unser Ziel im Leben ist. Die Lehren jeder Glaubenslehre und die Schriften aller ernsthaften Denker bieten das eine oder andere Urteil über die Frage der Sexualität. Das Geheimnis der Zeit findet in den Schriften, Mythen und Kunstwerken aller Zeiten, wie auch in den Texten der Philosophen, zumindest eine theoretische Behandlung. Aber in den großen Lehren der Vergangenheit oder in den Büchern der

Weisen sucht man vergeblich nach einer hilfreichen Anleitung für die Beziehung zum Geld. Vielleicht klingt es sogar seltsam, das Geld in einem Atemzug mit den beiden anderen Punkten zu nennen. Und doch macht uns das Problem des Geldes jeden Schritt im Leben schwer und übt einen Druck auf uns aus, der auf seine Weise genauso stark und anhaltend ist wie jedes andere Problem des menschlichen Daseins. Und selbst bei der Suche des Geistes fehlt es nicht.

Gewöhnlich beschränkt sich unser Interesse am Geld darauf, es zu erwerben und damit umzugehen, und zu diesem Aspekt der Geldfrage gibt es zahllose Bücher. Aber ernsthafte und nützliche Gedanken über die Beziehung zwischen dem Trachten nach *Geld* und der Suche nach *Sinn* zu finden ist fast unmöglich. Welche Rolle spielt das Geld bei der Bewußtseinfindung, bei dem Streben nach Veränderung des Selbst, von dem bei den großen Lehrern und Philosophen aller Epochen und Kulturen die Rede ist? In diesem Buch soll diese Frage erörtert und genügend Stoff angeboten werden, damit dieses schwierige Problem von jedem selbst beantwortet werden kann.

Warum wurde diese Frage noch nie direkt gestellt? Bestimmt deshalb nicht, weil das Geld in keiner anderen Kultur oder Zivilisation, die wir kennen, einen so allumfassenden und entscheidenden Einfluß ausgeübt hat. In der Welt, in der wir leben, dringt das Geld in alles und jedes ein, was der Mensch tut, und erfaßt jeden Bereich des Lebens. Das ist neu.

Ich will damit nicht sagen, daß unsere Kultur nun unbedingt materialistischer wäre, als es die Kulturen vor uns waren. Ich meine nur, daß das Geld – diese außergewöhnliche Einrichtung, mit deren Herkunft wir uns schon bald befassen werden – heute eine unerhört mächtige Rolle in unserem inneren und äußeren Leben spielt, und daß wir bei jedem ernsthaften Streben nach Selbsterkenntnis und Selbstentwicklung unbedingt auch untersuchen müssen, welche Bedeutung das Geld tatsächlich für uns hat.

Es wird nicht leicht sein, dieser Frage auf den Grund zu

gehen. Die Tatsache, daß das Geld in alles und jedes eindringt, bedeutet, daß wir jeden Aspekt unseres Lebens unter dem Gesichtspunkt des Geldes betrachten müssen, und unter dem der Macht, die es auf das Leben unserer gegenwärtigen Zivilisation ausübt. Liebe und Haß, Essen und Schlafen, Sicherheit und Gefahr, Arbeit und Muße, Ehe, Kinder, Angst, Einsamkeit, Freundschaft, Wissen und Kunst, Gesundheit, Krankheit und Tod: Der Geldfaktor ist ein bestimmendes Element in ihnen allen – manchmal klar ersichtlich, manchmal verwoben wie ein Farbton in einem Stück Stoff. Denken wir nur an unsere Beziehung zur Natur, zu Ideen, zur Freude; denken wir nur an unser Gefühl der Selbstidentität und der Selbstachtung; denken wir nur daran, wo wir leben und mit welchen Dingen wir uns umgeben; denken wir nur an all unsere Triebe, anderen zu helfen oder einer größeren Sache zu dienen; denken wir nur an unsere psychischen und biologischen Bedürfnisse; denken wir nur daran, wohin wir gehen, wie wir reisen, mit wem wir uns verbinden – oder denken wir nur daran, was wir gestern getan haben und was wir morgen tun werden, oder in einer Stunde. Der Faktor des Geldes ist immer gegenwärtig, hüllt alles ein oder steckt in allem. Denken wir nur daran, was wir uns wünschen und wovon wir träumen, jetzt oder nächstes Jahr oder für den Rest unseres Lebens. Dazu ist Geld nötig, eine ganz bestimmte Summe.

Wenn wir das einzelne einmal außer acht lassen und das Menschengeschlecht im Ganzen betrachten, sehen wir, daß die Krise der modernen Welt durch und durch vom Faktor des Geldes beherrscht wird: Krieg, soziale Ungerechtigkeit, die Unterdrückung von Völkern und Klassen, Verbrechen in all seinen gewalttätigen und gewaltfreien Formen, unsere sterbende natürliche Umwelt. Wir sehen, daß die monströsen Illusionen von Macht, Ruhm und Vergnügen, die die Menschenmassen auf der Welt bewegen und für die unsere Gesellschaft durch die ständig steigende Produktion von immer neuen Erfindungen und Technologien soviel Energie aufbringt, von Geld getragen und beeinflußt werden.

Wir sehen, in welchem großen Ausmaß die Helden, die wir bewundern, – wenn auch nur für eine Stunde –, und die Errungenschaften und Kennzeichen des ›Fortschritts‹ von Nationen und Kulturen ein Spiegelbild der finanziellen Kräfte sind, deren Ruhm verblaßt, wenn sich diese Kräfte verändern, so wie Strudel in einem Fluß, deren einzige Realität die Wasserströme sind, die sie erzeugen. Wir sehen, daß viele Träume vom Weltreich, von Utopia und von religiöser Errettung und auch die paranoischen Alpträume von großen Menschenmassen, die neue Ideen oder fremden Glauben ablehnen, von Geld genährt und in einem gewissen Maß sogar geschaffen werden – direkt oder indirekt. Das Geld aus diesem Blickwinkel zu betrachten heißt, zu erkennen, wer und was wir sind.

Aus diesem Grund müssen wir das Problem des Geldes in unserer Zeit als ein Problem des Bewußtseins ansehen, als ein Problem des menschlichen Daseins in der Welt als Ganzem. Es ist mehr als nur ein psychologisches oder soziales Problem, das zu korrigieren man bestrebt ist, bevor man sich den Fragen des Geistes zuwendet. Es ist der Schlüssel zum Verständnis des höheren Sinns menschlichen Lebens geworden und zu dem, was uns denn nun genau daran hindert, diesem höheren Sinn zu dienen.

Weil Geld in alle Bereiche des menschlichen Lebens eindringt, kann man es nicht stückchenweise auf der Ebene abhandeln, auf der es sich gerade präsentiert – pragmatisch, psychologisch oder moralisch –, genausowenig, wie man aus dem Gefängnis freikommt, indem man zum Gefängnispsychologen oder zum Sozialarbeiter geht und die Zustände innerhalb der Gefängnismauern verbessert.

Der Vergleich zwischen dem Leben der Menschheit und dem Dasein im Gefängnis hat seine Wurzeln in einer tiefgründigen und sehr alten Vision vom Menschen und seiner möglichen inneren Entwicklung. Auf den folgenden Seiten werden wir sehen, wie diese Vision in verschiedenen Bildern ausgedrückt wurde, von denen viele ihre Macht verloren haben und unsere Suche nach Befreiung nicht länger unterstützen. Wenn wir diese alten Lehren aber mit der Geldfrage in Verbindung bringen, können wir vielleicht die Tiefen ergründen, die als der *Schlaf* der Menschheit bezeichnet wurden, und herausfinden, was von uns verlangt wird, damit wir aufwachen. Unsere Beziehung zum Geld kann zu einem beweiskräftigen Hilfsmittel bei unserer Suche nach Selbsterkenntnis werden.

Wir müssen dieses Gefängnis, diese Hölle, diesen Kreislauf von Geburt und Tod verstehen, wenn wir das ungeheuer Große, für das die Menschheit geschaffen wurde, deutlich erkennen wollen. Wenn wir uns das eine ohne das andere vorzustellen versuchen, wird uns das keinen Deut weiterbringen. Wir müssen die wahre Stellung des Menschen im Universum begreifen, sowie das Ausmaß, in dem er sein Ziel verfehlt hat. Von der wirklichen Größe des Menschen zu sprechen, ohne sich ein deutliches Bild von seiner gegenwärtigen Entartung zu machen, ist ein Tagtraum. Wenn man aber, umgekehrt, die Illusion und die Verderbnis der menschlichen Existenz betont, ohne sich gleichzeitig ein deutliches Bild von seinen fast gottgleichen Möglichkeiten zu machen, bedeutet das, in einem Alptraum zu leben.

Ein Freudscher Psychoanalytiker hat mir einmal seine Vorstellung vom Zustand des Menschen vorgetragen, indem er sagte, daß der Mensch gar nicht so schlecht sei, wie er zu sein glaubt, daß er aber genausowenig so gut werden könne, wie er es sich erträumt. In diesem Buch vertrete ich genau die gegenteilige Auffassung: Der Mensch befindet sich in einer viel schlimmeren Verfassung, als er glaubt, aber er kann weitaus größer werden, als er es sich vorstellt.

Ich werde mich in diesem Buch bemühen, so gut es geht, auf eine allzu religiöse Ausdrucksweise zu verzichten, wenn ich über den Zustand des Menschen spreche. Allerdings wird es sich nicht völlig vermeiden lassen. Zum Beispiel ist es unmöglich, bei der Beschreibung der elementaren Möglichkeiten des Menschen, wie wir sie seit altersher von den weisesten Lehrern kennen, vom Menschen nicht als dem Diener für einen heiligen Zweck auf der Erde und im Universum zu sprechen. Gleichzeitig ist es notwendig, mit unseren konventionellen Vorstellungen von Gott als einem nur äußeren Wesen zu brechen. Entscheidend ist doch, daß in *uns* die Möglichkeit und sogar die Notwendigkeit vorhanden ist, etwas unvorstellbar Großem und unfaßbar Realem zu dienen. Die menschliche Natur ist ohne Sinn und Bedeutung, wenn diese innere Möglichkeit nicht begriffen wird.

Irgendwie ist in jedem menschlichen Wesen eine Spur dieser Möglichkeit vorhanden, und häufig sogar ein stummes, dunkles Sehnen nach einer Verbindung zu diesem Etwas. Es ist eine Sehnsucht, ein Verlangen, ein Ruf, der jedes andere Ziel und jeden anderen Zweck unseres Lebens in Frage stellt. Wir vernehmen diesen Ruf nicht sehr oft und nicht sehr deutlich, aber wenn wir ihn hören, erkennen wir, daß er aus einem Teil von uns kommt, der mit allem übrigen von uns erschreckend wenig zu tun hat.

Eine Umschreibung der Worte aus Goethes *Faust*: ›Zwei Seelen leben, ach, in meiner Brust.‹ Ein Teil von uns ist dazu geschaffen, in der Welt, die wir um uns herum sehen, zu leben und zu agieren – zu essen, zu schlafen und Kinder zu zeugen, den Anforderungen der natürlichen und sozialen Welt zu begegnen. Mit den Worten Salomos im Alten Testament, geboren zu werden und zu sterben, zu töten und zu heilen, zu bauen und zu zerstören, zu weinen und zu lachen, zu empfangen und zu verlieren, zu bewahren und zu verwerfen. Das ist das menschliche Leben ›unter der Sonne‹, die Welt, die wir sehen und kennen und die für uns *wirklich* ist. Aber Gott, dieses ›Etwas‹, *ist über der Sonne*, über allem, was unsere Augen sehen und unser Geist benennen kann, und ein höherer Teil von uns spürt es und ruft uns. Wir haben zwei Naturen. Das verheißen die alten Lehren.

Der legendäre König Salomo, auf den wir uns in diesem Buch noch häufiger berufen werden, spricht von diesem Leben ›unter der Sonne‹ als einem Gefängnis, einem Käfig der Nichtigkeiten, einer Welt der Erscheinungen und der Illusion.

Aber das Erschreckendste an diesem Gefängnis ist, daß wir es nicht als das erkennen, was es ist.

Stellen Sie sich ein Gefängnis vor, in dem die Gefangenen das Leben in Freiheit außerhalb der Mauern gar nicht kennen oder sich nicht daran erinnern. Ihr ganzes Streben ist darauf gerichtet, die Bedingungen innerhalb des Gefängnisses zu verbessern. Diejenigen von ihnen, die in überfüllten, schmutzigen oder isolierten Zellen sitzen, beneiden die anderen Gefangenen, die größere Privilegien genießen. Manche verzieren die Wände ihrer Zellen, malen hübsche Streifen auf die Gitterstäbe, ohne auch nur zu ahnen, wozu diese Gitter in Wirklichkeit da sind.

Es ist ein sehr ›aufgeklärtes‹ Gefängnis. Es gibt Freizeitanlagen, Kunst und Handwerk, es gibt eine gut ausgestattete Bibliothek, auch wenn die Gefängnisbehörde sorgfältig darauf bedacht ist, Bücher mit bestimmten Ideen über die Welt außerhalb des Gefängnisses fernzuhalten. Es gibt Gefängnispsychiater, die den Gefangenen helfen, sich anzupassen. Es gibt Gefängnispriester, die imaginäre Glauben einflößen und abgeschiedene kleine ›Klöster‹ bilden. Im Verlauf der Zeit hat sich dieses Gefängnis sogar so weit weiterentwickelt, daß politische Gruppen und Versammlungen erlaubt sind. Aus den Reihen der Gefangenen erheben sich Philosophen und Kritiker, um für mehr Gleichheit und Freiheit – *innerhalb des Gefängnisses* – einzutreten. Es werden Ehrungen verliehen, Preise vergeben, große Namen in die Liste der Gefängniswissenschaft, Gefängniskunst, Gefängnismoral eingetragen.

Gelegentlich taucht ein Gefangener auf, – der von draußen geschickt wurde –, der klar und zwingend von einem Leben außerhalb der Mauern spricht. Was wird aus ihm? Wie wird der Botschafter aufgenommen? Manchmal begegnet man ihm mit Spott oder Feindseligkeit. Manchmal töten ihn die Gefangenen sogar oder entledigen sich seiner, indem sie ihn absondern und isolieren. Häufig wird seine Botschaft, wenn sie besonders klar und eindringlich ist, von den Gefängnispriestern und Psychologen aufgegriffen, um sie ihren eigenen Zwecken anzupassen.

Aber manchmal überzeugt dieser Botschafter von außerhalb der Mauern auch ein paar Leute davon, daß es noch eine andere Welt gibt, und zeigt ihnen, wie sie entkommen können. Diese Gefangenen fangen an zu verstehen, daß ihr einziges vernünftiges Ziel in der Flucht aus dem Gefängnis besteht, und darin, wenn möglich, anderen zur Flucht zu verhelfen. Unter denen, die ›Ohren haben, um zu hören‹, zirkuliert ein spezielles, sorgsam gehütetes Wissen.

Ein alptraumhaftes Phantasiegebilde oder eine gerechtfertigte Darstellung des Lebens der Menschheit? Und was sind die Gitter und Türen unseres Gefängnisses? Was ist seine Währung? Wer sind die Gefangenenwärter und Verwalter? Denn wir sollten wissen, daß diese Metapher, die über Jahrtausende weitergereichte Lehren genauestens widerspiegelt, nicht nur die Beschreibung einer materialistischen Gesellschaft sein soll, sondern ein Porträt unserer selbst. Die Gitter und Ketten befinden sich in uns, genauso wie die ›Wärter‹, die ›Priester‹ und die ›Psychologen‹. Die Pfade und Wege des Geistes, die es in allen Kulturen und Epochen der menschlichen Geschichte gegeben hat, waren bestrebt, uns sowohl das Innere des Gefängnisses zu zeigen, in dem wir leben, als auch das unermeßlich große Verständnis und die Liebe, für die wir geschaffen sind.

Und was den ›Botschafter‹ angeht, der verkörpert auch etwas, das nicht nur außerhalb von uns, sondern auch in uns ist. Das Leben eines jeden Mannes und einer jeden Frau birgt den schwachen Schimmer einer anderen Qualität des Seins, eines anderen Bewußtseinszustands; wir brauchen uns nicht völlig auf die Metaphern und Beschreibungen zu verlassen, die uns andere anbieten. Aber unsere Kultur hilft uns nicht, diesen schwachen Schimmer zu erkennen oder als das zu verstehen, was er uns über unsere mögliche moralische, mentale und emotionale Entwicklung sagt. Man hilft uns nicht, ihn als ›Botschafter‹ eines anderen, höheren Teils von uns anzusehen, den wir untersuchen und kultivieren müssen.

Wir können zu begreifen beginnen, wie das Leben außerhalb unserer Gefängnismauern sein könnte, indem wir uns ins

Gedächtnis rufen, wie wir während dieser seltenen Augenblikke sind. Ich spreche hier nicht unbedingt von ›Spitzenerfahrungen‹ oder emotionalen Höhepunkten, wie es gewöhnlich genannt wird. Oft erleben wir diese kurzen Einblicke, von denen ich spreche, in einer Zeit großen Kummers oder wenn wir einen Verlust beklagen oder in einer Zeit extremer physischer Gefahr, tiefer Enttäuschung, wenn uns plötzlich alles, auf das wir uns verlassen haben, genommen wird oder für uns verloren ist. Manchmal erscheinen sie in Augenblicken ›höchsten Glücks‹, wenn wir einfach nicht wahrnehmen, was vor sich geht.

In solchen Augenblicken *teilt sich* ein Individuum *in zwei*. Es erscheint ein zweites Selbst, und häufig hält es *Ausschau*. Nur das und sonst nichts. Aber es ist eine wachende, *sehende* Präsenz, anders als alles, was wir je erlebt haben; es ist ein Erwachen von großer Klarheit und Stille zu uns selbst. Es ist das kurze Aufblitzen innerer Freiheit, völlig anders als das, was wir bei uns vertrauteren Erfahrungen, bei der Erfüllung unserer Wünsche oder wenn wir uns unserer Lasten entledigen, so nennen. In diesem zweiten Selbst liegt das Samenkorn für das, was im Christentum als der neue, aus dem alten hervorgegangenen, Adam bezeichnet wird; und im judaischen Glauben ist es Jakob und Esau, der höhere und der niedrigere Mensch in uns; im Hinduismus ist es der unzerstörbare Atman, der im sterblichen Ego existiert; im Buddhismus ist es die Buddha-Natur, die darauf wartet, wie ein Blitz in der Dunkelheit des illusorischen Gefühls des Selbst aufzuleuchten.

Was sehen wir, wenn wir erwachen? Es gibt viele Möglichkeiten. In manchen Fällen ist es ein erstaunlich gut funktionierendes normales Selbst: das geschieht häufig in Augenblicken physischer Gefahr, wenn schnelles Handeln, ein klares Urteil oder ungewöhnliche Stärke und Kraft erforderlich sind.

Aber in anderen Fällen bin ich selbst zu sehen, wie ich gewöhnlich bin, mit all meinen Schwächen, Selbsttäuschungen und Mißerfolgen, wie es manchmal vorkommt, wenn man etwas tut, das gegen die eigenen tiefsten moralischen Werte verstößt, oder wenn man sich plötzlich mit einer selbstzerstörerischen Gewohnheit konfrontiert sieht. Solche Augenblicke, in denen man sich selbst zusieht, können dazu führen, daß man sein Leben völlig verändert – Befreiung von einer Sucht, zum Beispiel. Derartige dramatische Veränderungen neigen aber dazu, die wichtigste Tatsache dieser kurzen erleuchtenden Einblicke zu verwischen – indem sie nämlich die Existenz eines zweiten Bewußtseins in uns enthüllt, das zwar immer vorhanden ist, mit dem wir aber so gut wie nie in Verbindung stehen.

Derartige Erfahrungen treten manchmal völlig spontan auf, inmitten prosaischer Gegebenheiten des Lebens, und je jünger wir sind, um so häufiger kommen sie vor. Aber es gibt wenig, das uns dabei helfen kann, aus ihnen die richtigen Schlüsse zu ziehen oder nutzbringende Fragen zu stellen, die sie betreffen. Sind sie nur die Spitze eines großen Berges voller Möglichkeiten, die in uns ruhen? Was sind wir für Menschen, wenn solche Erfahrungen in uns stattfinden? Kommen wir nicht, wenn auch nur für einen flüchtigen Augenblick, dem Mann oder der Frau näher, die wir gern wären – mit der Fähigkeit, unvoreingenommen zu urteilen, äußerst präzise zu handeln, mit tiefen moralischen Gefühlen? Müssen wir uns darauf beschränken, solche Zustände nur rein zufällig und sporadisch zu erleben, oder können wir auch auf eine ganz bestimmte Art leben, durch die wir häufiger in einen derartigen Zustand geraten und eine dauerhafte Beziehung zu ihm herzustellen imstande sind. Wer oder was *ist* dieses zweite Bewußtsein, das sich mehr wie ich selbst anfühlt als mein tägliches Gefühl für Identität?

Und was hat es zu bedeuten, daß sich dieses zweite Selbst nicht im geringsten um Dinge wie etwa Geld kümmert, die in unserem normalen Zustand soviel Wünsche und Ängste wekken? Was hat es zu bedeuten, daß wir zwei Leben in uns haben? Könnten sie je eine harmonische Verbindung eingehen? Könnten sich die gewöhnlichen Funktionen unserer Gedanken, Gefühle und Instinkte jemals so stark auf diese höhere Präsenz einstellen, daß sie sich ihnen freiwillig und freudig unterwerfen? Und wenn diesem zweiten Selbst die Ziele des gewöhnlichen Ego gleichgültig sind, welches sind dann *seine* Ziele? – *seine* Werte? – *sein* – das heißt, *mein* – wahrer Zweck im Universum?

Angesichts dieser Fragen spürt man, daß bei der anhaltenden Suche nach der Bedeutung des Lebens diese außergewöhnlich kurzen Einblicke in unsere zwei Naturen zweifellos in Rechnung gezogen werden müssen. Denn es könnte sein, daß die ganze Frage nach dem Sinn des Lebens in diesen kurzen Einblicken und in den Schlüssen liegt, die wir daraus ziehen können. Kein Wunder, daß unsere Versuche, diese Frage zu beantworten, ohne diese Erfahrungen aufs sorgsamste in Rechnung zu ziehen, fast nie zu etwas führen. Wen wundert es da noch, daß wir zu einer Kultur von Zynikern und Träumern geworden sind?

Über diese Augenblicke und über die Idee der beiden Naturen des Menschen gibt es noch mehr, viel mehr, zu sagen. Es ist hier nicht von dem die Rede, was gewöhnlich unter ›Mystizismus‹ verstanden wird. Dieser Begriff ist nicht mehr zu gebrauchen, denn mit ihm ist alles gemeint, vom erhabenen menschlichen Kontakt zu einer höheren Realität bis hin zu den banalsten oder sogar psychotischen Erfahrungen der Selbsttäuschung. Aber vielleicht ist für den Augenblick genug gesagt, um zu zeigen, warum die großen spirituellen Denker und Lehrer der Vergangenheit in jeder Epoche und überall, wo der Mensch gelebt hat, ihn nicht nur als ein gieriges, unbeholfenes, grausames und vergeßliches Wesen hingestellt haben, wie er häufig erscheint, sondern auch als ein Wesen mit großer kosmischer Bedeutung, ein Wesen, das dazu bestimmt ist, eine einzigartige und bedeutende Rolle im Universum zu spielen. Wir müssen genauer darauf hören, was uns diese Lehrer über die Menschen sagen, wer wir wirklich sind.

Aber um auf unser gegenwärtiges Leben mit all seinen Schwierigkeiten zurückzukommen, müssen wir eine andere außerordentlich wichtige Frage stellen: Was hält uns eigentlich davon ab, uns unserer wahren Natur bewußt zu werden? Was bringt uns dazu, unserem möglichen inneren Leben gegenüber wie betäubt, wie im Schlaf zu sein? Warum sind wir nicht entsetzt über unseren gegenwärtigen Zustand? Warum verwenden wir unsere kostbare psychische Energie darauf, bessere Zellen in unserem Gefängnis zu verlangen, anstatt zu fliehen? Was hat dieser Schlaf zu bedeuten? Jeden Tag kommen die Gefängnisaufseher, um den einen oder anderen von uns fortzuschaffen. »Das ist das übliche Los«, sagen manche von uns in vornehmer Resignation. »Das ist der Übergang zur Unsterblichkeit«, sagen andere von uns mit glänzenden Augen, in ihrer Leidenschaft für eine andere Welt. Aber dort, in der Ecke des gemeinsamen Käfigs, flüstern zwei oder drei Gefangene miteinander, still und unbemerkt, sie betrachten ein bestimmtes Stück Papier mit einer Art Diagramm darauf . . . oder ist es ein Plan?

Wir werden von Geld reden. Welche Rolle spielt es bei der Suche nach dem Sinn des Lebens? Ist unsere Beziehung zu ihm der Hauptgrund dafür, daß wir in unserem Gefängnis festgehalten werden, oder könnte sie auch ein Werkzeug sein, um auszubrechen, um zu einem Leben zu erwachen, das einen tiefen Sinn hat?

Ich erinnere mich an einige Gespräche über Geld, an denen der Geschäftsmann teilgenommen hatte, dessen Ratschlag ich am Anfang dieser Einleitung wiedergegeben habe. Es war vor ungefähr fünfzehn Jahren, auf einer Konferenz in Madison, Wisconsin, an deren Organisation ich beteiligt gewesen war. Er hatte meine Einladung, an einer Podiumsdiskussion mit bekannten Gelehrten, religiösen Führern und kommunalen Bürgern und Regierungsbeamten über das Thema ›Geld, Macht und der menschliche Geist‹ teilzunehmen, bereitwillig angenommen.

Tatsächlich sprach er während der drei Tage nur wenig, aber wenn er etwas sagte, lag in seinen Worten eine bemerkenswerte

Geradheit und Autorität, die eine ganz besondere Atmosphäre der Aufmerksamkeit schuf. Aber die Dinge, die er sagte, schienen die Teilnehmer der Gesprächsrunde eher ein wenig zu verwirren.

»Ich habe nachgedacht«, sagte er an einer Stelle. »Diese Frage ist mir wichtig. Gibt es eine Möglichkeit, mich selbst zu erziehen, unsere Kinder zu erziehen, daß sie das Geld nicht als etwas Schmutziges ansehen, sondern als wäre es auf jeder Ebene, in jeder Hinsicht ein vereinigender Faktor? Oder ist Geld nur ein Problem? Mit dem Geld befassen sich die Ökonomen. Für sie ist Geld ein Problem. Aber gibt es keine Möglichkeit, sich mit dem Geld anzufreunden, eine Einstellung zu finden, einen Gedanken, dem Geld näherzukommen, die Menschen dazu zu bringen, sich dem Geld auf eine Weise zu nähern, daß es in unserem Leben einen Platz einnimmt, an dem es einen vereinigenden Einfluß ausübt? Das ist für mich *die* entscheidende Frage.«

An anderer Stelle hatten mehrere Gesprächsteilnehmer die Reichen als habgierig und egoistisch gebrandmarkt und das amerikanische Wirtschaftssystem verdammt, weil es aus allen Menschen Lohnsklaven macht, auch aus den Lehrern junger Menschen, indem es sie dazu zwang, ihre Ideale zu verraten.

Er wandte sich an den wortreichsten Diskussionsteilnehmer und sagte: »Dürfte ich Sie zu diesem Punkt etwas fragen? Ich bin gerührt, daß Sie sich um die materiell armen Menschen Sorgen machen. Wäre es nicht möglich, daß Sie sich auch um die spirituell armen Menschen, die jede Menge Geld besitzen, Sorgen machen? Denn wenn Sie einige von denen auf Ihrer Seite hätten, könnten die Ihnen vielleicht dabei helfen, das zu erreichen, was Sie tun müssen.«

Er entgegnete mit Sarkasmus: »Aus taktischen Gründen würde ich mich nicht mit ihnen befassen!«

Mit einem Anflug von Ungeduld in der Stimme erwiderte er:

»Ich habe mir bis jetzt bei guter Laune angehört, daß alle reichen Leute völlig egoistisch und unintelligent sind. Tatsächlich jedoch gehört eine Menge Charakter, eine Menge Phantasie, eine Menge Entschlossenheit dazu, um ein Vermögen aufzuhäufen. So leicht ist das nicht. Gewiß, es ist nur Geld, aber Tag für Tag in dem wechselhaften, stürmischen, schwierigen wirtschaftlichen Klima, das wir haben, daran zu arbeiten – das ist nicht leicht. Sie werden schon zugeben müssen, daß jemand, der es bis an die Spitze der Continental Bank gebracht hat, oder was auch immer, nicht total und hoffnungslos unintelligent sein kann.

Ich glaube, daß es in allen Klassen Ausnahmen gibt. Es gibt arme Schwachköpfe und reiche Schwachköpfe. Allerdings hat es den Anschein, als brauchte man die Hilfe der privilegierten Klasse, um etwas zu erreichen, auch in spiritueller Hinsicht. Es hört sich komisch an, aber selbst im spirituellen Bereich scheint Geld wirklich eine Hilfe zu sein. Es geht mir ums Praktische, darin liegt mein größtes Interesse. Es ist schön und gut, zu erklären, daß man ärmer sein sollte, aber Geld scheint zu helfen.«

Dann wandte er sich an den Teilnehmer, der zuvor die Lehrer beschuldigt hatte, sich kaufen zu lassen, und fuhr fort:

»Sind es nur die Lehrer, die sich kaufen lassen? Oder bin ich auch gekauft? Das ist der springende Punkt. Reden wir von einer Veränderung in dem Sinne, daß manche Menschen anfälliger sind für die materielle Macht des Geldes und daß ich *nicht so bin* und daher die Zivilisation retten werde? Oder sind wir *alle* davon betroffen, und würde es zu einer wirklichen Veränderung kommen, wenn wir einmal erwachsen genug sind, um akzeptieren zu können, daß der menschlichen Psyche eine gewisse Neigung zum Niederen hin innewohnt? Das ist eine ganz wichtige Frage, mit der wir es hier zu tun haben, falls wir von einer Veränderung reden. Werden wir sagen: ›Ich kenne die Antwort‹? Oder werden wir sagen: ›Wir haben diese Anlagen‹? Und wenn wir sie verstehen, sie untersuchen, wird die Veränderung vielleicht ganz von selbst eintreten.

Wir wollen die Veränderung, weil es so, wie es jetzt ist, nicht funktioniert, auch weltweit. Aber wo fängt Veränderung an?

Beim Individuum oder in der Gesellschaft? Ich glaube, darum geht es doch wohl. Also, wenn die Veränderung in der sozialen Struktur beginnt, dann bin ich natürlich dabei. Wenn sie aber im Individuum beginnt, in mir, dann beginnt sie bestimmt damit, daß ich mir, zum Beispiel, darüber klar werde, daß ich zu wenig Wert auf Dinge lege, die nicht quantifizierbar sind. »Wenn *ich*«, – sagte er mit Betonung –, »mir darüber klar werde, daß ich diesen Dingen zu wenig Wert beimesse, dann wird *in mir* ganz von selbst ein neues Gleichgewicht hergestellt. Wenn ich wirklich *sehe*, daß es mit mir bergab geht, fange ich an, bergauf zu gehen.«

Obwohl er diesen letzten Satz stark betonte, fragte ihn niemand aus der Runde, was er eigentlich mit *sehen* meinte. Die Diskussion wandte sich wieder anderen Dingen zu, wie fast immer, wenn er etwas gesagt hatte.

Einige Jahre später bat ich denselben Geschäftsmann in meiner Funktion als redaktioneller Berater der allseits begrüßten *MacMillan Encyclopedia of Religion* um einen Artikel über ›Geld und Religion‹. Der Essay, den er schrieb, lieferte meiner Ansicht nach ganz außergewöhnliche Einsichten, da es ihm aber an dem üblichen akademischen Rüstzeug mangelte, lehnten ihn die Herausgeber ab. Ich möchte aber an dieser Stelle die letzten Absätze dieser unveröffentlichten Arbeit wiedergeben:

»In jedem normalen Kind . . . steckt das Gefühl von Abenteuer, die Bereitschaft, Risiken einzugehen, um zu bekommen, was man sich am meisten wünscht. In einer Welt, in der Geld ein Teil von allem ist, benötigen die jungen Leute viel Hilfe, um dieses Gefühl des Risikos zu verinnerlichen und ein wahrhaft [geistiges] Verständnis dafür zu erlangen, was in ihnen und um sie herum vor sich geht. Ohne diese Hilfe und ohne dieses innere Verständnis kann dieser passive Gehorsam, der aus Angst entsteht und die Regeln der Sonntagsschule befolgt – nicht zu stehlen, nicht zu nehmen, was nicht gegeben wird –, den Belastungen und dem emotionalen Druck des Lebens wahrscheinlich nicht standhalten, vor allem nicht in einer großen Stadt. Früher oder später werden die Regeln durchbrochen, wenn dieses Leben mit den allgegenwärtigen Forderungen nach Geld nicht im

Sinne überlieferter geistiger Grundsätze geführt wird. Immer mehr verschwinden in unserer Welt verantwortungsbewußte Fragen nach dem Geld, zum Beispiel, wieviel man tatsächlich benötigt, wieviel für einen bestimmten Zweck ausreichend ist, aus dem Blickfeld. Der Drang, immer nur noch mehr Geld zu bekommen, wird zu einer Kraft, die sich nicht mehr leugnen läßt, ganz gleich, ob jemand nun ein guter oder ein schlechter Geldverdiener ist.

Ein oberflächliches Verständnis von der Stellung des Geldes in einem vernunftbestimmten Leben und von seiner Beziehung zur Religion durch gelegentliches und unpersönliches Geben, ist keine große Hilfe mehr. Man muß viel an sich arbeiten, um unter den gegebenen Voraussetzungen mit der Macht des Geldes großzügig und frei umzugehen ... Um mit der Macht des Geldes vernünftig umgehen zu können, muß man sich seine ursprüngliche Funktion klarmachen – die Menschen im Dienste des Höchsten zu vereinen. Somit könnte es heute für einen suchenden Menschen notwendig sein, sich für eine bestimmte Zeit aus freiem Willen geschäftlich zu betätigen, oder er könnte in eine Situation geraten, die ihm abverlangt, in einer begrenzten Zeit eine große Summe Geld für einen unumgänglichen Zweck aufzubringen. Mit anderen Worten, es könnte sich als notwendig erweisen, das Spiel mit dem Geld zu beherrschen, ohne mit vorheriger Sicherheit zu erkennen, daß die Macht des Geldes über den menschlichen Geist ihre Grenzen hat und daß es Dinge gibt, die man mit Geld nicht kaufen kann.«

Wenn es mir mit diesem Buch gelingt, die Bedeutung dessen, wovon es handelt, zu vermitteln, dann hat es seinen Zweck erfüllt. Sein Ziel ist es, Geld zu einer heiligen Frage zu machen. Das heißt aber nicht, daß das Geld selbst zu etwas Heiligem gemacht wird. Vielmehr geht es uns darum, dem Geld bei dem wichtigsten Unterfangen in unserem Leben einen Platz zuzuweisen – bei der Suche nach unserer Bestimmung im Dienste der erhabenen Größe, die zu jedem Mann und zu jeder Frau auf dieser gefährdeten Erde spricht.

Teil I
Die reiche Gesellschaft und die verarmte Seele

1. ›Die reichste und mächtigste Nation auf der Erde‹

Was macht unser Land eigentlich so ›wohlhabend‹? Ich erinnere mich noch daran, wann ich mir diese Frage zum ersten Mal gestellt habe. Ich war gerade zwölf Jahre alt – lange bevor ich auch nur etwas von Ökonomie gehört hatte. Es war kurz nach dem 2. Weltkrieg. In den Zeitungen und Magazinen und in der Schule hörte ich ständig von den Vereinigten Staaten als der ›reichsten und mächtigsten Nation auf der Erde‹. Manchmal hieß es sogar: ›Die reichste und mächtigste Nation in der Geschichte‹.

Ich konnte gut verstehen, daß wir die mächtigsten waren – unsere militärische Macht, einschließlich der Atombombe, war ungeheuer groß und unbesiegbar. Aber was hatte es zu bedeuten, daß wir *reich* waren? Wie kann eine ganze Nation *reich* genannt werden? *Ich* war nicht reich; meine Familie war nicht reich. Ganz im Gegenteil, wir hatten kaum genug Geld für das Notwendigste im Leben. Und auch die meisten Menschen, die ich kannte, waren nicht reich, nicht einmal ›ausreichend versorgt‹.

Ich wußte, daß mein Klassenkamerad Paul Meyer, der in einem großen Haus an der Ecke unseres Häuserblocks wohnte, reich war, der letzte Beweis dafür war sein neues Schwinn-Fahrrad. Was immer ich mir wünschte, Paul Meyer hatte es. Das war es, was reich zu sein bedeutete – man konnte kriegen, was immer man haben wollte. Das war es, was Geld schon immer für mich bedeutet hat, und für alle anderen, die ich kannte, auch.

Aber als ich noch ein ganzes Stück jünger war, ungefähr acht Jahre, war ich zum ersten Mal zu Besuch in Paul Meyers Haus. Mir fielen fast die Augen aus dem Kopf, als ich sah, was er dort alles hatte. Jedes Spielzeug, das ich mir je erträumt hatte, und viele andere, die ich noch gar nicht kannte, standen auf den breiten Regalen an den Zimmerwänden. Nicht ein einziges von ihnen war kaputt, worüber ich genauso erstaunt war wie über die Menge und die Verschiedenartigkeit der Spielzeuge. All mein Spielzeug ging früher oder später kaputt oder war völlig demoliert, wenn vielleicht auch nur, weil ich soviel Freude und Bedeutung, wie ich nur konnte, aus ihm herausholen mußte, bevor ich die Kraft fand, meine Eltern zu bitten, wirklich zu bitten, mir ein neues zu kaufen. Unbewußt war mir klar, daß Paul niemals dieses starke Verlangen, das mich ergriff, gekannt haben konnte.

Als ich seine elektrische Eisenbahn sah, mußte ich nach Luft schnappen und fing an zu zittern. Der halbe Fußboden war mit funkelnden Silberschienen bedeckt, die sich über jede Vorstellung hinaus überkreuzten und in Kurven verliefen, mit außerordentlich realistischen Schaltungen und Laderampen, Brükken und Signalpfeiler mit winzigen Lichtern, die aufblitzten, und die Züge, die vorbeisausten und durch einen langen Bergtunnel fuhren, an einem richtigen kleinen Dorf vorbei, mit kleinen Häusern und Straßen, die auf einem Berghang standen. Und erst die Züge mit ihren Waggons! Sie kamen mir hundertmal größer vor als alle Spielzeugzüge, die ich je gesehen hatte. Sie waren in allen Einzelheiten genauestens nachgebildet. Beschämt dachte ich an die mickrigen kleinen Züge, die mir gehörten; ich mußte immer die Augen zusammenkneifen, damit sie mir echt vorkamen. Aber diese Eisenbahn von Paul Meyer – vor allem die schwere Lokomotive mit den sich drehenden Rädern und den großen Zugstangen und den unzähligen ineinander befestigten Teilen, die alle funktionierten –, sie war noch wirklicher als die Wirklichkeit.

Paul legte den Schalter an der großen Schaltbox um, und die Züge, es waren zwei, setzten sich in Bewegung. Ich war völlig außer mir vor Aufregung, aber Paul – ich begriff nicht, wie er so gelassen sein konnte. Er sah ihnen nicht einmal zu, als sie über die Schienen rasten, anhielten und wie durch Zauberhand genau gleichzeitig weiterfuhren. Statt ihnen zuzusehen, sah er mich an – mit einem schwachen pathetischen Lächeln.

Hier stand ich also, im Wunderland, und dort, vor mir, war dieser schwache, traurige kleine Prinz. Ich konnte diesen Widerspruch nicht verdauen. Als ich nach Hause kam, holte ich sofort meine eigene billige Eisenbahn hervor und setzte die winzige Lokomotive auf den kleinen Kreis aus Schienen. In der verrosteten Schaltbox war schon seit langem irgend etwas gebrochen, so daß ich die Lokomotive mühsam auf den Schienen weiterschob. Ich erinnere mich an zwei verschiedene widersprüchliche Gefühle: Zum einen verspürte ich einen verzehrenden Neid auf Paul Meyer, und zum anderen hatte ich ein Gefühl von Leere, von dem sich mein Gesicht ganz genauso anfühlte wie das weiche, traurige Gesicht, das ich gerade vor mir gesehen hatte, als ich bei ihm war, und das mir einen ersten Geschmack für das Gefühl gab, das ich später in meinem Leben als Mitleid erkannte. Einen kurzen Augenblick lang wußte ich tief im Innern, was Paul Meyer über seine Züge und all das andere Spielzeug dachte.

Es ist nicht übertrieben, wenn ich sage, daß mir dieses Erlebnis in all den darauffolgenden Jahren dicht unter der Oberfläche meines Bewußtseins in Erinnerung blieb, wie ein Stückchen Uran, das meine Wahrnehmungen von Geld und Reichtum bestrahlt. In dem Haushalt, in dem ich aufgewachsen bin, hatten die intensivsten und heftigsten Gefühle immer mit Geld zu tun – mit dem Mangel an Geld, mit dem Bedarf an Geld, mit den verzweifelten Schwierigkeiten, genug Geld zu haben, und mit der Angst, was aus uns werden würde, wenn wir keins hatten. Geld war Macht, Realität, Glück. Geld war eine Realität, stärker als alles andere, und die Götter des Geldes hatten kein Mitleid; sie waren hart, unnachgiebig, feindselig. Immer wieder und wieder nahmen sie meinem Vater den Mut, und durch seine heftige Verzweiflung und seine Angst nahmen sie auch mir ständig den Mut. Aber da war dieser Paul Meyer.

Was ist eine ›wohlhabende Gesellschaft‹?

Was ich sagen will, ist, daß wir uns alle ähnlicher sind, als wir vielleicht glauben. Als Kind haben Sie vielleicht sehr unterschiedliche Erfahrungen mit Geld gemacht, aber wir sind alle in einem ›wohlhabenden‹ Land aufgewachsen. Und erst sehr viel später in meinem Leben habe ich begriffen, was das bedeutet. Es bedeutet, wenigstens zum Teil, daß *unsere Gesellschaft den materiellen Wohlstand in unserem gemeinsamen Leben an oberste Stelle gesetzt hat.* Als ich die Geschichte anderer Kulturen studierte, wurde ich mir einer erstaunlichen Tatsache bewußt: *Nicht jede Zivilisation hat gewollt, was unsere gewollt hat!*

Als ich auf diese Tatsache in der Geschichte der menschlichen Zivilisation stieß, war ich schon längst Professor an einem College; aber es war für mich genauso ein Schock wie damals in Paul Meyers Spielzimmer, mit acht Jahren. Hier war ein Kind, das alles besaß, was ich mir je hätte träumen können, aber es war nicht das, was es wollte!

Eine neue Definition des Wohlstands

Genauso hatte es einmal Zivilisationen gegeben, ganze Welten, die das, was wir in unserer Welt ›Wohlstand‹ nennen, gar nicht wollten! Aber das dürfen wir nicht falsch verstehen oder mit naiven Augen sehen. Sicher, die Menschheit hat schon immer materielle Dinge benötigt und nach ihnen verlangt. Und sicherlich waren die Menschen schon immer habgierig. Aber nicht jede Kultur oder Zivilisation hat sich prinzipiell am Stand von Komfort und Sicherheit in der materiellen Welt gemessen.

Dann leben wir also in einem ›reichen‹ Land – in einer ›Wohlstandsgesellschaft‹, wie es heute heißt. Das bedeutet nicht nur, daß wir großen materiellen Reichtum besitzen, sondern daß *wir diesen Reichtum mehr wollen als alles andere.* Diese Anordnung der Prioritäten hat unsere Zivilisation bis an den

Rand des Ruins geführt. Wir wissen, daß wir einen Ausweg finden müssen, einen Weg, der zu den Werten und Prioritäten zurückführt, die die wirkliche, gesamte Natur eines Menschen verkörpern. Aber alle Wege, die uns dabei helfen sollten, unser authentisches Wohlergehen und unsere authentische Verantwortung zu finden, sind ebenfalls von der Frage des Geldes gezeichnet. Religion, Bildung, wissenschaftliche Erkenntnisse, Medizin, die Regierung und die meisten alltäglichen Beziehungen, die wir haben, unterliegen alle unserem Streben nach materiellem Wohlstand – und vor allem auch der Faszination, die dieses Instrument auf uns ausübt, das wir nun erfunden haben, um den Erwerb und das Verteilen von Wohlstand, nämlich Geld, zu erleichtern.

Auf der Suche nach einer neuen Einstellung

Was können wir tun? Wie sollen wir einen Ort finden, auf den das Geld keinen Einfluß hat, damit wir unbefangen darüber nachdenken und einen Kurs in Richtung tieferer Werte planen können? Wir sind wie Menschen, die in einer brausenden See treiben und verzweifelt nach einem winzigen Stück trockenem Land Ausschau halten, auf das sie zusteuern können. Bevor wir das Problem unserer Beziehung zum Geld lösen können, müssen wir es zuerst einmal verstehen. Und bevor wir es verstehen können, müssen wir es uns genau ansehen. Dazu ist es aber nötig, daß wir gegenüber all unseren Problemen mit Geld eine ganz bestimmte Einstellung haben.

Diese neue Einstellung läßt sich nicht so einfach definieren oder finden. Wir dürfen uns nicht zu sehr hinter Abstraktionen verkriechen, in einen philosophischen äußeren Raum, der völlig frei ist von den Zwängen des Geldproblems. Denn es sind ja gerade die Verlockungen und Ängste des Geldes, die wir im Auge behalten müssen. Andererseits dürfen wir uns dem Problem nicht allzusehr nähern, weil es sonst unsere Wahrnehmungen beeinflußt und wir dann nicht mehr unvoreingenommen sind. Wir werden uns an die *Lösung* des Problems machen, noch ehe wir es überhaupt richtig verstanden und als Ganzes betrachtet haben. Von dieser Neigung, die in uns allen steckt, rührt das meiste Leid der Menschheit.

Wir müssen das Geldproblem *umkreisen*, genauso wie ein Raumschiff die Erde in einer Entfernung umkreist, die genau zwischen der Anziehungskraft der Erde und der Freiheit des äußeren Raums liegt. Diese Freiheit ist, wie wir heute wissen, in Wirklichkeit die Gesamtsumme der Einflüsse entfernter Welten, Sonnen, Sterne, Galaxien. Wir müssen genau innerhalb des Gravitationsfeldes des Geldproblems ausharren und mit klarer Sicht auf die Sterne – die großen, alten metaphysischen Glaubenslehren – unsere ›Erde‹ mit offenen Augen und scharf eingestellten Beobachtungsinstrumenten umkreisen.

2. *Die neue Armut*

Vor einigen Jahren fiel mir auf, daß fast jeder, den ich kannte, die gleichen Klagen vorbrachte. Die Leute sagten, zum Beispiel: »Ich mache gerade eine ziemlich schlimme Zeit durch.« Oder sie sagten von anderen: »Das ist eine schwere Zeit für sie.«

Aber schon bald wurde mir klar, daß diese ›schweren Zeiten‹ immer häufiger auftraten; sie waren zu einem dauerhaften Merkmal des menschlichen Lebens geworden. Und doch redeten meine Freunde und Bekannten auch weiter so, als handelte es sich nur um einen vorübergehenden Zustand und als würden sich die Wogen schon bald wieder glätten. »Wir haben bald Ferien«, sagte einer, »das ist immer eine schlechte Zeit.« Oder: »Du weißt doch, wie es im August ist, alles geht zum Teufel.« Oder: »Im Frühjahr ist es immer hart.«

Ich fing an, mich für dieses Phänomen zu interessieren. Es waren alles begabte, erwachsene Menschen – Ärzte, Direktoren, Herausgeber, Wissenschaftler, Ingenieure, Schullehrer, Künstler. Viele leben in wunderschönen Häusern und haben schmucke Autos oder sogar ein Boot. Es sind Menschen, die es anscheinend ›geschafft‹ haben.

Fast alle diese Menschen gaben zu, daß es ihnen ›besser ging‹, als es ihnen jemals gegangen war – daß sie mehr Geld verdienten, in größeren Häusern wohnten, schönere Autos und hübschere Kleider besaßen. Und doch machten sie alle, ohne Ausnahme, gerade eine ›schwierige Zeit‹ durch.

Erst lange danach und nach zahlreichen anderen Beobachtungen brachte ich die Frage des Wohlstands in unserer Gesellschaft in Gedanken mit dem zunehmenden Gefühl von Unglück, das die Menschen empfanden, in Verbindung. Ganz offensichtlich waren wir in einem tiefen, wesentlichen Sinn überhaupt nicht reich, sondern in Wirklichkeit sehr arm. Wir waren alle mehr oder weniger wie Paul Meyer.

Was ist es für ein Gefühl, arm zu sein? Welches psychologische Leiden ist für gewöhnlich mit Armut verbunden? Ich selbst habe Armut immer mit Furcht und Angst vor der Zukunft in Verbindung gebracht, Angst, verlassen zu werden, Angst vor physischer Gefahr und Angst vor Einsamkeit. Für mich sind Arme eingesperrt, starr, schlau, hart. Sie langweilen sich, sind ohne Hoffnung oder von absurden Fantasien besessen, oder sie pumpen sich den Körper mit irgendeinem Gift voll, zerstören ihn, während sie nur für eine kurze Zeit Vergessen finden. Ich sehe sie wie Tiere leben und sterben. Ihr Leben ist ein genaues Abbild der Hölle.

Leben in der Hölle

Und jetzt rufen Sie sich einmal die Bilder der Hölle ins Gedächtnis, die in allen Zeiten von den großen weisen Glaubenslehren der Welt verbreitet wurden. Beginnen Sie mit dem augenfälligsten und üblichen Symbol, dem unlöschbaren Feuer. Es fällt nicht schwer, dieses Symbol als selbstgewollte Folterqualen zu deuten. Der moderne Begriff für diesen Zustand ist Neurose – ein Zustand, in dem man in einem endlosen

Muster emotionaler Qualen gefangen ist, indem der Erwerb des anscheinend gewünschten Gegenstandes nur dazu führt, das Wunschverhalten selbst zu vergrößern. Seit neuestem wird dieses universelle psychische Leiden interessanterweise als *Sucht* bezeichnet. Genauso wie man opium- und heroinsüchtig werden kann, hat jeder von uns sein eigenes Suchtverhalten, nach Sex vielleicht oder nach Anerkennung oder Nahrung oder Kleidung oder Sieg oder Aufklärung oder nach unzähligen anderen Dingen oder Erfahrungen, aus denen sich unsere *Emotionen* zusammensetzen.

Wir müssen wissen, daß uns die großen Denker der Vergangenheit, wenn sie uns vor unseren eigenen Wünschen warnen, genau das meinen. Sie sprechen von Sucht. Keiner der großen Lehrer, weder Christus noch Moses oder Sokrates, hat die Wünsche als solche verdammt. Nein, sie wollten uns nur zeigen, daß wir durch unsere Wünsche unsere Identität zu definieren versuchen. Dabei verschwenden wir auf diese Wünsche wertvolle psychische Energie, die in unserem Leben eigentlich eine viel höhere Funktion haben sollte. Mit Hilfe dieser höheren psychischen Energie werden Wünsche zu Begierden, zu einer Sucht; und für diesen Zustand gibt es kein besseres Symbol als das unlöschbare Feuer.

Dante steigt im ersten Teil seiner *Göttlichen Komödie* hinab in die Hölle und empfindet Mitleid mit den Männern und Frauen, die er dort sieht und deren Körper in Schmutz und Schmerzen versinken. Aber sein Führer, der große Dichter Virgil, ermahnt ihn. Empfinde kein Mitleid, sagt Virgil zu ihm; sie bekommen das, was sie wollen. Die Hölle ist der Zustand, der uns davon trennt, zu bekommen, was wir wirklich benötigen, weil wir dem, was wir uns einfach nur wünschen, zu große Bedeutung beimessen. Es ist ein Zustand absoluter Entblößung, das heißt, der Armut.

In seinem wichtigen Buch *Gesellschaft im Überfluß* beschreibt John Kenneth Galbraith die heutige wirtschaftliche Struktur der amerikanischen Gesellschaft als ein Instrument, das nicht nur der Befriedigung von Wünschen dient, sondern vielmehr der *Erzeugung* von Wünschen. Dieser Aspekt unseres Wirtschaftssystems ist einer der maßgeblichsten, der es von den Wirtschaftssystemen fast aller anderen Kulturen in der Geschichte der Menschheit unterscheidet. In dem folgenden Ausschnitt aus *Gesellschaft im Überfluß* faßt Galbraith seine Analyse von der Dynamik der Produktion von Verbrauchsgütern in unserer Gesellschaft zusammen. Mit nur geringfügigen Abweichungen gleicht sie den traditionellen buddhistischen Beschreibungen der Hölle:

»Man kann nicht die Produktion damit rechtfertigen, daß sie vorhandene Bedürfnisse befriedige, wenn die gleiche Produktion selbst erst die Bedürfnisse weckt.

Wäre es so, daß ein Mensch jeden Morgen beim Aufstehen von Dämonen überfallen wird, die ihm eine unbezwingliche Gier einmal nach Seidenhemden, ein anderes Mal nach Küchengeräten, dann wieder nach Nachttöpfen oder nach Orangensaft einflößten, dann hätte man gewiß allen Grund, den Bestrebungen Beifall zu spenden, die darauf abzielen, geeignete Güter, mögen sie noch so wunderlich sein, herzustellen, um diese verzehrende Leidenschaft zu stillen. Wäre es aber so, daß seine Gier nur deshalb erwacht ist, weil er selbst zuerst die Dämonen herangezüchtet hat, und sollte sich außerdem herausstellen, daß seine Bemühungen, die Gier zu stillen, die Dämonen nur zu immer lebhafterer Aktivität anspornen, dann müßte man sich doch wohl fragen, was nun die vernünftigste Lösung sei. Der Mensch, der nicht durch konventionelle Auffassungen beeinflußt ist, wird sich fragen: Mehr Waren oder weniger Dämonen?

Wenn die Produktion die Bedürfnisse erzeugt, die sie zu befriedigen sucht, oder wenn die Bedürfnisse im gleichen Schritt und Tritt mit der Produktion entstehen, dann kann die Dringlichkeit des Bedarfs nicht mehr dazu benützt werden, um die Dringlichkeit der Produktion zu rechtfertigen. Die Produktion füllt nur eine Lücke aus, die sie selbst erst geschaffen hat!«*

* John Kenneth Galbraith: *Gesellschaft im Überfluß*. München – Zürich (Droemersche Verlagsanstalt Th. Knaur Nachf.) 1959, S. 168.

Der buddhistische Symbolismus der Hölle hat uns viel über unser Leben in der ›Wohlstandsgesellschaft‹ zu sagen. Im Buddhismus wird die Welt gleich unter der menschlichen Ebene von Tieren bewohnt. In diesem Symbolismus werden ›Tiere‹ als Wesen verstanden, für die das Beschaffen von Nahrung ihr tägliches Leben so völlig beherrscht, daß sie keine ›freie Zeit‹ haben, um irgendwelche anderen Ziele zu verfolgen. Mehr noch, die Gedanken der Tiere, mit all ihren Wahrnehmungen und Gefühlen, werden fast völlig von diesem Anliegen beherrscht. Das ›Tier‹ denkt nichts und überlegt nichts und sieht nichts, was nicht mit diesem Verlangen nach Nahrung in unmittelbarem Zusammenhang steht. Hinzu kommt, daß die ›Tiere‹ gar nicht leben können, wenn sie sich nicht gegenseitig erbeuten.

Wer könnte leugnen, daß wir in diesem Sinne genauso leben wie die ›Tiere‹? Hören wir nicht überall den Ruf: »Ich habe keine Zeit!«, »Ich bin so beschäftigt!«, »Ich habe soviel zu tun!« Überall sind die Menschen bemüht, sich für Dinge, die sie für menschlich wichtig halten, Zeit ›zu reservieren‹ – mit anderen Menschen, die sie lieben, zusammenzusein, sich an der Natur zu erfreuen, sich in Ideen zu vertiefen oder sich irgendeiner kreativen Tätigkeit zu widmen. Aber das wird mehr und mehr zu einer verlorenen Schlacht.

Warum ist die Zeit in unserer Kultur verlorengegangen? Wie kommt es, daß nach so vielen Jahren der Erfindungen und neuen Technologien, die Zeit und Arbeit sparen sollen, das Ergebnis darin besteht, daß wir keine Zeit mehr haben? Wir sind eine zeitarme Gesellschaft; wir sind vorübergehend verarmt. Und es gibt keinen Aspekt des menschlichen Lebens, der wichtiger wäre als dieser. Die Zerstörung der Zeit bedeutet buchstäblich die Zerstörung des Lebens.

Muße? Ferien? Pensionierung? Erholung? Jeder, der einmal versucht hat, derlei Aktivitäten zu ergreifen, und darauf gehofft hat, sein oder ihr menschliches Gefühl für Zeit zurückzugewinnen, hat die enttäuschende Erfahrung machen müssen, daß es heutzutage fast unmöglich ist, wirklich richtige und gültige Zeit zu haben. Wir spüren es kaum, daß unsere Zeit ›uns‹ gehört. Wir haben kaum das Gefühl, bewußt zu leben, jetzt und hier, frei von zwanghaften Sorgen um Vergangenheit und Zukunft, frei, unser Leben voll auszukosten. Die Münze der Zeit ist kaum noch etwas wert und im Begriff, völlig zu verschwinden.

In einem sehr realen Sinn, in einem schrecklich realen Sinn ist unser aller Leben immer kürzer und kürzer geworden, obwohl die medizinische Wissenschaft immer genialere Möglichkeiten entdeckt, unser biologisches oder animalisches Leben zu verlängern. Wenn wir eine neue Lösung für die Frage des Geldes finden, wird sie es uns auch ermöglichen müssen, wieder Zeit in unser Leben zu bringen.

Wie mit der Zeit verhält es sich auch mit dem Raum. Es gibt viele Bilder von der Hölle, die sie in qualvoller Enge zeigen. Kein Platz, um sich frei bewegen zu können. Die Bewohner der Hölle können sich nicht von dem ewig gleichen Verlangen befreien. In der Hölle gibt es keine Perspektive, keine Distanz zu sich selbst. Dieser Mangel an persönlichem Raum ist das visuelle Symbol für das, was die weisen Lehren in allen Zeiten als den Zustand der Identifikation mit den eigenen Wünschen und Ängsten bezeichnet haben. Im Osten nennt man es ›Bindung‹. Im Westen hat man es einfach ›Vereinnahmung‹ genannt. In allen Kulturen finden wir Bilder der Hölle, auf denen der Teufel oder die Teufel zu sehen sind, die menschliche Wesen verspeisen. Legenden und Märchen sind voll von Geschichten, in denen Ungeheuer unglückliche Männer und Frauen herunterschlingen und verzehren. Auch das ist der Zustand, den die Väter der frühen Kirche als ›Vereinnahmung‹ bezeichnet haben.

An dieser Stelle kann ich nicht widerstehen, ein Porträt des täglichen Lebens von Donald Trump wiederzugeben, das er in seinem Buch *The Art of the Deal* beschrieben hat. Seit ich es gelesen habe, läßt es mich nicht mehr los.

»Meistens wache ich morgens sehr früh auf«, schreibt Mr. Trump,

»und lese jeden Tag als erstes die Morgenzeitung. Gewöhnlich komme ich gegen neun in mein Büro und mache mich sofort ans Telefon. Es vergeht kaum ein Tag, an dem ich weniger als fünfzig Anrufe tätige, und manchmal sind es sogar mehr als hundert. Dazwischen habe ich mindestens ein Dutzend Termine. Die meisten ergeben sich spontan, und nur ganz wenige dauern länger als fünfzehn Minuten. Eine Mittagspause mache ich selten. Ich verlasse mein Büro gegen 6 Uhr 30, aber dann telefoniere ich oft noch bis Mitternacht von zu Hause, und auch das ganze Wochenende.«*

»Es hat niemals ein Ende«, fährt Mr. Trump fort, »und ich würde es gar nicht anders haben wollen.« Dann gibt er einen genauen Stundenplan von einer ganzen Woche wieder, die völlig mit Terminen und Telefonanrufen ausgefüllt ist, an denen einige der einflußreichsten Geschäftsleute, berühmte oder angesehene Persönlichkeiten, hohe Regierungsbeamte in Amerika und Europa beteiligt sind. Dabei geht es um Geschäfte, die viele hundert Millionen Dollar wert sind, um den Kauf und Verkauf großer Firmen und riesiger Besitztümer.

»Das mache ich nicht wegen des Geldes«, schreibt er. »Ich besitze genug, viel mehr, als ich je brauchen werde. Ich tu's wegen der Geschäfte selbst. Geschäfte sind für mich eine Form von Kunst. Andere Leute malen schöne Bilder oder schreiben wunderbare Gedichte. Ich mache gern Geschäfte, vorzugsweise große Geschäfte. Das macht mir Spaß.«**

* Donald J. Trump mit Tony Schwartz: *The Art of the Deal.* New York (Random House) 1987, S. 3.

** Donald J. Trump mit Tony Schwartz: a.a.O., S. 3.

»Meine Aufmerksamkeitsspanne ist kurz«, schreibt Trump in seinem neuesten Buch:

»Anstatt zufrieden zu sein, wenn alles glatt läuft, werde ich bald ungeduldig und reizbar. Und so halte ich nach immer mehr Geschäften Ausschau. An einem Tag, an dem ich mehrere heiße Eisen im Feuer habe und die Anrufe und Faxe hin und her jagen und fühlbare Spannung in der Luft liegt – ja, in solchen Zeiten fühle ich mich so wie andere Leute, wenn sie im Urlaub sind.«*

Warum zitiere ich diese Passagen? Warum haben sie mich heimgesucht? Weil in mir ein Donald Trump steckt, und wahrscheinlich auch in Ihnen. In meinem eigenen kleinen Rahmen *gefällt* es auch mir, mit ›wichtigen‹ Leuten, ›wichtigen‹ Situationen, ›ernsten‹ Problemen zu tun zu haben. Auch ich liebe Herausforderungen – von einer ganz bestimmten Art jedenfalls. Es gibt andere Herausforderungen, die mich erschrekken. Wir werden auf diese Herausforderungen, vor denen wir alle davonlaufen und die die ernstesten und notwendigsten Herausforderungen sind, denen sich ein Mensch gegenübersieht, noch zu sprechen kommen.

Aber für den Augenblick werde ich von diesem Bild des Wohlbefindens verfolgt, der ›Freude‹ daran, *beschäftigt* zu sein, mit wichtigen Dingen beschäftigt zu sein. Ich werde von dem Teil von mir verfolgt und gestört, der Donald Trump beneidet. Wie schön wäre es doch, so zu leben, mit den großen Kräften im Spiel des Lebens zu tun zu haben und die meiste Zeit zu *gewinnen*, aber auf jeden Fall immer mit etwas Großem zu tun zu haben und im Mittelpunkt zu stehen, derjenige zu sein, auf den es ankommt.

Wie bist du in mich hineingekommen, Trump? Ich erinnere mich nicht, dich hereingelassen zu haben. *Gefällt* es mir wirklich, keine Zeit zu haben, – oder besser gesagt –, liegt mir wirklich so viel mehr an so vielen Dingen, so vielen äußeren Dingen, als in diesem Augenblick bewußt in mir selbst zu leben?

* Donald J. Trump mit Charles Leerhsen: *Trump: Überleben ganz oben*. München (Wilhelm Heyne Verlag) 1990, S. 13.

Ich frage mich: *Muß* ich, – müssen Sie –, diesen Telefonanruf gerade jetzt tätigen? Muß ich dieses Auto oder diesen Anzug oder diesen neuen VCR oder diesen außergewöhnlichen Teppich gerade jetzt kaufen? Müssen Sie diese Einladung zum Essen annehmen? Muß ich dieses Buch schreiben, diese Ehrung entgegennehmen? Diese Reise machen? Müssen Sie, gerade jetzt, diese Papiere ordnen, diesen Bericht diktieren, müssen Sie beschäftigt sein, das heißt, sich von Ihren äußeren Aktivitäten verschlingen lassen? Was gibt uns am Ende eines jeden Tages das Gefühl, unsere Zeit nicht gelebt zu haben, sondern gelebt *worden* zu sein, von dem, was wir getan haben, benutzt worden zu sein?

Selbst diejenigen von uns, die nicht sosehr von äußeren Aktivitäten bestürmt werden, erleben dieselbe Tragödie. Auch wenn wir nicht selbst *beschäftigt* sind, packt uns oft der Neid auf die anderen, die beschäftigt sind. Wir sehen uns ständig nach Möglichkeiten um, uns zu beschäftigen – das heißt, uns von irgendeiner äußeren Aktivität verzehren zu lassen. Wir fürchten uns vor der Aussicht, nicht genug zu tun zu haben. Und der Rest von uns, der sich nicht in äußere Aktivitäten stürzt und sich auch nicht danach sehnt – der gibt sich Träumen und Phantasien hin oder tausend kleinen Triebkräften, Gefühlen und Gedanken, die ständig in uns auftauchen.

Kurz und gut, die Zeit verschwindet in äußeren Handlungen oder inneren Trieben. In Taten, Sehnsüchten oder Träumen. Aber die menschliche Zeit ist eine *bewußte Zeit.* Und die ist verlorengegangen, zerstört worden. An ihre Stelle ist jetzt die animalische Zeit getreten (etwas tun, sich bewegen, andere ausbeuten, essen, bauen, töten usw.); die pflanzliche Zeit (Träume, Muße, Phantasien); oder die ›minerale‹, – das heißt, mechanische –, Zeit: Die Zeit der Apparaturen, wie etwa Uhren oder Computer. Was wir logisches Denken nennen, ist häufig nur eine innere Version dieser leblosen Maschinen. Folglich sind wir sogar noch stolz auf die Mechanik unseres Denkens, indem wir den metaphorischen Ursprung vergessen und von Computer-›Intelligenz‹ sprechen. Das ist mentale Zeit von ›mineraler‹ Starrheit und Sterilität. Wir überziehen organisches Leben mit diesem logischen Zement, da draußen und in uns selbst. Wenn wir das zu Ende denken, läßt sich an dieser Geistesvorrichtung das gesamte menschliche Leben nur noch daran messen, was ›unter dem Strich‹ steht.

Das Reich des sich verringernden Seins

Diese Beobachtungen führen uns zu dem vielleicht schrecklichsten Bild der Hölle, das in den alten Lehren zu finden ist. Im Alten Testament wird die Unterwelt Scheol genannt. Hier gibt es keine Bilder von einem wütenden Feuer. Keinen kakophonischen Lärm. Keine Schwefeldämpfe. Scheol ist einzig und allein der Ort des Schattens, des dunklen, schwachen Daseins, des verblassenden, immer fahler werdenden Lebens. Scheol ist das Reich des sich *verringernden Seins*. Das ist mit *Dunkelheit* gemeint, wenn in 5. Mose 30.19 Gott zum Menschen sagt: »Leben und Tod (Dunkelheit) lege ich dir vor. Wähle also das Leben.«

Scheol ist der Zustand des menschlichen Lebens, der mit der sich ständig verringernden menschlichen Gegenwart fortgesetzt wird. Es ist die Bewegung zur *Abwesenheit* hin, die Bewegung, die von Gott wegführt – denn wir dürfen nicht außer acht lassen, daß im Alten Testament eine der zentralen Definitionen von Gott die *bewußte Gegenwart* ist. Mose sagt zu Gott: »Gut, ich werde also zu den Israeliten kommen und ihnen sagen: Der Gott eurer Väter hat mich zu euch gesandt. Da werden sie mich fragen: Wie heißt er? Was soll ich ihnen darauf sagen?« Die Antwort, die Gott ihm gibt, ist heute genauso geheimnisvoll wie eh und je: »Ich bin der ›Ich-bin-da‹. So sollst du zu den Israeliten sagen: Der ›Ich-bin-da‹ hat mich zu euch gesandt.«*

Scheol – die Unterwelt oder Hölle der alten Hebräer – ist der

* 2. Mose 3.13,14.

Zustand der sich ständig vergrößernden Entfernung vom *Ich-bin-da*, von der eigenen bewußten Gegenwart mitten im Leben. Es ist dieser Zustand der menschlichen Psyche, der, – für uns –, die treffendste Definition der Hölle ist. Jenseits aller sozialen Kritik an unserer Zeit und jenseits des Fortschritts und aller Errungenschaften, die wir aufzählen könnten, begünstigt der Zustand unserer Kultur immer mehr die Verringerung unseres Seins. In dieser ›Wohlstandsgesellschaft‹ ist es immer weniger nötig, bewußt anwesend zu sein, um die Aufgaben zu erledigen, die zu tun wir gezwungen sind. Die Technologien, die Erfindungen, die Errungenschaften, die wir loben – sie alle werden, fast ohne Ausnahme, gepriesen, weil sie es uns erlauben, immer automatischer zu leben und zu funktionieren, ohne bewußte Gegenwart, ohne *Ich-bin-da*. Ich sehe das ›glückliche Leben‹ von Donald Trump als ein Symbol für diesen Zustand der Dinge an.

Natürlich sollte ich hinzufügen, daß ich Mr. Trump nie persönlich kennengelernt habe. Aber ich bin mir sicher, daß auch er mitten in der Nacht aufwacht und sich fragt, was er eigentlich tut und warum er es tut. Möglicherweise sieht er manchmal, so wie wir auch, daß er gar nicht der große Held seines Lebens ist, sondern daß er in Wirklichkeit von seinem Leben gelebt wird, anstatt es selbst zu leben. Auch wenn er so schreibt, als würde er große Entscheidungen bewußt treffen und mit den Unbeständigkeiten des Lebens meisterhaft zu Rande kommen, nehme ich sein Buch in dieser Hinsicht keinen einzigen Augenblick ernst, und er vielleicht auch nicht. Aber als Symbol für einen der wichtigsten Aspekte unserer modernen Mythologie ist Mr. Trump sehr gut geeignet.

Die alten Griechen hatten von der Hölle eine ähnliche Vorstellung wie die Hebräer – das Land der Schatten, das von Hades regiert wird. Homer berichtet, was der große und listige Forscher Odysseus, der das Risiko suchte und Probleme nicht scheute, herausfand, als ihn die Bewohner dieses Reiches aufsuchten, die aus der Unterwelt der Toten kamen, in deren Köpfen Dunkelheit herrscht, während sie für alle Zeiten durch die stummen Lilienfelder wandern; und die, wie wir aus den alten Sagen wissen, niemals ans süße Tageslicht zurückkehren können, weil sie vom Wasser der Lethe Vergessenheit getrunken haben. Sie erinnern sich nicht an den Weg, auf dem sie in dieses dunkle Reich gelangt sind, und können daher nie wieder den Weg zurück ins Land der Lebenden finden. Unter denen, die Odysseus erscheinen, befindet sich niemand anderer als der große griechische König und Krieger Achilleus.

»Doch keiner, Achilleus, glich an Seligkeit dir, und keiner wird jemals dir gleichen«, begrüßt ihn Odysseus. Und er fährt fort:

»Vormals im Leben ehrten wir dich wie einen der Götter, wir Achaier, und nun, da du hier bist, herrschest du mächtig unter den Geistern; drum laß dich den Tod nicht reuen, Achilleus!«

»Ruhmvoller Odysseus«, erwidert Achilleus,

»preise mir jetzt nicht tröstend den Tod, lieber möcht' ich fürwahr dem unbegüterten Meier, der nur kümmerlich lebt, als Tagelöhner das Feld baun, als die ganze Schar vermoderter Toten beherrschen.«*

Wenn man erst einmal damit angefangen hat, die Bedeutung der Tatsache zu erkennen, daß wir in unserem Leben gar nicht bewußt vorhanden sind, stehen wir vor der wichtigsten und dringlichsten Frage, die wir überhaupt haben können. Wir sind nicht fähig, praktische spirituelle Weisheit zu erlangen, die uns dabei helfen könnte, das Geld zu verstehen, weil wir die Lehre von der *Gegenwart* in den Grundsätzen und Philosophien, die über die Jahrhunderte erhalten geblieben sind, nicht länger wahrnehmen können. Wenn es uns gelingen würde, diesen herkömmlichen Begriff wieder in unser Verständnis vom Leben einzubringen, könnte daraus eine Art Aquädukt entstehen, der von den großen Geistern der Vergangenheit frisches reines Wasser in das infernalische Ödland unseres jetzigen Daseins bringt.

* Homer: *Odyssee*. Elfter Gesang. München – Zürich (Droemersche Verlagsanstalt Th. Knaur Nachf.) 1961, S. 204.

Wir alle haben Hinweise darauf, daß die Hölle ein Leben ohne Selbstbewußtsein ist. Ich erinnere mich noch daran, daß ich, als ich zum ersten Mal von der christlichen Vorstellung von der Hölle erfuhr – die populäre Version, die alles wörtlich nimmt: Teufel mit Hörnern und Mistgabeln –, merkwürdig erleichtert war und anfing darüber nachzudenken. Als Kind rührte meine Vorstellung vom Tod von den getöteten Tieren her, die ich sah, von meinen Großeltern, die ich einbalsamiert in ihren Särgen liegen sah. Für mich hatte der Tod nur etwas mit Verschwinden zu tun, mit Wegsein. Und als ich mir die Möglichkeit meines eigenen Todes vor Augen zu führen versuchte, war ich über alle Maßen erschrocken. Ich konnte es nicht verstehen, ich konnte es mir nicht vorstellen, ich konnte es einfach nicht akzeptieren, daß ich, ich selbst, jemals *nicht* mehr da sein würde. Und so dachte ich mir, wenn ich von den Seelen schlechter Menschen hörte, die bis in alle Ewigkeit an einem glühend heißen Ort verbringen und sich mit Gabeln aufspießen lassen mußten, etwa folgendes: ›Das ist keine schöne Vorstellung. Ich will mich nicht aufspießen lassen und ewig schmoren. Aber auch wenn es noch so schlimm wäre, wenigstens würde *ich* noch immer dasein.‹

Was für ein segensreicher Gedanke! Aber heimlich fürchtete ich noch immer, daß die andere Version vom Tod vielleicht doch der Wahrheit entsprach. Und so quälte sie mich weiter. Erst sehr viel später, als ich schon erwachsen war, mischte sich noch etwas anderes in diese Furcht. Es gab Augenblicke – in jeder anderen Hinsicht Augenblicke der Ausgeglichenheit und tiefer moralischer Gefühle –, in denen ich Angst hatte, *bereits* verschwunden und nicht mehr da zu sein; Augenblicke, in denen ich begriff, was mir diese ersten Wahrnehmungen vom Tod wirklich mitteilten . . .

Wir werden später noch darauf zurückkommen, denn dieser Tod – und was es zu bedeuten hätte, ihn in unserem jetzigen Leben zu bewältigen – ist das eigentliche Thema dieses Buches.

Vor ungefähr zwanzig Jahren spielte James Coburn in dem Western *Waterhole # 3* einen schneidigen Falschspieler, der ein paar kleinen Dieben eine Truhe mit Goldbarren wegschnappt, die sie gerade selbst der US-Army gestohlen hatten. In dem Film kam die übliche Zahl Hollywood-Gewehre und die übliche Menge Sex und vielleicht sogar ein bißchen mehr Humor als sonst vor. Er lief ein paar Monate in den Kinos und geriet dann in Vergessenheit, wie so mancher andere Film, der kaum noch in Videoläden zu finden ist.

Aber die letzte Szene des Films hat es nicht verdient, vergessen zu werden. Nach einer ganzen Reihe witziger amouröser Abenteuer und einigen Schießereien, und nachdem das Gold durch zahlreiche habgierige Hände gegangen und am Ende wieder bei James Coburn gelandet ist, macht sich dieser mit gefüllten Satteltaschen auf den Weg zur mexikanischen Grenze. Ein paar hundert Meter weiter hinter ihm folgen alle, die dem Gold nachjagen – der Sheriff, die hübsche Tochter des Sheriffs und die ursprünglichen Diebe sowie ein armenischer Schuhmacher, begleitet von einer Dame mit Gewehr, und ein ganzes Regiment der US-Army mit Fanfaren. Alle absurden Schachzüge und Verschwörungen haben ihnen nichts geholfen, James Coburn hat als einziger etwas davon gehabt. Sie alle waren habgierig, doch nur Coburn hat nie sein wirkliches Ziel aus den Augen verloren – das ganze Gold für sich zu behalten. Alle anderen lassen sich an dem einen oder anderen Punkt von ihrer Habgier, von Angst, Gefühlen, Phantasien und ihrem Wunschdenken ablenken. Und Coburn ist auch der einzige, der es fertigbringt, sein Verlangen nach dem Gold so weit zurückzustellen, daß er sich ein paar Augenblicke der Zärtlichkeit mit dem Mädchen und des Mitgefühls für ihren belagerten Vater gönnen kann.

Als Coburn über die Grenze in die Sicherheit reitet, dreht er sich im Sattel um und sieht die Zuschauer an. »Vielleicht nehmen wir das Gold zu ernst«, sagt er lächelnd zu uns. Und inmitten der Hufschläge, Schreie und Gewehrschüsse der ihn jagenden Meute dreht er sich noch einmal zu uns um, während die Kamera näherfährt und ihn in Großaufnahme zeigt. Er ist jetzt ganz ruhig, ernst, fast starr. Seine letzten Worte, die er an uns richtet, sind: »Wir nehmen das Gold nicht ernst genug.«

Dann reitet er davon, und der Film ist zu Ende.

Wir nehmen das Gold nicht ernst genug. *Wir nehmen das Geld nicht ernst genug:* Warum wiederhole ich diese Sätze, nachdem ich gerade behauptet habe, daß unsere Beziehung zum Geld unser Leben zu einem Bild der Hölle gemacht hat? Eigentlich müßte ich jetzt doch Argumente vorbringen, mit denen ich beweise, daß wir etwas anderem als Geld den Vorrang geben müssen; daß wir auf die Warnungen der großen Philosophen und spirituellen Lehrer hören sollten, die uns zu allen Zeiten gezeigt haben, wie die Menschheit von Gier und Habsucht verschlungen wird.

Aber es ist noch etwas anderes nötig, bevor wir verstehen können, was uns diese Männer und Frauen mit ihren Visionen wirklich sagen. Es kommt mir in diesem Buch darauf an, zu zeigen, daß wir das Geld erst *verstehen* müssen, *bevor* wir zu irgendeiner moralischen Haltung berechtigt sind. Ein großer Teil des menschlichen Unglücks, – in jeder Hinsicht unseres Lebens –, ist darauf zurückzuführen, daß wir in Erfahrung zu bringen versuchen, was zu tun ist, noch ehe wir genau wissen, welche Kräfte hier am Werk sind. Die meisten sogenannten moralischen Dilemmas lösen sich von selbst auf, wenn man das gesamte Wissen zusammenträgt, das uns zur Verfügung steht. Wir verschwenden eine ungeheure Menge unserer kostbaren Energie damit, Entscheidungen zu treffen, bevor wir sie wirklich treffen müssen oder überhaupt können. Wenn wir erst einmal soweit sind, etwas klar zu erkennen, erledigt sich die Frage der Moral von ganz allein. *Die authentische Moral ist das Kind des Verständnisses.*

Es klingt vielleicht paradox, aber damit will ich sagen, daß unser Leben nicht zur Hölle geworden ist, weil wir das Geld zu wichtig nehmen, sondern weil wir es in gewisser Hinsicht nicht wichtig genug nehmen.

Geld als Energie

Heute ist eine der üblichsten Ansichten über Geld, daß es eine Form von Energie ist. Sicher ist das Geld im gegenwärtigen Zustand der Zivilisation die wichtigste treibende Kraft im menschlichen Leben. Unsere Beziehungen zur Natur, Gesundheit und Krankheit, zur Bildung, zur Kunst, zur sozialen Gerechtigkeit sind alle in immer stärkerem Maß vom Faktor des Geldes durchdrungen.

Es geht nicht darum, diese Tatsache zu bedauern; es geht einzig darum, sie zu verstehen. Metaphysisch, kosmisch gesehen, leben wir in derselben Welt wie Pythagoras, Gautama Buddha, der heilige Augustinus oder Mose. Auf dieser Ebene des Seins, die Erde, menschliches Leben auf der Erde, genannt wird, sind dieselben Kräfte am Werk. Die Griechen haben diesen Kräften die Namen von Göttern gegeben: Apollo, Aphrodite oder Kronos. Heute erhalten solche Kräfte Namen, die aus der modernen Psychologie oder der Wissenschaft stammen – Entropie, Libido oder Homöostase, zum Beispiel –, die aber nur eine blasse Spiegelung ihrer wirklichen Macht im menschlichen Leben und im kosmischen Plan sind. Und in unserer heutigen Zeit offenbaren sich die Kräfte, die das menschliche Leben auf der Erde bestimmen, durch Geld.

Zu anderen Zeiten und in anderen Kulturen hat das Geld nicht diese Rolle gespielt, aber es hat immer das gleiche Spiel der Kräfte gegeben. Was sich geändert hat, ist das Medium, durch das die Kräfte geflossen sind. In einigen Kulturen ist der ›Wert‹ – das heißt, das Medium, durch das die wichtigsten Energien des menschlichen Lebens geströmt sind – Land gewesen, oder Viehherden oder menschliche Sklaven oder ein natürlicher Stoff, wie etwa Wasser oder Salz oder Eisen oder Waffen, oder sogar Ideen und symbolische Formen, wie etwa

›Schönheit‹, oder ›Ehre‹. Gehen Sie in irgendein Museum, studieren Sie irgendein gutes Geschichtsbuch, sehen Sie sich irgendein altes Dokument an, und Sie werden feststellen, daß die Menschheit ihre größte Energie immer in die eine oder andere Art von Dingen, Stoffen oder Formen eingebracht hat.

Wir schaffen keine Kunst der Renaissance oder des europäischen Mittelalters; wir beten nicht den Staat an, wie es die alten Römer getan haben; wir errichten keine Bauten, wie es die Ägypter getan haben. Aber weder die Ägypter noch die Europäer des Mittelalters, noch die Menschen der Renaissance – und übrigens auch nicht die Kulturen aus dem alten China, Griechenland oder Persien, oder die Bewohner des nordamerikanischen Kontinents, bevor der weiße Mann kam –, keiner von ihnen hat den riesigen globalen Mechanismus der Finanzwirtschaft geschaffen, von der in unserer gegenwärtigen Kultur jeder Bereich des menschlichen Lebens durchdrungen ist und die das Hauptmerkmal unserer Zeit darstellt. Zu anderen Zeiten und an anderen Orten haben nicht alle *Geld* mehr gewollt als alles andere. Die Menschen haben sich Erlösung gewünscht, Schönheit, Macht, Stärke, Freude, Besitz, Erklärung, Nahrung, Abenteuer, Sieg, Komfort. Aber hier und heute ist es Geld – nicht einmal unbedingt das, was man mit dem Geld kaufen kann, sondern das *Geld* –, das alle haben wollen. Der nach außen gerichtete menschliche Aufwand an Energie findet jetzt im und durch das Geld statt.*

* In seinem bahnbrechenden Werk *Philosophie des Geldes* hat der Soziologe Georg Simmel auf die einzigartige Wechselwirkung zwischen der modernen Technologie und dem Eindringen der Faktoren des Geldes in jede Facette des modernen Lebens hingewiesen, die so stark ist, daß sie unsere Gesellschaft von den merkantilen Zivilisationen der Vergangenheit unterscheidet. Für Simmel wird durch die Bedeutung, die man dem Instrument des Geldes beimißt, die Unterjochung der modernen Kultur durch Hilfsmittel und Instrumentarien verkürzt. »Aber die Fäden, an denen die Technik die Kräfte und Stoffe der Natur in unser Leben hineinzieht, sind ebenso viele Fesseln, die uns binden und uns unendlich Vieles unentbehrlich machen, was doch für die Hauptsache des Lebens gar sehr entbehrt werden könnte, ja, müßte. ... was uns die Natur vermöge der Technik von außen liefert, ist durch tausend Gewöhnungen, tausend Zerstreuungen, tausend Bedürfnisse

Für jeden, der die Bedeutung des menschlichen Lebens auf der Erde verstehen will, für jeden, der die Bedeutung des eigenen individuellen Lebens auf der Erde verstehen will, ist es unbedingt erforderlich, diese Bewegung der Energie zu verstehen. Daher *muß* man, wenn man das Leben verstehen will, das Geld verstehen – in seiner gegenwärtigen geschichtlichen und zivilisatorischen Phase.

Diese nach außen gerichtete Bewegung der Energie hat für sich allein nie genügt, um der menschlichen Existenz einen grundlegenden Sinn zu geben. Zu allen Zeiten und an allen Orten mußte die Menschheit arbeiten, um zu überleben – mußte sie die Energie aufbringen, die notwendig ist, um die Erfordernisse der biologischen und sozialen Existenz auf der Erde zu erfüllen. Aber gleichzeitig wurde sie dazu angehalten, den Kontakt mit etwas völlig anderem zu suchen. Zu allen Zeiten mußte der Mensch kämpfen, um nicht von den äußeren Anforderungen des Lebens verschluckt zu werden, um nicht in diesen Anforderungen, Bedürfnissen und Wünschen, die ein legitimer *Teil*, aber nur ein Teil, seiner Natur sind, unterzugehen. Alle großen Lehrer der menschlichen Geschichte haben Ideen, Methoden und Symbole hervorgebracht, die so beschaffen waren, daß sie der Menschheit in diesem Kampf beigestanden haben.

Gleichzeitig stellt der äußere Aufwand an Energie einen unausweichlichen und wichtigen Aspekt unseres Seins dar. Sich von dieser äußeren Bewegung abzuwenden heißt, die wahren Möglichkeiten unseres Lebens und den Daseinsgrund

äußerlicher Art über das Sich-Selbst-Gehören ... Solcher Betonung der Mittelinstanzen des Lebens, gegenüber seinem zentralen und definitiven Sinne, wüßte ich übrigens keine Zeit, der dies ganz fremd gewesen wäre, entgegenzustellen ... auch hier zeigt es sich als nichts Isoliertes, sondern nur als der vollkommenste Ausdruck von Tendenzen, die sich auch unterhalb seiner in einer Stufenfolge von Erscheinungen darstellen ... Geld ... durchflicht dieselben als Mittel der Mittel, als die allgemeinste Technik des äußeren Lebens, ohne die die einzelnen Techniken unserer Kultur unentstanden geblieben wären. [Georg Simmel: Philosophie des Geldes, Berlin (Duncker & Humblot) 1958, S. 549-552].

als Mensch zu verlieren. Wer diese äußere Bewegung verdammt, versteht den menschlichen Zustand und die menschliche Struktur und die menschlichen Möglichkeiten nicht. Und so lautet die immerwährende Frage der Menschheit, die einzige Frage, die es wert ist, daß man ihr sein Leben widmet: Wie sind wir, wie bin ich, um in der Welt von ›Geburt und Tod‹, in der Welt des organischen Lebens auf der Erde, der Welt der Gesellschaft, der Verantwortung, des Tuns und Handelns zu leben – während ich gleichzeitig die unglaublich größeren und höheren Möglichkeiten wahrnehme, die uns Menschen offenstehen?

In diesem Buch geht es um die These, daß die wichtigste Verkörperung des ›Lebens auf der Erde‹, die Welt von Geburt und Tod, die Welt, in die wir hineingeboren wurden, in der wir aber nicht unbedingt sterben müssen – daß diese bedeutendste Verkörperung heute das *Geld* ist. Dann ist es also unsere Aufgabe, den Kontakt mit etwas zu suchen, das viel größer ist, als wir es uns vorstellen können, während wir uns offen und ehrlich an den Kräften des Lebens auf der Erde beteiligen.

Zwei Welten, zwei Naturen

Die wesentliche Eigenschaft des Menschen, die in allen großen Lehren, zu allen Zeiten und an allen Orten Erwähnung findet, ist der Gedanke von den *zwei Naturen*, die dem Menschen innewohnen. Ich werde mich bemühen, einige der erstaunlichsten natürlichen Folgen dieses Gedankens darzulegen. Für den Augenblick möchte ich mich nur auf einen Punkt beziehen: Das menschliche Leben hat nur insofern Bedeutung, als wir, bewußt und vorsätzlich, zwei Welten gleichzeitig in Besitz nehmen. Denn nur eine Kraft allein kann dem menschlichen Leben niemals Bedeutung geben. *Bedeutung tritt nur an dem Ort zwischen den Welten in Erscheinung*, in der Beziehung zweier Welten zueinander, zweier Ebenen, zweier fundamentaler Eigenschaften von Macht und Energie.

Bei unserem heutigen Stand der Zivilisation ist das Geld die Verkörperung einer dieser fundamentalen Welten. Das ist seine außergewöhnliche, ungeheure Bedeutung. Wir müssen diese Bedeutung verstehen und respektieren. Diese ›niedere‹ Welt des Geldes ist nicht böse. Wir sind dazu geschaffen, bewußt in zwei Welten zu leben, so daß für uns das wirklich Böse nur aus jenen Faktoren in uns besteht, die uns daran hindern, sowohl die innere als auch die äußere Welt bewußt zu erleben. Es ist nicht das Geld selbst, das dieses Bewußtsein blockiert.

Wir werden in unserem Leben dazu herausgefordert, uns mit der Frage des Geldes auseinanderzusetzen, ohne darin zu versinken oder davor wegzulaufen. Wir müssen das Geld ernst nehmen. Wenn wir ein menschliches Leben leben wollen, müssen wir uns an allen Kräften des Lebens menschlich beteiligen – oder, um es anders auszudrücken, müssen wir zulassen, daß alle Kräfte des Lebens an uns teilhaben, von unserem Bewußtsein angenommen werden. Wir kommen nur dann in die Hölle, wenn unser Bewußtsein abgelenkt wird, wenn wir von der nach außen gerichteten Energie, die nur ein Teil unserer wahren Natur ist, aufgezehrt werden.

Von Geld besessen zu sein, ist wahrlich die Hölle. Aber es gibt noch eine andere Hölle, die wir ebenfalls zur Kenntnis nehmen. Das ist die Hölle, in der wir leben, wenn wir uns weigern, die Realität des Lebens zu akzeptieren, wenn Träume und Phantasien, spiritueller oder anderer Art, die wahre innere Suche verdrängen. Lassen Sie uns jetzt einen Blick in diesen anderen Teil der Hölle werfen.

4. Idealismus und die Realität des Geldes

Es ist im Oktober 1967. Ich gehe durch Haight-Ashbury, ein Stadtviertel von San Francisco. Der Sommer der Liebe hat gerade Geschichte gemacht, der Vietnam-Krieg bricht jedem das Herz. In den Köpfen der jungen Leute explodieren drogeninduzierte Visionen und paranoische Schreckensbilder. Weihrauch erfüllt die Luft. Schöne junge Männer und Frauen schlendern durch die Straßen, sie sind wie Huris gekleidet, wie Zigeuner, Inder, Sannyasins, Prostituierte, Verlorene, Kriminelle, Akteure in einem Drama der Weltrevolution und mystischen Ekstase. Alles bebt vor sexuellem Risiko und erotischer Hingabe, und in allen Gedanken und Ereignissen schwelt verborgen eine gewisse Mischung aus Zorn, Verwegenheit und drohender Erschöpfung. Überall gibt es seltsame handgemachte Gegenstände, so kühn wie häßlich. Orientalische Bilder, Zierat, glänzende Poster, Kristalle und Exkremente, und überall das Aroma von Marihuana; glänzende neurochemische Augen starren auf wer-weiß-was; weiches paradiesisches Lächeln, sanfte Blicke, junge Körper ohne Rückgrat, Hunde ohne Leine bevölkern die Gehwege.

Einige Monate lang habe ich östliche Religionen studiert, von denen sich jetzt so viele dieser jungen Menschen angezogen fühlen, und darüber geschrieben. Fand in Amerika wirklich eine ›spirituelle Revolution‹ statt? Haben diese Lehrer, Meister und Gurus aus Asien wirklich etwas Authentisches in unsere Kultur eingebracht? Und waren diese jungen Männer und Frauen wirklich auf der Suche nach höheren Werten? Oder stellte das ganze Phänomen der ›neuen Religion‹ nur die hohen Töne eines langen, verzweifelten Schreis dar? Waren diese Jünger der neuen Religionen nur die Antenne eines Amerikas, das sich bemühte, seine Seele zurückzugewinnen, oder waren sie nur die rauhe, löchrige Haut einer nicht verheilten Wunde namens Vietnam?

Als Professor für Philosophie und vergleichende Religion hatte ich mit großem Interesse Menschen zugehört, die halb so alt waren wie ich und von spirituellen Erfahrungen sprachen, von denen ich nur in den Schriften der großen Heiligen und Weisen Indiens, Tibets, Chinas und Japans gelesen hatte. Meine eigene persönliche Bekanntschaft mit den ungeheuren Schwierigkeiten der inneren Suche machte mich in bezug auf die Authentizität der psychischen Beschreibungen, die ich hörte, äußerst skeptisch. Und doch bestand kein Zweifel an der

Aufrichtigkeit, mit der diese jungen Menschen ihrem Leben Bedeutung und Visionen zu geben versuchten. Und es bestand auch kein Zweifel daran, daß sie die Lügen und die Scheinheiligkeit unserer Gesellschaft durchschaut hatten. Sie sahen Amerikas Materialismus mit der hellen Klarheit der Angst; der Angst, in einem häßlichen, egoistischen Krieg gegen eine kleine Nation am anderen Ende der Welt zu sterben. Wie ein ausbrechender Vulkan führten ihre Visionen Amerika das Licht eines Feuers von einer schrecklichen glühenden Hitze und großen dunklen Wolken verdampfender unterirdischer Materie vor Augen.

Eine Begegnung in der Haight Street

Ich betrete einen Laden in der Haight Street, atme die widerlichen süßen Dämpfe von Frangipani-Weihrauch und Marihuana ein. In der Ecke des Ladens, dicht bei der Kasse, spielt ein hübsches junges Mädchen sanfte Klänge auf einer kleinen Harfe: ihr Gesicht trägt einen glücklichen verzückten Ausdruck, ihr langes blondes Haar fällt fließend bis hinunter auf den Fußboden. Hinter der Glasverkleidung des Ladentisches liegen orientalische Juwelen, Krimskram, verzierte Schächtelchen, Schals, Kupferschatullen, Messingschalen, geschnitzte Elfenbeinfiguren und Jade. An den Wänden ist eine bunte Mischung aus Fotos und Porträts spiritueller Lehrer, Bildern mit religiösen Symbolen, Seidentüchern, Statuen, Masken aus Afrika, Indonesien und Nepal.

Auf den ersten Blick habe ich den Eindruck, als befänden sich die zum Verkauf bestimmten Waren in den Glasauslagen und die religiösen Schätze des Ladenbesitzers an der Wand. Trotzdem bin ich überrascht, diese Gesichter an den Wänden eines Geschäfts zu sehen. Da ist Ramakrishna, der hinduistische Heilige aus dem 19. Jahrhundert; neben ihm ein Foto des verehrten Meisters Sri Ramana Maharshi aus dem 20. Jahrhundert; und ein Foto von Meher Baba, einem anderen indischen Lehrer; da drüben das berühmte Porträt des Zen-Meisters Modhidharma aus dem 6. Jahrhundert, zusammen mit einem Foto des angesehenen Gelehrten D. T. Suzuki. Dort, weiter hinten mehrere Fotos von Sufi-Heiligen. Und dort ist Krishnamurti. Und eine russische Ikone mit dem Christusgesicht. Und Gurdjieff. Und noch viele andere. Und auch große Kreuze aus Metall, das eine ein eindrucksvolles geschnitztes mexikanisches Kreuz mit dem blutenden und sterbenden Christus daran. Und jüdische Gebetsschals, tibetanische Glocken und *vajras* und zahllose andere Gegenstände, die ich noch nie irgendwo anders gesehen habe als in der feierlichen Umgebung von Kirchen und Tempeln.

Plötzlich entdecke ich ein Preisschild an der russischen Ikone; und plötzlich sehe ich überall Preisschilder! Warum habe ich sie nicht vorher gesehen? Jetzt sind sie so deutlich zu erkennen! Ich schiebe mich durch die Menge nach vorn, um besser sehen zu können, und überlege, warum ich so schokkiert bin. Die Ikone kostet 595 Dollar. Das Foto von Ramana Maharshi 22 Dollar 50. Das mexikanische Kruzifix 195 Dollar (ein Vorzugspreis). Der Ramakrishna kostet 14 Dollar 95, der Krishnamurti 9 Dollar 95. Der Gebetsschal steht mit 35 Dollar im Angebot und ist sehr schön – feine, zart geknüpfte Fransen, reinweiße Seide. Ich muß ihn haben. Unbedingt.

Danach spielt sich folgendes kleine Drama ab. Ich hole mein Scheckbuch heraus und bitte die Verkäuferin – ebenfalls ein blasses Mädchen, das genauso verklärt und entrückt lächelt wie die Harfenspielerin –, mir den Gebetsschal zu zeigen. »Oh«, sagt sie mit zarter kleiner Stimme, »wir nehmen nur Bargeld.« Aus irgendeinem Grund trifft mich das Wort *Bargeld* aus dem Munde dieses Blumenkindes in den Bauch, so als würde es sich um etwas Obszönes handeln. Ich spüre, wie ich die Lippen zusammenkneife und laut und dümmlich sage: »Soll das heißen, daß Sie keinen Scheck nehmen?«

»Das ist unser Geschäftsprinzip«, sagt sie, ein wenig erschrocken, aber nicht erschrocken genug, als daß es mir gefallen könnte. Sie legt den Gebetsschal auf den Ladentisch.

Ich schiebe ihn auf die Seite, ohne ihn auch nur anzusehen. Und dann höre ich mich mit noch lauterer Stimme sagen: »Kennen Sie mich denn nicht? Ich bin Jacob Needleman! Ich bin Professor an der San Francisco State University!«

Während ich noch dabei bin, diese absurden Sätze von mir zu geben, fallen meine Augen zufällig auf das Foto, das hinter ihr an der Wand hängt. Nachdem ich gerade mit angehört habe, wie mein Mund diese pompösen Töne des Eigenlobs ausgestoßen hatte, wie er es noch nie getan hatte, muß ich jetzt feststellen, daß ich von keinem anderen als Gautama Buddha persönlich beobachtet werde, dessen Lehren von der Illusion des Ego ich am selben Morgen meinen Studenten an der Universität so genau erklärt hatte.

Die Komödie geht noch weiter. »Ich möchte mit dem Besitzer sprechen!« sage ich. Das Mädchen verschwindet und kehrt in Begleitung eines Mannes zurück, der ungefähr Ende zwanzig ist, ungekämmtes Haar hat, sanfte wäßrige Augen, ein widerlich herzliches Lächeln im Gesicht und ein kleines Foto von einem Hindu, wahrscheinlich sein Guru, an einer Kette um den Hals. Ich wiederhole meine Forderung, füge noch hinzu – zum Glück erinnere ich mich nicht mehr genau an die Worte –, daß ich nicht nur Professor bin, sondern Professor für Philosophie und Religion und daß ich Vorlesungen über dieselben Leute abhalte, deren Fotos hier an der Wand hängen. Als würde mich das berechtigen, mit Scheck zu zahlen.

Plötzlich bekommt der Mann mit dem widerlichen Lächeln Augen so hart wie Stahl, und ohne auch nur das kleinste Zukken eines Muskels an seinen Lippen verwandelt sich das ›gewinnende‹ Lächeln in ein sardonisches Grinsen. Er nimmt den Gebetsschal – für einen kurzen Augenblick stelle ich mir sogar vor, daß er ihn mir zum Geschenk macht –, und während er ihn sorgfältig zusammenlegt, rät er mir, mich doch selbst sexuell zu befriedigen.

Als ich wieder auf der Straße bin, kommt gerade eine Gruppe Hare Krishnas in prächtiger königlicher Ausstattung und mit angemalten Gesichtern an mir vorbei und singt ihr Hindu-Mantra. Ich zittere vor Zorn – aber worauf oder auf wen? Und als mich einer der Hare Krishnas bittet, ihm Weihrauch oder sonst irgendwas abzukaufen, breche ich plötzlich in Lachen aus. Aber worüber oder über wen?

Während ich ziellos durch Haight-Ashbury wandere, sprießen in meinem Kopf wie in einem blühenden Dschungel die Gedanken über das Durcheinander von Geld und Religion – über meine eigene Verwirrung und die der Blumenkinder und Hippies um mich herum. Die Begegnung in dem Laden hat in mir einen Eindruck geweckt, der die rauhe Wirklichkeit des Geldes betrifft, denselben Eindruck, den ich als Kind immer hatte, wenn meine Träume und Hoffnungen von den Realitäten des Geldes oder von den Geldängsten meines Vater zerschlagen wurden. Während ich jetzt durch die Straßen ging, bemühte ich mich zu verstehen, was ich in dem Laden erlebt hatte – oder jedenfalls bemühte ich mich darum, es beim rechten Namen zu nennen.

Die Grenze zwischen den Welten

In diesem Laden hatte ich die Kraft des Geldes in einer ihrer wichtigsten Offenbarungen gesehen. Der Ladenbesitzer mußte ein Geschäftsmann sein, er mußte vernünftig kalkulieren; er mußte mit den materiellen Tatsachen seines Geschäfts fertig werden, mit den geplatzten Schecks, von denen er zweifellos schon viele bekommen hatte. Aber er war auch ein ›spiritueller Sucher‹. Vielleicht war er der Jünger irgendeines echten Hindu-Lehrers. Vielleicht träumte er in seinem Herzen davon, sich vom Ego zu befreien, von der Vergegenwärtigung Gottes. Oder vielleicht pumpte er sich auch jeden Tag bis obenhin mit Dope voll – wer konnte das wissen? Aber wieviel ›spirituelle Liebe‹ er auch suchte oder fühlte, er mußte sich noch immer mit den geschäftlichen Tatsachen herumschlagen.

Dieser spirituelle Sucher war ein widerlicher Geschäftsmann – aber er *war* ein Geschäftsmann. Seine Geldpersönlichkeit hatte keine bewußte Verbindung zu seiner spirituellen Persönlichkeit. Seine Ideale hielten ihn davon ab, sich den Notwendigkeiten seines Geschäfts mit so etwas wie menschlicher Intelligenz oder Sorgfalt zu stellen. Diese Ideale ließen keinen Platz für die Realitäten des täglichen Lebens, das sich auf dem Gebiet des Geldes bewegt. Und so würden diese Ideale wahrscheinlich immer *nur* Ideale bleiben und niemals zu den Einzelheiten seines Lebens Zutritt haben. In seine extravaganten religiösen Ideale versunken, konnte er es sich nicht erlauben, sich einzugestehen, wie er mit den Menschen umgehen mußte, um ein guter Geschäftsmann zu sein. Und daher konnte er nur mit den primitivsten, dem Selbstzweck dienenden Reaktionen aufwarten, als er in eine Situation geriet, für die nur die übliche Beherrschung dieser Reaktionen erforderlich gewesen wäre, die jedem vernünftigen Geschäftsmann geläufig sind und sein müssen.

Er nahm das Geld nicht ernst genug. Er brachte nicht genügend gewöhnliche menschliche Aufmerksamkeit auf, um seine Rolle als Ladenbesitzer spielen zu können.

Und ich, was war mit mir? Wenn es mir auch schwerfiel, mußte ich zugeben, daß mich das Geld genauso durcheinanderbrachte wie den Ladenbesitzer. Während ich die ganze Farce noch einmal in Gedanken durchspielte, schwankte ich zwischen Lachen und Weinen, als ich an das groteske Verhalten meines lächerlichen Ego denken mußte. Ich erkannte, daß auch ich irgendwo in meinem Kopf die Vermutung pflegte, daß man spirituelle Dinge nie mit Geldbelangen in Verbindung bringen sollte. Auch ich litt an der scheinheiligen Einbildung, daß einen der Umgang mit Gott davor verschonte, mit der Welt des Geldes realistisch umzugehen. Ich fühlte nicht den *Sinn* des Geldes. O ja, ich wollte Geld haben und sehnte mich genausosehr wie alle anderen auch nach Geld; und ich fürchtete mich genauso wie alle anderen vor Geldproblemen. Aber ich kann nicht sagen, daß ich die Bedeutung oder die Wichtigkeit des Geldes im Verlauf des Lebens gefühlt hätte.

Und so brachte es auch nicht ein Gramm meiner Intelligenz oder meiner Sensibilität je zustande, den Weg zur Erkenntnis und zum Verständnis des Geldes einzuschlagen, während ich über spirituelle, philosophische und metaphysische Gedanken sprechen und schreiben konnte. Damals wußte ich noch nicht, daß Geld eine der wichtigsten Möglichkeiten war, bei denen sich das Leben eines Menschen in unserer Welt offenbart.

Welch pathetische ›Reinheit‹, die den besseren Teil unseres Geistes davor bewahrt, sich für das Leben mit Menschen und ihren Bedürfnissen, Wünschen und Sorgen einzusetzen! Was stand zwischen diesen beiden Teilen von mir und verdeckte das eine gegen das andere – so sehr, daß sich angesichts des Geldproblems – in diesem Fall ein kleiner Einkauf in einem Laden – nur eine äußerst minderwertige Version des Ego/Tiers zeigen konnte? Ich und dieser Ladenbesitzer: waren wir nicht zwei Ego/Tiere, die sich gegenseitig anknurrten? Und diese beiden Ego/Tiere – hatten sie nicht beide irgendwo in ihren Köpfen große spirituelle Ideale, irgendwo anders, weit weg, abgeschirmt, und vor den Teilen von uns geschützt, die mit unseren Mitmenschen zu tun haben?

Um Geld ernst zu nehmen, muß man diesen Schirm niederreißen. Das heißt nicht, daß man spirituelles Streben mit materiellen Bedürfnissen durcheinanderbringt, im Gegenteil; vielmehr ist es wichtig, den wahren und wirklichen Unterschied zwischen diesen beiden menschlichen Zielen zu erkennen. Aber es heißt, daß man auf seine materiellen Bedürfnisse soviel Energie und Intelligenz verwendet, wie erforderlich ist, um sie zu befriedigen, gleichzeitig sich aber noch genügend Platz für das Streben nach transzendentaler Bedeutung freihält.

›Gebt dem Kaiser, was des Kaisers ist, und gebt Gott, was Gottes ist.‹ Meiner Meinung nach läßt sich das gesamte Problem des Lebens in der heutigen Kultur als eine Herausforderung, diese Worte von Jesus zu verstehen, definieren. Aber so einfach ist es nicht; in Wirklichkeit ist es ungeheuer schwierig. Dazu ist es nötig, daß wir verstehen, was von uns zum transzendentalen Bereich gehört und was zum materiellen. Und dann jedem das zu geben, was ihm gebührt – nicht mehr und nicht weniger. Das bedeutet, ein Mensch zu sein. Nur darin kann der Ursprung für den Sinn liegen.

Die Begegnung zwischen einem Philosophen und einem ›spirituellen‹ Ladenbesitzer, so absurd und possenhaft sie ist, erklärt viele Verwirrungen, die auf sehr ausgedehnten und bedeutenden Ebenen in unser aller Leben vorkommen. An solchen persönlichen und anscheinend trivialen Ereignissen, wie wir sie alle auf ähnliche Weise tagtäglich erleben, können wir erkennen, was wirklich hinter unserer Einstellung zum Geld steckt, und wenn wir das tun, können wir vielleicht hoffen, unsere üblichen Reaktionen auf das, was wir ›Gier‹, ›Hartherzigkeit‹, ›Überheblichkeit‹ und ›Unsterblichkeit‹ nennen, zu ändern, sowohl im täglichen Leben als auch bei Geschäften, in der Religion, der Politik, der Bildung, der Medizin – bei allen Aspekten und Institutionen unserer zerbrechlichen Zivilisation.

5. Gott und der Kaiser

Von Donald Trump bis zu einem unvernünftigen ›spirituellen‹ Ladenbesitzer in Haight-Ashbury scheint es ein langer Weg zu sein, aber so weit, wie es aussieht, ist es gar nicht. Ersterer verkörpert den Versuch, den Sinn des Lebens im Geld zu finden; letzterer versucht, mit der Suche nach dem Sinn des Lebens Geld zu verdienen. Ich kenne sie beide nur zu gut – denn sie leben beide in mir, und vielleicht in den meisten von uns. Sie verkörpern die Verwirrung, die die beiden Richtungen des Lebens in uns stiften. Diese Verwirrung hindert uns daran, den wahren Unterschied zwischen der Suche nach Gott und der Notwendigkeit, in der materiellen Welt normal zu leben, zu erkennen.

Die Schwierigkeit, den Gedanken zu akzeptieren, daß der Mensch ein Wesen mit zwei Naturen ist, und die Herausforderung, nach diesem Gedanken zu leben, sind nicht neu. Dieser Herausforderung mußte sich die Menschheit schon immer stellen. Man könnte sich die Geschichte des Menschengeschlechts als ein Drama vorstellen, in dem der Gedanke von den beiden Naturen zuerst verbreitet wird – von Jesus, Lao Tzu, Mose und all den anderen spirituellen Genies der Welt –, um später von ganzen Völkern und Kulturen vertuscht und vergessen zu werden.

Dieser Mann hat sowohl eine ideelle als auch eine materielle Seite; daß er sowohl ›gut‹ als auch ›böse‹ ist, Engel und Teufel, ist natürlich die allgemein übliche Vorstellung. Aber wodurch unterscheiden sich diese beiden Seiten der menschlichen Natur, und wie müssen wir uns ihnen gegenüber verhalten? Und wie lassen sie sich miteinander in Verbindung bringen? Wäre es überhaupt wünschenswert, sie miteinander in Verbindung zu bringen? Diese Fragen haben in der ganzen Geschichte der menschlichen Zivilisation für große Verwirrung und Uneinigkeit gesorgt.

Jahrhundertelang haben die institutionalisierten Religionen des Westens den ›niederen‹ Teil der menschlichen Natur verdammt oder ihn höchstens mürrisch toleriert: den Körper, die Sexualität und die materiellen Wünsche der Menschen. Die Lebenshaltung, die wir ›puritanisch‹ nennen, ist Teil dieses Vermächtnisses, vor allem auf dem Gebiet der Sexualität.

Als Reaktion darauf hat die Freudsche Psychoanalyse eine Bewegung in Gang gesetzt, die genau in die entgegengesetzte Richtung führte und der viele moderne Menschen gefolgt sind – sogar bis zum Leugnen einer spirituellen Natur des Menschen. Es wurde versucht, die ›höheren‹ Aspekte des Menschen zu erklären, indem man sie auf die animalischen Instinkte reduziert hat, die von der angestammt repressiven menschlichen Zivilisation verdeckt werden. Der ›Puritanismus‹ verdammt das Tier; der ›Modernismus‹ leugnet den Geist. Beide sind gleichermaßen verderblich, wenn das Böse nicht, wie ich behaupte, in der einen Seite der menschlichen Natur existiert, sondern wenn es uns nicht gelingt, beide Richtungen in uns zu unterscheiden und zu respektieren.

Wie mit der Sexualität, so ist es auch mit dem Geld. Im Mittelalter tolerierte die Kirche zwar den nötigen Austausch von Geld und Waren, hielt aber Geschäfte oder den Handel als solchen für moralisch gefährlich. Es war Aufgabe der Kirche, das wirtschaftliche Leben der Gesellschaft zu regeln, so daß die materiellen Bedürfnisse des einzelnen nicht zu Wünschen wurden, die ihn von den religiösen Verhaltensregeln ablenkten. Zum Beispiel waren die Gesetze gegen Wucher oder überzogene Zinsen auf Darlehen ursprünglich dazu da, die Ausbeutung von Unglück, das einem anderen widerfahren war, oder seiner Bedürfnisse zu verhindern. In unserer kapitalistischen Welt fällt es uns schwer zu verstehen, warum die religiösen Glaubenslehren das Erheben von Zinsen stets mit großer Mißbilligung betrachtet haben. Dabei sollten wir nicht vergessen, daß sich der einzelne Mensch vor unserer Zeit gewöhnlich immer nur dann Geld ausgeliehen hat, wenn er durch ein Unglück dazu gezwungen wurde. Eine solche Anleihe mit Zinsen zu belegen wäre genauso, als wolle man aus dem Unglück seines Nachbarn Gewinn schlagen – es war eine Form von *Habgier*.

Wir dürfen nicht vergessen, wie sehr die christliche Kirche die wirtschaftlichen Aktivitäten des Menschen als gegenseitige Abhängigkeit der Menschen betrachtet hat. Wirtschaftliche Aktivitäten wurden als gegenseitige Hilfe einzelner füreinander verstanden, damit alle materiell versorgt waren, jedenfalls mit dem, was sie zum Leben brauchten. Im allgemeinen und tieferen Sinn ist diese gegenseitige Abhängigkeit in dem Gebot, daß man seinen Nachbar lieben soll, enthalten. Im Idealfall muß jede Handlung im materiellen und sozialen Bereich das hervorbringen, was die anderen genauso brauchen wie man selbst, und was den anderen genauso guttut wie einem selbst. Und genauso wie die Freuden der Sexualität nur zur pflichtgemäßen gemeinsamen Zeugung erlaubt waren, war der materielle Erwerb nur insoweit gerechtfertigt, als er den wahren individuellen Bedürfnissen des einzelnen oder der Gemeinschaft entsprach.

Das unfertige Selbst

Der Mensch wurde mit einem Geist ausgestattet, der durch einen sterblichen physischen Körper fließt. Er lebt in einer physikalischen Welt, die auch vom Geist durchflutet ist. Das ist seine metaphysische Bestimmung. Seine Aufgabe ist es, in direkter Beziehung zum Geist als auch zur Materie zu leben und dadurch ein neues, gottähnliches Bewußtsein zu bilden, das *Seele* heißt. Um dieses Ziel zu erreichen, muß er dem Geist und der Materie geben, was ihnen zusteht. Der Mensch ist, wie es Kierkegaard im modernen Zeitalter ausgedrückt hat, dazu bestimmt, ein Selbst zu sein (in der Sprache des Mittelalters: eine Seele), eine Synthese aus Zeit und Ewigkeit, dem Endlichen und dem Unendlichen. Es ist seine Aufgabe, seine Bestimmung, aber diese Bestimmung ist er noch nicht; noch ist der Mensch kein Selbst.

Aber wie den Menschen zu dem Unendlichen hinführen, das in ihm ist, ohne das Endliche zu vernachlässigen? Wie dem Kaiser geben, was des Kaisers ist, oder Gott geben, was Gottes ist? Die ganze Intensität und Aufmerksamkeit der größten spirituellen Meister war nötig, um dieses dynamische Gleichgewicht innerhalb der christlichen Klostergrenzen aufrechtzuerhalten. Zum Beispiel teilte ein Mönch im 6. Jahrhundert unter dem heiligen Benedikt seine Aktivitäten sorgfältig und kreativ zwischen meditativen mystischen Gebeten und physischer Arbeit auf, der kommunalen Gemeinschaft. Dieses Gleichgewicht mußte ständig vom Oberhaupt des Klosters und von jedem Mönch in seiner eigenen Innenwelt neu bewertet und überprüft werden. Versuchungen gab es in beide Richtungen, und die Schriften der frühen Kirchenväter bezeugen die Schwierigkeit dieser Herausforderung wie auch die unermeßliche Belohnung.

Wenn diese Suche schon unter den dynamischen, kontrollierten Bedingungen des Klosters schwierig war, so war sie außerhalb der Klostermauern, im Strudel des täglichen Lebens, so gut wie unmöglich. Die Ethik der Kirche des Mittelalters, ihre Gesetze, mit denen sie die europäische Gesellschaft zu lenken versuchte, konnte nicht dasselbe bewirken wie unter den kontrollierten Bedingungen des Klosters. Aber sie konnte einen religiösen Rahmen liefern, der Männern und Frauen die Möglichkeit gab, die Verbindung zu etwas Größerem zu suchen als dem sozialen Ego. Viel von dem, das wir jetzt als reines Dogma betrachten, wie etwa die Doktrin, daß der Mensch nach Gottes Bild geschaffen wurde und in Sünde fiel, diente in Wirklichkeit dem Zweck, das äußere und innere Leben der Männer und Frauen zu lenken, damit diese beiden Realitäten, diese beiden Aspekte der menschlichen Natur, nicht unwiederbringlich weit voneinander wegrückten; damit der wahre Unterschied zwischen diesen beiden Naturen des Menschen wenigstens theoretisch gewürdigt werden konnte.

Das äußere Leben des Menschen, seine niedere Natur, das ›Tier‹ in ihm, seine physischen und sozialen Bedürfnisse als sterbliches Wesen, wurden als real, aber sekundär, angesehen. Die Ethik der Kirche trachtete danach, den Menschen daran zu hindern, zu viel von sich an diese äußere Natur abzugeben; aber sie trachtete auch danach, sie zu respektieren und ihre legitimen Bedürfnisse zu befriedigen.

Die gefährlichste Illusion

Während der ganzen menschlichen Geschichte ist diese Lehre so schwer zu bestimmen gewesen, daß sie inmitten der Verzerrungen, die sie kontinuierlich herabsetzten, immer wieder neu entdeckt und neu geschaffen werden mußte. Eine dieser Verzerrungen war die offene Verdammung der niederen Natur des Menschen – seiner physischen und materiellen Bedürfnisse und Wünsche. Eine andere Verzerrung, die oft mit der ersten

Hand in Hand ging, war die Überbetonung der ›Göttlichkeit‹ im Menschen – was zur Vernachlässigung der niederen Natur führte. Im ersten Fall war die Folge eine ›puritanische‹ Einstellung mit Heuchelei und heimlicher psychischer Unterdrükkung. Der zweite Fall führte zur Einführung monastischer Bedingungen, die im Grunde eine Flucht vor dem Leben sind, vor dem menschlichen Zustand. In diesem Fall ist das Kloster nur ein Schutz vor der Wahrheit über sich selbst, der man ins Gesicht sehen muß. Die großen Gründer des monastischen Systems haben das klösterliche Leben nie auf diese Weise geordnet; ganz im Gegenteil – das Kloster sollte ein Ort sein, an dem das Individuum eine intensivere Begegnung mit den beiden Naturen erfahren konnte, eine Begegnung, die dazu führen konnte, daß man die transzendentale versöhnende Kraft, den Heiligen Geist, wie er genannt wird, oder Gnade in sich aufnahm – das Geschenk Gottes.

In diesem Kontext wurden die materiellen und ökonomischen Bedürfnisse eines Menschen nicht als böse angesehen; sie wurden als *sekundär* angesehen. Wenn aber das, was sekundär ist, als böse angesehen wird, so ist das ein tragisches Mißverständnis. Ein gewaltiger Irrtum. Der niederen Natur einen angemessenen Platz im menschlichen Leben zu geben erfordert genaue und aktive Aufmerksamkeit; andererseits führt es leicht zu einer Art Gewalt gegenüber einem ganz wesentlichen Aspekt der menschlichen Natur, wenn die niedere Natur als böse angesehen und behandelt wird. Das wiederum führt umgekehrt zu der Reaktion, die wir vor allem in der modernen Zeit sehr stark erlebt haben, in der sich die vernachlässigte niedere Natur am Ende behauptet, wie ein unbewachtes Feuer, das außer Kontrolle gerät.

Die Meister der christlichen Lehre wußten, daß diese Dynamik sowohl innerhalb als auch außerhalb des individuellen Menschen zum Tragen kommt. Sowohl im Selbst als auch in der menschlichen Gemeinschaft breiten sich die unbeachteten legitimen Bedürfnisse und Wünsche der niederen Natur wie ein Feuer aus – oder wie ein Unkraut, wie es in den Evangelien heißt. Die ›Todsünden‹ wurden häufig so verstanden. Aus dem normalen sexuellen Bedürfnis wurde Lust, wenn die Beziehung zur höheren, zur geistigen Natur des Menschen verlorenging. Und aus den normalen materiellen Bedürfnissen des Menschen wurde Habgier, wenn die Beziehung zur ideellen Natur des Menschen verlorenging.

Genaugenommen ist das der Grund, warum Handel und Wirtschaft, und vor allem der Umgang mit Geld, so verdächtig waren. Das wirtschaftliche Leben mußte auf eine Art geführt werden, daß es dem einzelnen Menschen im Vergleich zu dem Ziel, sich dem Höheren, sich Gott zu öffnen, zweitrangig vorkam. Sekundär, nicht böse. Der einzelne Mensch mußte zu seinem eigenen Wohlergehen das Leben der Familie und das des Körpers leben, während er aber gleichzeitig seine Abhängigkeit von der Gemeinschaft erkannte, und seine Verpflichtung, der Gemeinschaft zu dienen – in brüderlicher Liebe.

Unter gar keinen Umständen dürfte die Gesellschaft den Menschen darin bestärken, sich unabhängig, autonom zu fühlen. Das war die gefährlichste Illusion, die ihn daran hindern würde, seine wahre Natur als ein geteiltes, potentiell erhabenes Wesen zu verstehen, dessen wahres Glück davon abhing, ob es die spirituelle Kraft empfing, die von oben kam und die seine beiden Naturen miteinander verbinden und aus ihm einen Diener Gottes auf dieser Erde, in dieser Schöpfung, machen konnte. Das Anhäufen materieller Dinge half nichts, sondern nährte nur die Illusion der Selbständigkeit, die Blindheit gegenüber sich selbst, die Illusion der Eigenstärke, diesen schweren, starren, höllischen Alptraum, den die Väter der christlichen Glaubenslehre *Stolz* nannten. Stolz ist die Einbildung des Selbst, nicht die Luft Gottes atmen zu müssen. Stolz ist die Illusion falscher Einheit und Macht, die den Menschen daran hindert, wahre Einheit und Macht zu erlangen. Die materielle Welt und die niedere Natur sind nicht böse; aber wenn die Menschen ihre Beziehung zum Ideellen verlieren, entfernen sie sich von ihrer Ehre und ihrer Pflicht. Das Böse ist die fehlende Verbindung zwischen dem Höheren und dem Niederen, zwischen den ontologischen, metaphysischen Ebenen im Menschen und in der Gesellschaft.

Das ist die wahre Bedeutung der Habgier und aller anderen Todsünden. All die Sünden verkörpern so viele Aspekte von Stolz und Egoimus und von der Illusion der eigenen Macht.

Vom Instrument zum Abgott

Um so mehr war das Geld selbst eine Gefahr. Als Instrument zur Erweiterung der materiellen Hilfe zwischen den Menschen – und daher der menschlichen Liebe – war es eine inspirierte Erfindung. Aber wie alle ehrlichen Erfindungen war es, wie die moderne Welt entdecken mußte, eine zweischneidige Sache. Für sich allein, als *Ding*, als *Substanz*, war sie nutzlos. Sie diente nur dazu, den Menschen auf direktem Weg dabei zu helfen, in der materiellen Welt zu leben, führte ihnen aber gleichzeitig ihre Abhängigkeit vor Augen, erst von Gott und dann voneinander. Das ist zweifellos der Grund dafür, warum die Münzen nach ihrer Erfindung zuerst von den Priestern verwaltet wurden; was zweifellos auch die Erklärung dafür ist, warum die ersten Münzen in vielen Fällen auf der einen Seite ein religiöses Symbol und auf der anderen Seite ein weltliches Symbol trugen – Gott und den Kaiser. Münzen – Geld als Sache – waren ein Werkzeug, ein Instrument, um die notwendigen gegenseitigen menschlichen Beziehungen in der materiellen Welt zu erleichtern, während sie die Menschen an ihre Abhängigkeit von Gott und seine moralischen Gesetze erinnerten. Die ethischen Gesetze, die den Austausch von Geld beherrschten, verbanden diese Handlung senkrecht mit den heiligen Geboten; und die Bezahlung mit Geld als solche war ein Beweis für die gegenseitige horizontale materielle Abhängigkeit der Menschen untereinander. Der Austausch von Geld diente der ständigen Erinnerung an diese gegenseitige Abhängigkeit. In einer Wirtschaftsform, die sich mehr auf Bedürfnisse als auf Wünsche stützte, ist das, was ›unter dem Strich‹

steht, mehr als nur eine beschwerliche Einschränkung; es ist der Index dafür, daß man seine eigenen Bedürfnisse gegen die der anderen aufrechnet.

Wenn der Wunsch nach ›finanzieller Unabhängigkeit‹ übermäßig groß wird, könnte das zu der Illusion führen, ohne fremde Hilfe auskommen zu können, und Selbstüberheblichkeit und Eigendünkel zur Folge haben.* Die ideelle Bedeutung von Unabhängigkeit wollte nie die innere Verpflichtung des einzelnen gegenüber den Bedürfnissen seines Nachbarn in Frage stellen, genausowenig wie seine Abhängigkeit von der Arbeit seines Nachbarn. Im geistlichen Sinn bedeutet Unabhängigkeit die völlige Abhängigkeit von Gottes Wahrheit und Energie, die aus den Tiefen des eigenen wahren Selbst wirkt, sowie Befreiung aus der Sklaverei menschlicher Institutionen und Meinungen – William Blake's »im Kopf geschmiedete Fesseln«.

Mit Geld zu handeln, nur um des Geldes willen, ohne den unmittelbaren Zusammenhang mit Waren und Dienstleistungen, bedeutete ein ernsthaftes psychospirituelles Risiko. In sozialer Hinsicht unterbrach eine derartige Handlung den Fluß menschlichen Austauschs, indem sie Geldgeschäfte von den fundamentalen menschlichen Bedürfnissen trennte; in psychischer Hinsicht förderte sie die Illusion, daß alles, was im Kopf allein geschaffen werden kann, Sicherheit gibt; die Illusion, daß die physische Welt und der Geist, der sich mit der physischen Welt beschäftigt, der wesentlichste Aspekt der menschlichen Natur ist. Die christliche Glaubenslehre hat, wie alle großen Religionen, den Menschen zu einer Realität geführt, die über die Welt der sinnlichen Erfahrung hinausgeht,

* Darüber hinaus sollte man erkennen, daß der Widerstand des Christentums, im Mittelalter und zu Beginn der modernen Zeit, gegen die Idee der *Versicherungen*, die heute einen wichtigen Platz in unserem Leben einnehmen, vor allem gegen die Bestrebungen der Menschen gerichtet war, vor der Endgültigkeit göttlicher Macht die Augen zu verschließen. Diese Einstellung gegenüber den Versicherungen ist in bestimmten moslemischen Ländern noch immer weit verbreitet und trägt nicht gerade dazu bei, den Geschäftsleuten aus den westlichen Ländern ihre Arbeit dort zu erleichtern.

sowohl im Hinblick auf seine Einstellung zu sich selbst als auch zur Weltordnung. Sich mit Geld zu beschäftigen, mit Geld als Sache, als Substanz, bedeutete, Gefahr zu laufen, an die Macht des Geldes zu glauben und dadurch die höhere Realität im Universum und die Notwendigkeit, sich ihr zu öffnen, zu vernachlässigen. Geld ist nicht fähig zu tun, was die wahre kausale Realität der Natur tun kann. Die wahre kausale Realität – die fundamentalen Ursachen der Existenz und dem, was in der Welt und in einem selbst vor sich geht – ist für den Menschen des Mittelalters dieser Gott.

Halte nicht für Gott, was in Wahrheit nicht Gott ist: Neben vielen anderen Möglichkeiten, die dasselbe ausdrücken, heißt das, daß man nach Macht, Sicherheit, Freude, Dienstleistungen, Liebe oder Bedeutung nicht irgendwo anders suchen soll als an der Quelle ihres realen Ursprungs. Verwechsle nicht Wirkungen mit Ursachen. Halte nicht eine Wirkung der kausalen Macht für die kausale Macht selbst. Das ist die Sünde der Abgötterei.

Wenn wir jetzt in unserer historischen, philosophischen Diskussion über die Herkunft des Geldes in unserer Gesellschaft einen Augenblick innehalten, werden wir sicherlich – so wie der gute Christ im Mittelalter es getan haben muß – fragen wollen: Was ist Gott für mich? Was nimmt für mich den Platz Gottes ein? Was halte ich, was halten wir für die Ursache der Dinge, die in uns und um uns herum geschehen? Und wenn unsere Antwort auf diese Frage etwas anderes als *Geld* ist, worauf beruht sie dann? Wenn unsere Antwort anders lautet als: Ursachen existieren nur in der materiellen Welt außerhalb von mir, und in mir existieren Ursachen nur in meinen animalischen Instinkten und egoistischen Trieben – wenn unsere Antwort nicht so lautet, worauf stützt sich dann unsere Überzeugung? Haben wir wirklich metaphysische, unsichtbare Ursachen erlebt, die in der Welt wirksam werden – das heißt, haben wir wirklich erlebt, daß Gott in der Welt etwas tut? Haben wir wirklich den großen Geist und den Zweck der Natur gesehen? Haben wir wirklich, in uns selbst oder in irgendeinem anderen Menschen oder in irgendeinem anderen menschlichen Ereignis, Ursachen und Motivationen erlebt, außer im Bereich des Verlangens nach Sexualität, Nahrung, Eitelkeit, Furcht? Das heißt, haben wir wirklich die höhere Natur des Menschen gesehen, in uns selbst oder in anderen?

Im Kern der großen weisen Glaubenslehren der Welt, einschließlich des Christentums, herrscht die Ansicht vor, daß man einen intensiven und sorgfältig gelenkten Lebenswandel und praktische Erfahrung braucht, um die höhere, göttliche Natur der Realität, in einem selbst und in der Welt, zu erleben. Diese höhere Realität, die wirkliche kausale Kraft in der Welt, Gott, existiert und besitzt eine unermeßlich große Macht. Aber wir sind ihr gegenüber blind, und es kostet viel Mühe, um uns die Augen zu öffnen. Diejenigen, die es zu kennen behaupten, und diejenigen, die daran glauben, träumen oft nur oder legen zuviel Bedeutung in einen flüchtigen Blick, der auf irgend etwas gefallen ist, hier drinnen oder dort draußen, das aber etwas völlig anderes ist. Daher haben uns die großen Glaubenslehren, jede auf ihre Weise, stets vor falschen Religionen, seichten Philosophien und pseudospirituellen Phänomenen gewarnt.

Gleichzeitig muß man den Menschen aber Hinweise auf die höhere Realität geben – in Form von Ideen, Symbolen, Ritualen, Gebräuchen, Bildern. Es muß eine wahre Religion, eine wahre Ethik, eine wahre Philosophie geben, die den Menschen, über das hinaus, was er in seinem normalen Bewußtseinszustand erlebt, auf den Weg zur Wahrheit führen kann. Diese Hinweise sollen heraufbeschwören helfen, was in der Geschichte unserer Zivilisation als *Glaube* bekannt ist. Glaube – wahrer Glaube – ist unerläßlich.

Und der Beistand zur Erweckung und Erhaltung von Glauben muß sehr stark sein. Denn es ist eine Tatsache, daß ein ehrlicher Mann und eine ehrliche Frau, die auf ihr Leben und auf das Leben um sich herum blicken, in ihrem natürlichen Geisteszustand zu dem Schluß gelangen müssen, daß es nur materielle Ursachen gibt, aber keine höhere Realität. So erscheint dem natürlichen Menschen, der nur mit der niederen Natur lebt, dem Menschen der Sinne, die Welt und das Selbst.

Das ist, kurz gesagt, der Grund dafür, warum es ein *Dogma* gibt – im positiven Sinne des Wortes: nämlich eine Lehre, eine Weltanschauung, ein System ethischer Regeln und Prinzipien, Bräuche, Symbole und Bilder, die die Männer und Frauen zu dem rufen, was sie in ihrem normalen Bewußtseinszustand niemals erfahren könnten. Es ist ein schlimmes Vorurteil unserer Zeit, daß so viele Menschen einen Widerwillen gegen das *Dogma* haben. Im Mittelpunkt der christlichen Lehre waren nicht alle Lehrer und Priester unbeugsam, naiv oder machthungrige Dummköpfe, wie moderne Menschen manchmal vielleicht glauben mögen. Trotzdem ist einiges falsch gelaufen: In dem großen Verwaltungsapparat der Kirche ist irgend etwas geschehen, wodurch sämtliche Bemühungen, höhere Werte zu vermitteln, in Mißerfolg und Unglück umgeschlagen sind. Aber darauf werden wir später noch zu sprechen kommen.

Bis dahin ist es wichtig, daß wir diesen tiefen Zusammenhang im Kopf behalten, in dem das Geldverdienen, vor allem das Verleihen von Geld gegen Zinsen, mit so großem Mißtrauen betrachtet wurde. Das Verdienen von Geld, das Anhäufen materieller Güter, bringt den Menschen dazu, zu großes Vertrauen in die niedere Natur zu hegen, wenn es um sein Wohlergehen geht. Es verführt uns dazu, ihm den ersten Platz einzuräumen. Aber *die niedere Natur hat einen Platz*, und zwar einen sehr starken Platz. Das Bedürfnis nach materiellem Wohlergehen stammt von der vergänglichen, aber *realen*, niederen Natur des Menschen. Und so besteht das Ziel des menschlichen Lebens darin, dem Kaiser zu geben, was des Kaisers ist – *nicht mehr und nicht weniger* –, und Gott zu geben, was Gottes ist – nicht mehr und nicht weniger. Die Herausforderung besteht darin, gemäß der einzigartigen ontologischen Struktur der menschlichen Kreatur mit zwei Naturen zu leben.

Die Klöster zerfielen, das christliche Leben zerfiel – und das menschliche Leben in allen Gesellschaften zerfällt, wenn sich diese beiden Aspekte unseres Seins zu weit voneinander entfernen. Dafür gibt es viele Formen, und in der Geschichte des Christentums nahm es weltweite Ausmaße an (es geschieht immer beim einzelnen, und man muß immer dagegen ankämpfen). Es begann mit der Flucht vor der dekadenten römischen Gesellschaft in den ersten Jahrhunderten nach Christus. In diesen ersten Jahrhunderten flohen viele leidenschaftliche Menschen in die Wüsten Ägyptens, um den Schrecken des römischen Materialismus und den sinnlichen Exzessen zu entkommen. Viele dieser inbrünstigen ersten Christen wollten Gott in der Isolation erfahren – nicht nur abseits der dekadenten Zivilisation, sondern auch getrennt von allen anderen Menschen. Sie versuchten sich in der Isolation, als Hermiten, weiterzuentwickeln. Aber die intelligentesten und ernsthaftesten unter ihnen erkannten schon bald, daß es den Männern und Frauen unmöglich war, sich auf diese Weise zu vervollkommnen. Sie benötigten den sozialen Aspekt des Selbst; isolierte Innerlichkeit konnte sich nicht normal entwickeln, wenn keine Verbindung zu dem Teil des Selbst bestand, der dazu da war, sich mit anderen Menschen auszutauschen. Es entwickelten sich eine Art innerer Gewalt und spiritueller Egoismus, die zu einem unüberwindlichen Hindernis für die wahre individuelle Selbstvervollkommnung wurden.

Daraufhin bildeten sich geistliche Gemeinschaften – der Anfang der späteren christlichen Klöster. Die weisen Führer dieser ersten Klöster, wie etwa der heilige Benedikt im 6. Jahrhundert, führten Organisationsformen ein, die eine notwendige Konfrontation zwischen den beiden Naturen des Menschen zuließen, die sich aber über die Jahrhunderte hinweg dynamisch veränderten. Die Verbindung mit anderen war notwendig, physische Arbeit war notwendig – alles sorgfältig gelenkt von dem weisen Abt oder Führer.

Gegen Ende des Mittelalters entfernten sich die beiden Aspekte der menschlichen Natur in den Klöstern wieder auf sehr breiter Basis. Das Kloster wurde wieder zu einer Zufluchtsstätte vor dem gewöhnlichen Leben – das heißt, zu einer Flucht vor der niederen Natur des Menschen. Abgeschnitten von dem authentischen Bewußtsein der animalischen und sozialen Impulse fürchtet der religiöse Aspirant diese Aspekte, fürchtet die äußere Welt. Die niedere Natur wird als etwas Böses angesehen. Der Körper wird als etwas Böses angesehen; normale menschliche Beziehungen werden als etwas Böses angesehen. Aber diese Aspekte verschwinden nicht und ziehen sich nicht zurück. Ihre Energie läßt sich nicht zerstören, vielmehr wirkt sie, – ohne eine führende Intelligenz, der sie freiwillig folgen können –, im verborgenen weiter, ohne Ordnung.

Obwohl jemand, zum Beispiel, Lust verdammt, kann er Lust nach ›Gott‹ empfinden. Lust ist neben anderen ein Begriff, der den Prozeß beschreibt, bei dem ein Mensch von seinen emotionalen oder instinktiven Trieben überwältigt wird, und er kann sich genauso in ›Gott‹ verlieren, wie er sich in Sexualität verlieren kann. Habgier ist der Prozeß, bei dem man von materiellen Bedürfnissen und Wünschen verzehrt wird, und ein Mensch kann genauso gierig auf ›Erlösung‹ sein wie auf Wohlstand und Geld. Wer Sexualität oder Geld als solche verdammt, betrügt sich selbst. Der wahre Feind ist die Bereitschaft der menschlichen Psyche, sich verzehren zu lassen – egal, wovon. Die alles verzehrenden ›Flammen der Hölle‹ gehören zu unserer Natur.

Die gut dokumentierte Degeneration der Klöster im späten Mittelalter und die genauso gut dokumentierte Korruption der Kirche im Mittelalter sind vor diesem Hintergrund der Gedanken über die menschliche Natur verständlich. Als die Einrichtung namens Geld in der Gesellschaft des Mittelalters immer mehr Raum einnahm, wurde sie zum Gegenstand großen Mißtrauens und genauso verdammt wie alle anderen Geschäfte in Handel und Wirtschaft. Die religiösen Praktiker, die fälschlicherweise die niedere Natur verdammten, waren ihr in ihrem eigenen Leben selbst ausgeliefert.* Das ist die Wurzel des Übels, das wir *Heuchelei* nennen.

Das Ende des Mittelalters

Die historisch überaus mächtige Reaktion auf diese Heuchelei heißt *Protestantismus*.** Wie wir später sehen werden, hat der Protestantismus der westlichen Zivilisation eine völlig neue Einstellung zum Leben hervorgebracht, die am Ende zu einer neuen Einstellung zur niederen Natur des Menschen geführt hat. Als Reaktion auf die Heuchelei der Kirche, wie er es bezeichnete, vertrat der Protestantismus die Auffassung, daß der Mensch nicht gezwungen war, irgendwelchen Institutionen zu gehorchen: daß er sich einzig und allein von seiner Logik lenken lassen konnte. Die Arena des Lebens stand dem Menschen in jeder Beziehung offen, und die Rolle, die er darin einnahm, konnte genauso heilig sein wie die eines jeden Priesters. Unser modernes Wirtschaftssystem, wie auch der Aufstieg der Wissenschaft in unserer Kultur, hat seinen Ursprung zu einem großen Teil in dieser Auffassung; und die vorherr-

* Zum Beispiel, R. H. Tawney: *Religion und Frühkapitalismus*. Bern (A. Francke AG. Verlag) 1946.

** Um Mißverständnisse zu vermeiden, ist es nötig, an dieser Stelle, gleich zu Beginn der Diskussion, zu betonen, daß der Begriff Protestantismus verwendet wird, um nur ein Element in der großen Welt des westlichen Christentums seit der Reformation zu benennen, nämlich den Protestantismus, der zu einer weit verbreiteten historischen, sozialen und politischen Bewegung wurde, die sich von dem, im selben Licht betrachteten, Katholizismus unterschied. Ein genauerer und umfassenderer Überblick über den Protestantismus würde viele der größten spirituellen Führer und Denker unserer Zeit und viele noble kommunale Experimente umfassen, die in unzähligen Fällen dauerhaften Einfluß gewonnen haben. Ebenso deutlich ist auch, daß nicht der Versuch unternommen wird, die Tiefen der calvinistischen Theologie zu ergründen. Außerdem muß betont werden, daß die Bruderschaft des gemeinschaftlichen Lebens, die auf den folgenden Seiten dargestellt wird, nur eine der vielen Bewegungen im vorreformatorischen Europa war, die versucht hat, die christliche Lehre mit den Realitäten des täglichen Lebens der Menschen in Verbindung zu bringen.

schende Meinung, die wir von uns selbst haben – einschließlich moderner psychologischer Kategorien und unserer Begeisterung für das Intellektuelle –, geht größtenteils auf diese Auffassung vom Selbst zurück. Wie wir noch sehen werden, sowohl auf breiter sozialer Ebene als auch auf der Ebene der individuellen inneren Welt, spiegelt sich die einheitliche moderne Vision von der Bedeutung des menschlichen Lebens deutlich in den Veränderungen wider, die seit der Renaissance in der Erfindung, die wir Geld nennen, stattgefunden haben.

Wenn wir also unsere Brieftaschen oder Scheckbücher oder Kreditkarten hervorholen, bedienen wir ein riesiges Instrument sozialer Technologie, in dem fast alle Kräfte des menschlichen Lebens auf der Erde auf eine Weise zusammenlaufen, die das moderne Zeitalter treffend definiert. Wenn wir etwas kaufen oder verkaufen oder wenn wir uns wegen der Rechnungen von Ärzten oder Rechtsanwälten Sorgen machen, die wir bezahlen müssen, oder wenn wir unsere Kinder aufs College schicken oder einen Mietvertrag unterschreiben oder eine Abzahlung auf ein Haus leisten oder ein Auto oder Kleider kaufen oder eine Urlaubsreise machen, oder wenn wir einen anderen Job suchen oder ein Darlehen aufnehmen, oder wenn wir uns um ein Stipendium bewerben oder was auch immer wir tun, auf das wir gerade den größten Teil unserer Energie verwenden, dann treten wir das Vermächtnis einer langen historischen Begegnung zwischen spezifischen Glaubenslehren und den notwendigen Dingen des materiellen Lebens an – oder, genauer, der Begegnung zwischen dem Bestreben des Menschen, Verbindung mit Gott aufzunehmen, und den Bedürfnissen des Menschen, um in der Welt der Natur und der Gesellschaft zu überleben.

Das Mittelalter ging zu Ende. Und es begann die Renaissance und der Aufstieg des Humanismus. Die Formen, Symbole und Äußerungen der katholischen Kirche wurden durch die wechselnden Ereignisse weltweit erschüttert. Die Visionen der Klöster verloren ihre Durchschlagskraft. Dörfer wurden zu Städten, Städte wurden zu Großstädten. Die Neue Welt wurde entdeckt, und eine große Menge Gold und Silber wurde nach Europa gebracht. Der Protestantismus, wie wir ihn kennen, der mit der dramatischen Konfrontation von Kirche und Martin Luther begann, betrat die Bühne der Weltgeschichte, und bald darauf änderten sich die Namen aller Weltkräfte. Die Kräfte blieben dieselben und werden es immer bleiben. Aber die Gewänder der Spieler änderten sich, und es wurden neue Nebenhandlungen und Texte hinzugefügt.

Wir können nicht sagen, ob die Klöster am Ende des Mittelalters korrupter geworden sind oder ob sie die Fähigkeit verloren haben, die niedere Natur des Menschen zu erkennen und zu akzeptieren. Am Ende läuft es auf dasselbe hinaus. Die niedere Natur wird nur zu einer Kraft der Degeneration, wenn sie nicht in der starken Umarmung eines akzeptierenden Bewußtseins gesehen wird, nur wenn die niedere Natur vom spirituellen Verlangen getrennt wird und sich daraufhin auf destruktive Weise manifestiert.

Und wir können auch nicht sagen, daß die Bewertung der niederen Natur (der Körper und seine materiellen Bedürfnisse) als böse, und nicht als sekundär, der Grund für die Mißverständnisse und die Sorglosigkeit bei bestimmten Kirchenführern war oder ihre Folge. Zweifellos handelt es sich dabei um ein reziprokes Phänomen: Unsere Aufmerksamkeit von der niederen Natur abzuwenden hieße, sie zu blindem Handeln in unserem Leben aufzufordern. Aber weil wir dieses Handeln nicht als das sehen und akzeptieren, was es ist – denn wir können diese zweite Natur ja nicht mehr sehen –, werden wir zu ›Heuchlern‹. Aber das liegt nicht an unserer menschlichen Natur, sondern an unserem Bewußtsein. Der Kampf, den wir führen, um uns von der zweiten Natur nicht beherrschen zu lassen, sollte ein Kampf des Erkennens sein. Aber es wurde daraus ein Vernichtungskampf. Doch wir können sie nicht töten, denn wenn sie getötet wird, hört der Mensch auf, ein Mensch zu sein, metaphysisch oder physisch. Das war die zentrale Lehre der christlichen Religion, wie es auch die zentrale Lehre aller anderen großen Glaubenslehren war.

Die zweite Natur widersetzt sich dem spirituellen Streben, aber an einem bestimmten Punkt behindert dieser Widerstand nicht die innere Entwicklung. Im Gegenteil, an einem ganz bestimmten Punkt dient die zweite Natur, wenn man sich ihrer nur bewußt genug ist, dem spirituellen Streben. Das ist der eine Aspekt des Geheimnisses des Kreuzes, zwei entgegengesetzte Richtungen überschneiden sich. An diesem Schnittpunkt findet ein großer Kampf statt, ein einzigartiges großes Leiden, aber auch Freude und die Möglichkeit einer Neugeburt. Das gehört auch zum Geheimnis der beiden Naturen Christi, eine Doktrin, die selbst Gegenstand großer Kontroversen in der Geschichte der christlichen Glaubenslehre war.

Die Herausforderung des ökonomischen Lebens, die Herausforderung, auf eine Weise zu leben, die unseren materiellen Bedürfnissen entspricht, heißt, dieses Leben im Sinne der spirituellen Suche zu führen. Die Klöster haben diese Herausforderung verstanden und sich danach gerichtet; als sie dieses Verständnis verloren, waren sie dem Untergang geweiht. Und der Versuch einiger Führer des Christentums, zum Beispiel Papst Gregor VII., im gewöhnlichen Leben klösterliche Maßstäbe anzulegen, hat zu noch mehr Heuchelei und am Ende zu dem geführt, was wir heute Neurosen nennen. Besonders deutlich zeigt es sich bei der Sexualität, als das Zölibat, das selbst innerhalb der Klostermauern nicht länger funktionierte, auf die Priester übertragen wurde, die unter den unkontrollierten Bedingungen des normalen äußeren Lebens arbeiteten und lebten. Aber es war auch mit einer Vergeltung im ökonomischen Bereich verbunden.

Kurz, die christliche Kirche stellte ein Bild der Heuchelei und Korruption dar. Während sie die sexuelle Natur des Menschen verdammten, gaben sich die Würdenträger der Kirche ihren sexuellen Bedürfnissen hin. Während Kirche und Klöster vor Gier und Habsucht warnten, horteten sie Reichtum und politische Macht, mit der sie aber nicht nach ausgewogenen ethischen Prinzipien umgehen konnten. Erst viel später in der Geschichte – Anfang des 20. Jahrhunderts – wurde die

Frage der Sexualität im großen und ganzen dem religiösen Einfluß entzogen. Das hatte Auswirkungen auf die Freudsche Revolution. Aber die materiellen Bedürfnisse der Menschen wurden schon viel früher, unter dem Banner des Protestantismus, vom Einfluß der christlichen Glaubenslehre getrennt. Der älteste Begriff für diesen Zustand der Trennung von ökonomischem Leben und geistigen Idealen hieß damals und heißt auch heute noch: *Kapitalismus*.

Geld und die Suche nach Selbsterkenntnis

Unsere Münzen haben sozusagen nicht mehr zwei Seiten – ein heiliges Symbol auf der einen Seite und ein säkulares Symbol auf der anderen. In der modernen Zeit ist das Geld eine rein weltliche Macht, die die niedere Natur des Menschen widerspiegelt. In jeder Beziehung abgeschnitten vom spirituellen Streben, ist es das augenfälligste Beispiel für ein Feuer geworden, das außer Kontrolle geraten ist. Unser Ziel ist es, dem Geld wieder die Stellung im menschlichen Leben einzuräumen, die ihr eigentlich zukommt. Es geht nicht darum, mehr Geld zu haben, obwohl Sie oder ich vielleicht etwas mehr gebrauchen könnten. Es geht nicht darum, das Geld sein zu lassen, obwohl es sich auch hier wieder für Sie oder für mich zu einem gewissen Grad als notwendig erweisen könnte. Es geht nicht einmal darum, daß man sein Leben in Ordnung bringt – seine Angelegenheiten regelt, wie nötig das manchmal auch sein mag für Sie oder für mich. Es geht einzig und allein darum, für das Geld den richtigen Platz im menschlichen Leben zu finden. Und dieser Platz ist *sekundär*. Unser Ziel ist es zu verstehen, was es bedeutet, das Geld in unserem Leben zu einer sekundären Sache zu machen. Als die wichtigste Verkörperung der niederen Natur, des äußeren physischen Körpers des Menschen, muß das Geld sekundär werden, genauso wie der Körper sekundär werden muß.

Sekundär wozu? Nicht zu dem, was wir Ethik nennen. Denn,

ehrlich gesagt, was ist die Ethik denn in unserer Welt und in unserem Leben? Sehen Sie sich doch bloß einmal um; sehen Sie sich selbst an. Von der absoluten Forderung von Oben, dem Kern der wahren Ethik, ist nur sehr wenig, wenn überhaupt etwas, übrig. Was wir Ethik nennen, ist untrennbar vermischt mit verborgenen pragmatischen Zielen von rein ›lokalem‹ Charakter – Gesundheit, Zufriedenheit; Familien- oder Stammesvorteile oder andere Vorteile, die mit der Nation, der ethnischen Gruppe oder jeder anderen der zahllosen Verbindungen zu tun hat, die das moderne und vor allem das amerikanische Leben hervorgebracht hat. Was wir als ethische Verhaltensregeln bezeichnen, dient somit häufig nur der vergänglichen Natur des Menschen, obwohl sie in Namen und Formen verpackt sind, die Gedanken und Lehren nachahmen, die auf das Höhere gerichtet sind – Gott zum Beispiel. Wir werden zu keiner Ethik gelangen, wenn wir nicht fähig sind, das Höhere vom Niederen in uns zu trennen. Deshalb kann Ethik für uns – in unserem gegenwärtigen Zustand der Verwirrung – nur das sein, was uns zu dieser Trennung befähigt und uns zu ihr hinführt, was umgekehrt die wirkliche Verbindung dieser beiden Ebenen ermöglichen könnte. Deshalb kann das Geld nicht gut sein für das, was wir heute Ethik nennen.

Aber wozu dann sekundär? Nicht zur Liebe – wer könnte heute die Liebe, die rein ist, von der Liebe unterscheiden, die vom Ego/Tier ist?

Nein, nennen Sie irgendeinen menschlichen Wert: Hilfe, Wohltätigkeit, Frieden, Gesundheit, und Sie werden feststellen, daß wir uns, wenn wir diese Werte über einen bestimmten Punkt hinaus verfolgen wollen, von der Tyrannei der unbeherrschten niederen Natur befreien müssen. Das Streben nach solchen Werten setzt eine innere Freiheit voraus, die wir noch nicht besitzen, eine innere Freiheit, die es uns erlaubt, den wahren Unterschied zwischen den beiden Naturen in uns zu erkennen. Um zu lieben, wie wir gern lieben würden, müssen wir zwischen selbstlosem Handeln und verborgenem Egoismus unterscheiden.

Um dem Planeten zu dienen, wie wir ihm gern dienen würden, müssen wir zwischen dem Verständnis für die Erde im kosmischen Universum und unseren Wahrnehmungen von den Einflüssen der Umwelt auf unsere rein physischen und sozialen Bedürfnisse unterscheiden. Um Gesundheit zu suchen, wie wir es gern tun würden, müssen wir unsere gesamte menschliche Natur kennen, nicht nur den Körper mit seinem Geist und seinen persönlichen Gefühlen.

Alle Werte, die wir erkennen, ob religiös oder humanistisch, setzen die Fähigkeit voraus, die beiden Naturen in uns so voneinander zu unterscheiden, daß diese beiden entgegengesetzten Naturen, diese völlig verschiedenen Ebenen des Lebens, eine wirkliche Verbindung eingehen.

Daher kann unser einziges realistisches Ziel nur darin liegen, zu diesem Unterscheidungsvermögen zu gelangen, zu dieser einzigartigen Selbsterkenntnis und inneren Freiheit. Und wenn das Geld in unserem Leben sekundär sein soll, dann *kann das nur bedeuten, daß Geld der Selbsterkenntnis dient.*

Und hier haben wir schließlich unsere Frage gefunden. Hier finden wir den Schlüssel zu dem Platz, den Geld in unserem Leben einnehmen kann – und muß. Geld muß zu einem Instrument der Suche nach Selbsterkenntnis werden. Geld muß ein Werkzeug für das einzige Wagnis werden, das sich für jeden modernen Mann und jede moderne Frau einzugehen lohnt, wenn sie ernsthaft nach dem Sinn ihres Lebens suchen: Wir müssen das Geld dazu benutzen, uns selbst zu erforschen, wie wir sind und wie wir werden können.

Teil II
Die Münze mit dem größten Wert

6. Geld und der Sinn des Lebens

Das waren nicht die Augen eines vereidigten Buchprüfers. Dieses sanfte, milde Blau war eigentlich mehr geeignet, den Sommerhimmel widerzuspiegeln oder einen klaren Bergsee, nicht endlose Zahlenreihen auf Steuerformularen. Wie und warum konnte diese sanfte Frau, die vorn in der ersten Reihe sitzt, je auf die Idee kommen, diesen Beruf zu ergreifen?

Das Thema heißt ›Geld und der Sinn des Lebens‹ – ein eintägiges Seminar, das ich im Rahmen eines Ergänzungsprogramms an der University of California abhalte. Es sind ungefähr achtzig Teilnehmer aus überraschend vielen verschiedenen Berufszweigen gekommen: Rechtsanwälte, Finanzplaner, Besitzer kleiner Betriebe, aber auch eine Anzahl Studenten der Philosophie und Religionswissenschaft. Aber niemand zieht meine Aufmerksamkeit mehr auf sich als diese Frau mit den blauen Augen und dem Gesicht einer Dichterin. Von dem Augenblick an, an dem sie ihren Beruf preisgegeben hatte, waren meine Bemerkungen meistens an sie gerichtet gewesen. Wie alt war sie? Fünfunddreißig? Fünfzig? Schwer zu sagen. Krähenfüße um Augen und Mund; ihre Kleidung ordentlich, einfach und jugendlich; ihre Bewegungen sind die eines jungen Mädchens, aber ihre Hände sind rauh und runzlig. Wenn sie lächelt, sieht sie aus wie ein Kind. Instinktiv fühle ich, daß sie einen Schlüssel zu der Frage hält, der ich in diesem Seminar nachgehen möchte.

Ich begann mit einem Überblick über den historischen Hintergrund der Frage des Geldes in der modernen Zeit. Nach dem Mittelalter widmete ich mich der brillanten Theorie, die der Soziologe Max Weber Anfang des 20. Jahrhunderts über die Ursprünge des Kapitalismus entwickelt hatte. Webers

Theorien hatten zu einem wesentlichen Teil meine Ausbildung auf dem College beeinflußt und waren noch immer ein wichtiger Bestandteil des gegenwärtigen akademischen Wissens. Trotzdem hegte ich den Verdacht, daß diese Leute, die hier vor mir saßen, nichts über Weber wußten, außer vielleicht einige Begriffe, die er eingeführt hatte, zum Beispiel ›protestantische Arbeitsethik‹ und ›Charisma‹, die inzwischen zum gängigen Wortschatz gehörten. Wahrscheinlich wußten sie gar nicht, daß Weber auf seinem Gebiet, mehr oder weniger, genauso großen Einfluß auf das moderne Gedankengut genommen hatte wie Freud und Einstein.

Kapitalismus und Religion

Der Hauptgrund für den Kapitalismus war der Protestantismus, sagt Weber. Erstaunlich! Freud schockierte die Welt, indem er behauptete, daß die Wurzeln der Kultur im vereitelten Geschlechtstrieb lägen. Einstein schockierte die Welt, indem er zeigte, daß es im Universum keine absolute physikalische Realität gab. Aber nicht weniger erstaunlich und nicht weniger revolutionär war Webers These, daß der Materialismus der modernen Zeit auf eine Form des Christentums zurückgeht.*

* Weber war sehr darum bemüht, übertriebene Interpretationen seiner These zu verhindern. Er schreibt: »Aber es ist natürlich nicht mein Ziel, einen einseitigen Materialismus durch eine genauso einseitige spiritualistische Interpretation der Kultur und der Geschichte zu ersetzen.« (Max Weber: *Die protestantische Ethik und der Geist des Kapitalismus*.) Trotzdem, obwohl Weber der Wechselwirkung religiöser Lehren mit sozialen und wirtschaftlichen Bedingungen Raum läßt, rief sein eindringliches Argument, daß der Protestantismus zumindest eine wesentliche ursächliche Rolle bei der Schaffung des kapitalistischen Geistes gespielt hat, fast den gleichen kulturellen Schock hervor, als wenn er behauptet hätte, daß er der hauptsächlichste oder einzige Grund dafür sei. Im allgemeinen fehlen den großen innovativen Theorien, wenn sie einen breiten kulturellen Einfluß gewinnen, die wichtigen Nuancen und Modifikationen, die ihnen ihre Begründer beigegeben haben.

Nach Weber haben die Korruption der Klöster und andere entsprechende Entwicklungen innerhalb der katholischen Kirche in den Köpfen vieler wichtiger Denker die Ideale der Kirche von einer anderen Welt zerstört. Jetzt war der Weg frei, inmitten des weltlichen Lebens Erlösung zu suchen. Durch Calvins (1509-1564) Lehren, und im Zusammenhang mit der großen Bewegung der protestantischen Reformation in ganz Europa, war das Ziel der Erlösung jetzt im weltlichen Handeln und nicht im Kloster zu suchen. Und die ›Welt‹ war jetzt die *Stadt* – in den Anfängen ihrer modernen Form. Die *Stadt*, in der sich jetzt all das Gold und Silber aus der Neuen Welt ansammelte, all die Kräfte der wissenschaftlich-industriellen Revolution – materieller Reichtum, Güter, Erfindungen.

In den Städten Amsterdam, London, Venedig, zum Beispiel, blühte der Handel und fand die Anpassung an den neuen Reichtum statt, an die neuen Kräfte der Technologie, die neuen Instrumente zum Umgang mit der Außenwelt von Natur und Gesellschaft. Aus diesem Tiegel der Kräfte gingen viele Innovationen in dem Bereich des finanziellen Tauschs hervor – Innovationen, die wir heute als den Ursprung des modernen Bankwesens erkennen, einschließlich der weit verbreiteten Verwendung von Papiergeld und Wechseln, die Geld verkörpern. Die Bedeutung und Funktion der *Kredite* machten eine Veränderung durch: Ein Darlehen wurde nicht nur aufgenommen, um in schlechten Zeiten *Bedürfnisse* zu befriedigen, sondern auch um *Wünsche* zu erfüllen; es war ein Instrument, um ganz allgemein Geschäfte zu betreiben. Und Geld war nicht mehr nur eine *Sache*, die als solche einen Wert besaß – jedenfalls nicht mehr im wesentlichen physisch. Geld war ein Versprechen, eine Verkörperung – fast ein *Gedanke*. Das Geld selbst wurde zu einem Darlehen, zu einem Schuldschein, während die Sache, die es verkörperte, ganz woanders war. Geld entfernte sich noch einen Schritt weiter weg von der Realität – was immer die Realität war. Und was Realität tatsächlich *war*, wurde nur noch fraglicher.

Weil das Geld zur Verkörperung einer Verkörperung wurde – das ist die Bedeutung des Kredits in unserer Welt – konnte es sich viel freier bewegen. Freier, weil mehr an der Oberfläche des Lebens. Von einem großen Ozeanriesen, der den Meeresströmen folgt, wurde das Geld zu einem leichten Schiff, das von den sich schneller bewegenden Strömungen dicht an der Oberfläche fortgetragen wird. Das materielle Leben glitt schneller und ›wirksamer‹ dahin. Geld und Reichtum wurden immer mehr zu etwas, das in Bewegung war. Ah, aber was für eine Bewegung war das? Diese Frage werden wir uns immer stellen müssen, wenn wir uns die modernen Erfindungen ansehen: das gedruckte Wort, das Telefon, den Computer. Heute herrscht zwischen den Menschen viel mehr Kommunikation, schnellere Kommunikation, über große Entfernungen hinweg. Aber was für eine Kommunikation ist das, auf welcher Ebene des Lebens?

Der Protestantismus hat, in seiner calvinistischen Form, das Leben in der Welt der Stadt, der Welt der Geschäfte, sanktioniert. Max Weber prägte den Begriff der *weltlichen Askese.* Selbstdisziplin und Selbstverleugnung, früher Eigenschaften der Mönche, die unter den besonderen Bedingungen der Klöster Erlösung suchten, mußten jetzt außerhalb der Klostermauern unter den Bedingungen des weltlichen Lebens errungen werden. Die Umstände, unter denen man sich wiederfand, wurden als *Beruf* bezeichnet, die Station im Leben, von der aus man Gott dienen konnte und mußte. Es war weder notwendig noch wirksam, sich besonders geschützte oder günstige Bedingungen auszusuchen, unter denen man für Gott arbeitete. Das gesamte menschliche Leben, die gesamte Zivilisation, die ganze Welt war die Schöpfung des allmächtigen Gottes, und daher war die Welt, genaugenommen, das ›Kloster‹ des Menschen.

Als ich mit meinen Ausführungen an diesem Punkt angekommen war, fiel mir auf, daß die Frau, die in der ersten Reihe saß, etwas erregt war – sie hieß Alyssa, wie ich später erfuhr.

»Möchten Sie eine Frage stellen?« sagte ich zu ihr.

»Also, ja«, erwiderte sie und legte ihren Schreibstift auf den Notizblock. »Was Sie da beschreiben – ist das nicht im Grunde der Gedanke von einem Weg im Leben?«

Ich war erstaunt, diesen Begriff von jemandem aus der Reihe meiner Zuhörer zu hören. Das war genau der Gedanke, und es waren genau die gleichen Worte, die ich ihnen, allmählich und indirekt, im Verlauf des Tages hatte eröffnen wollen. Es war einer der wichtigsten Gedanken des spirituellen Lehrers G. I. Gurdjieff aus dem 20. Jahrhundert: daß nämlich die Suche nach Selbsterkenntnis und innerer Entwicklung inmitten des gewöhnlichen Lebens stattfinden kann – und für die meisten modernen Menschen auch stattfinden muß. Wie alle Lehren Gurdjieffs war dieser Gedanke von außerordentlicher Subtilität, wie einfach und klar er auch an der Oberfläche erscheinen mag. Ich war ein bißchen erstaunt, als sie ihn so einfach aussprach, aber es erinnerte mich wieder daran, daß die Gedanken dieses großen Lehrers, – jedenfalls hier in Kalifornien –, schon in die Umgangssprache der zeitgenössischen Kultur eingegangen waren. Wenigstens die verbalen Formulierungen – Begriffe wie ›Bewußtseinszustand‹, ›Selbstbeobachtung‹, ›Substanz und Persönlichkeit‹ und noch viele andere.

Alyssa wartete auf meine Antwort. Mit Blicken, die sich wie ein Laser in mich hineinbohrten – o ja, *dieser* Blick war ganz bestimmt fähig, einen Finanzbericht oder eine Geschäftsbilanz zu durchschauen.

»Ja und nein«, sagte ich, »und ich finde es interessant, daß Sie es erwähnen. Das ist ein Aspekt der Geschichte des Christentums, den Max Weber nicht erkannt hat. Und weil er ihn nicht erkannt hat, weist seine Theorie eine ungeheuer große Lücke auf, die noch niemandem aufgefallen zu sein scheint.«

In diesem Augenblick und an dieser Stelle faßte ich den Entschluß, den Ablauf meiner Darlegungen vor der Gruppe zu ändern. Die Katze war aus dem Sack – das heißt, der Gedanke, daß man den Umgang mit Geld auch auf andere Weise erklären konnte – als ein Instrument, das dazu diente, uns selbst zu sehen und dadurch den Wunsch nach innerer Freiheit zu wekken und zu erhalten. Ich hatte vorgehabt, diesen Gedanken wie von allein auftauchen zu lassen und nach und nach die Vision von der kosmischen Bestimmung des Menschen vorzubringen, die dem Gedanken seine wahre Tiefe und Subtilität verlieh. Aber jetzt würde ich zuerst darauf zu sprechen kommen müssen und viel ausführlicher über die Macht reden müssen, die der Gedanke eines Wegs im Leben über die Jahrhunderte gewonnen hat, eine Macht, die meiner Meinung nach weder Weber noch irgendein anderer berühmter weiser Denker – Psychologe, Historiker oder Soziologe – gesehen hat.

Max Weber hat die moderne Welt mit der Behauptung in Erstaunen gesetzt, das protestantische Christentum habe die Entwicklung des modernen Kapitalismus und die einzigartigen modernen Formen der Habgier, der Geldbesessenheit und des Materialismus, die wir gewöhnlich mit unserem gegenwärtigen Wirtschaftssystem in Verbindung bringen, entscheidend gefördert. Webers Theorien können einen leicht auf den Gedanken bringen, daß unsere moderne Geldbesessenheit im großen und ganzen eine unangebrachte *religiöse Suche* ist. Wir wenden uns dem Geld zu, als wäre es Gott, oder fast wie Gott!

Aber Weber hat weder gesehen noch erkannt, daß die Hinwendung zur Welt, die wir mit den bekannten Formen des Protestantismus identifizieren, nur teilweise einen Gedanken und eine Richtung ausdrückt, die im westlichen Christentum schon seit langem vorhanden waren, und zwar in einer viel umfassenderen und psychisch effektiveren Form. Wenn das, was wir als den Protestantismus kennen, der an seinen Wurzeln religiös motiviert war und es auch bleibt – irgendwie auf eine dumme Weise unsere moderne Besessenheit von Geld und Reichtum hervorgebracht hat, dann könnte das der Grund sein, warum er nur einen Teil des großen Gedankens von einem Weg im Leben anzubieten hatte. Die Geschichte ist voll von diesen Dingen: Gedanken, die in ihrer vollständigen Form und im richtigen Kontext eine aufrüttelnde Kraft besitzen, üben einen einschläfernden oder sogar zerstörerischen Einfluß aus, wenn nur ein Stückchen von ihnen verwendet oder verstanden wird. Die edelsten und größten Ideen können das stärkste Gift für Geist und Seele sein.

Bevor ich erklären konnte, wie Weber erstaunlicherweise die amerikanische Liebesaffäre mit dem Geld aufgegriffen hatte, und bevor ich die Frage stellen konnte, wie diese Liebesaffäre für uns zu einer Art psychospiritueller Prostitution geworden war – und erst recht, bevor wir darüber reden konnten, wie die Geldfrage zur Regenerierung unseres Innenlebens beitragen könnte –, mußte ich unbedingt zuerst den Gedanken vom Weg im Leben vor meinen Zuhörern ausbreiten. Anders ging es gar nicht. Aber das würde uns nicht nur zu der verborgenen Geschichte des Christentums und des Judaismus führen, sondern auch zum islamischen Mystizismus, zu den orientalischen Idealen des ›Haushaltsvorstands‹ und des ›Kriegers‹, und vielleicht sogar zu dem alten Symbol des ›großen Zauberers‹, wie er noch immer in den Sagen und Legenden vorkommt, die wir als Kinder gehört haben. Ich erkannte, daß die Finanzplaner, Anwälte und Geschäftsleute unter meinen Zuhörern etwas anderes zu hören bekommen würden, als sie es vielleicht erwartet hatten, und ich fragte mich schon, ob uns wohl genügend Zeit bleiben würde, um wieder zu unseren Bankkonten, Kreditkarten, Gehältern, Käufen und Verkäufen zurückzufinden, mit denen unser tägliches Leben ausgefüllt ist. Ich brauchte dringend einen Kaffee.

Ich begann den zweiten Teil des Vormittags, indem ich der Klasse vom Weg im Leben und von seiner *historischen Geheimhaltung* erzählte. Zum Glück hatte ich meinen üblichen Stapel Bücher mitgebracht und konnte auf Zitate verweisen, um meinen Standpunkt darzulegen.

»In der ganzen Geschichte«, begann ich, »wurde von dem Weg im Leben als dem ›Pfad des Kriegers‹ oder der ›Lehre für Könige‹ gesprochen. Beide, der Krieger und der König, verkörperten, buchstäblich und symbolisch, das Individuum, das in alle Kräfte des Lebens verwickelt ist, im Gegensatz zur priesterlichen Klasse oder zu den Asketen, die von vielen Einflüssen der größeren Welt ferngehalten oder vor ihnen geschützt werden. Dieser Gedanke vom Weg im Leben wurde oft, das heißt, in der Sprache der Magie, als der ›Weg des Zauberers‹ übermittelt. Wieder ist es das Individuum, das all den hohen und niederen Kräften, aus der die Realität beschaffen ist, gegenübersteht und sie beherrscht.

Diese symbolischen Sprachen – mit der Verkörperung des Kriegers, des Königs, des Zauberers – sind verzerrt, und die Form, die diese Verzerrung angenommen hat, ist von ›Kräften‹ und egoistischen Freuden geprägt. Und so ist die Religion der größeren Kultur darum bemüht, die Menschenmassen von diesen Symbolen wegzuführen – und das mit gutem Grund. Die breitere Religion, die die Sitten und die Ethik einer ganzen Kultur formen, besteht darauf, die Gedanken des Volkes einzig auf Gott zu lenken, weg vom Ego. Bei der Suche des Menschen nach einem richtig orientierten Leben ist es immer und überall zuerst einmal notwendig, die Existenz einer erhabenen Größe zu erkennen, sei es nun ein Wesen, Gott, eine Kraft oder das Absolute oder eine Wahrheit – die buddhistische Doktrin eines Nicht-Ego. Bis diese Wende erreicht ist, bis diese Einstellung in die Psyche des Menschen eingesunken ist, ist der Weg des Kriegers, des Königs oder des Zauberers voller Gefahren. Aber für diejenigen, die diese Einstellung schon in sich aufgenommen haben oder die ein ungeheuer großes Verlangen nach dem Transzendenten haben, wird der Weg im Leben zu einem besonders wirksamen und intensiven Pfad auf dem Weg zur Regeneration und zur inneren Entwicklung. Niemand kann ein Krieger werden, ohne vorher *gehorsam* gewesen zu sein: gehorsam gegenüber dem Höheren – Platons Kriegskaste, die Tempelritter des Mittelalters usw.; niemand kann als ›König‹ herrschen, wenn er nicht unter der Herrschaft Gottes steht – der heilige König unter der Vormundschaft der großen Priester wie im alten Ägypten zum Beispiel; niemand kann ein Zauberer werden, wenn er nicht von Gott dazu berufen ist – so wie Mose und, wie wir bald sehen werden, Salomo.«

Ich machte eine Pause. Einige Bilder waren zurechtgerückt.

Arjuna der Krieger

»Zum Beispiel, ist der in Indien am meisten verehrte Text der des Bhagavadgîtâ. In diesem Dialog zwischen Gott und den Menschen, der vor ungefähr zweitausendfünfhundert Jahren geschrieben und in das große indische Epos *Mahâbhârata* eingefügt wurde, ist das große Meer des Hinduismus zusammengefaßt und enthalten. Was ist dieses Epos? Es ist nichts geringeres als eine mystische Verkörperung des Krieges zwischen den beiden kosmischen Kräften, wie sie im Menschen einander gegenüberstehen, in der Verkörperung zweier großer Familien mit vermischtem königlichem Blut – König gegen König, Bruder gegen Bruder, Armee gegen Armee, ein lange währender Krieg voller Blut, Tränen, Täuschung, Naivität, Mut, Dummheit, Opfer und Leid – auf einer riesigen Leinwand. Und wo findet der Dialog zwischen dem Menschen und Gott – Krishna – statt? Auf dem Schlachtfeld, während sich auf beiden Seiten die Armeen zur Schlacht versammeln. Wer ist der Mensch in diesem Dialog? Es ist Arjuna, der edelste Krieger von allen, der gefürchtetste und der stärkste – *aber Arjuna will nicht kämpfen*! ›Ich schulde meinen Lehrern Ehrerbietung‹, sagt er zu Krishna, ›und meinem Onkel und König‹. Der feindliche König ist der blinde Dhritarâshtra, symbolisch für jenen falschen inneren ›König‹, das Ego. ›Wie kann ich den Bogen gegen diese Väter und Söhne, Frauen, Brüder, Lehrer und andere Verwandten erheben, die gegen uns angetreten sind?‹ fragt Arjuna. Einen solchen Krieg will ich nicht, und einen solchen Sieg auch nicht.‹

Nachdem Arjuna, der große Krieger, auf diese Weise sein Herz erleichtert hat, sagt er nur: ›Ich werde nicht kämpfen.‹ Und dann schweigt er. Krishna lächelt und spricht mit Arjuna.

Dort, zwichen den beiden Armeen, zwischen den beiden kosmischen Kräften, verbreitet Arjuna die Lehre vom Weg im Leben. ›Heb deinen Bogen auf und kämpfe!‹ sagt Krishna. ›Bereite dich mit Frieden in der Seele auf den Krieg vor.‹ Stürz dich auf das Schlachtfeld des Lebens und mach deine innere Welt zum wahren Schlachtfeld. Handle, lebe, denn du bist zum Leben bestimmt, inmitten all der Kräfte, denen jeder Mann und jede Frau ins Auge sehen muß. Stell dein Herz auf innere Freiheit ein, öffne es dem Absoluten und kämpfe! Handle, bewege dich, führe – aber strebe immer nach innerer Freiheit von den Neigungen und Kräften, die dich zum Handeln bewegen. Trenne das innere Bewußtsein von dem alltäglichen Selbst, unterscheide das Ewige vom Vergänglichen in dir. Trenne diese beiden großen Ebenen zuerst und dann umarme sie. Sei ein Krieger!

Krishna sagt: Von einer Million Menschen wird einer auf diesen Pfad gerufen; und von denen, die gerufen werden, folgt ihm nur einer von einer Million bis ans Ende. Das heißt: Bis zum Ende dieses Pfades bleibt der Weg immer und überall verborgen, schwierig und unendlich schwer zu deuten. Und doch ist es der größte und höchste Pfad, den ein Mensch gehen kann.«

Ich holte tief Luft und griff nach einem anderen Buch.

»Im Japan des 18. Jahrhunderts war der am meisten verehrte Zen-Meister seiner Zeit und einer der einflußreichsten Lehrer der Zen-Buddhisten, der Künstler und Kalligraph Hakuin. Hier schreibt er seinem berühmten Schüler Nabechima Naotsuna, dem Gouverneur der Provinz Settsu, vom Weg im Leben. Dieser Schüler, der tief in politische, wirtschaftliche und militärische Angelegenheiten verwickelt ist, bekommt für seine Suche inmitten der menschlichen Aktivitäten folgenden Rat. Hakuin versichert ihm zuerst, daß diejenigen, die im Schutz der Klöster handeln, bei der inneren Suche keineswegs bevorteilt sind. Im Gegenteil:

›Oft hast du vielleicht das Gefühl, daß du inmitten des Handelns nicht weiterkommst . . . Aber sei versichert, daß diejenigen, die die stillste Annäherung anwenden, niemals hoffen dürfen, inmitten des Handelns meditieren zu können. Sollte ein Mensch, der sich auf diese Weise nähert, durch Zufall in die Staubwolken und das Durcheinander der Welt des Handelns geraten, wird ihm selbst das gewöhnliche Verständnis, das er anscheinend erworben hat, völlig verlorengehen . . . Schon die trivialsten Dinge werden ihn umwerfen, unmäßige Feigheit wird seine Gedanken beherrschen, und er wird sich häufig niederträchtig und gemein benehmen. Was könnte man an einem solchen Mann als Leistung ansehen?‹*

Hakuin fährt fort:

›Wie gelangt man zu wahrer Erleuchtung? In der geschäftigen Runde irdischer Angelegenheit, in dem Durcheinander weltlicher Probleme, wenn du siebenmal auf dem Kopf stehst und dich achtmal aufrichtest, benimm dich, wie sich ein tapferer Mensch benehmen würde, der von Feinden umgeben ist. . .‹**

Und schließlich:

›In späteren Jahren bin ich zu dem Schluß gelangt, daß die Kaste der Krieger bei der wahren Meditation einen deutlichen Vorteil genießt.

* *The Zen Master Hakuin.* New York (Columbia University Press) 1971, S. 33.
** *The Zen Master Hakuin.* a.a.O., S. 65.

Ein Krieger muß von Anfang an physisch stark sein. Wenn er seinen Pflichten nachgeht, und in seinen Beziehungen zu anderen, sind strengste Genauigkeit und Anstand erforderlich. Sein Haar muß ordentlich sein, seine Kleider untadelig, und seine Schwerter müssen an seiner Seite befestigt sein ... Hoch auf einem kräftigen Pferd kann der Krieger voranreiten, um sich zahllosen Feinden zu stellen, als würde er an einen Ort kommen, an dem es keine Menschen gibt ... Wenn der Krieger so meditiert, kann er in einem Monat bekommen, wozu ein Mönch ein ganzes Jahr braucht; in drei Tagen kann er sich Wohltaten auftun, wozu der Mönch hundert Tage brauchen würde.‹«*

Das Schlachtfeld des Geldes

Nachdem die Klasse diese und andere Zitate aus den orientalischen Glaubenslehren angehört hatte, war sie auf den Gedanken vom Weg im Leben vorbereitet, wie er in der Sprache unserer westlichen Glaubenslehren dargelegt wird, in einer Sprache, die leider von einem naiven Buchstabenglauben und scheinheiliger Religiosität völlig zugedeckt wird. Aber bevor ich diesen Schritt tat, mußte ich sicher sein, daß sie auch nicht vergaßen, wo die Diskussion hinführte. In unserer Zeit und Kultur ist das Schlachtfeld des Lebens das Geld. An Stelle von Pferden, Streitwagen, Gewehren und Festungen gibt es Banken, Scheckbücher, Kreditkarten, Hypotheken. Aber die inneren Feinde sind heute noch die gleichen wie im alten Indien oder im feudalen Japan: Angst, Selbsttäuschung, Eitelkeit, Egoismus, Wunschdenken und Gewalt.

In der Sprache des Kriegers sind das Feinde der inneren Entwicklung, Feinde, vor denen man sich in den übermäßig beschützten Klöstern nicht verstecken kann. Aber man kann sie auch nicht ohne die außergewöhnliche Hilfe und das Wissen besiegen, die innerhalb der breiten kulturellen Bewegung des Protestantismus vielleicht nicht verfügbar waren.

Was Max Weber übersehen hat, war, daß der Protestantis-

* *The Zen Master Hakuin*. a.a.O., S. 69.

mus als soziale Bewegung den religiösen Menschen auf die Kräfte des Lebens zubewegt hat, ohne ihn mit angemessenen ›Waffen‹ und den genauen Kenntnissen darüber ausgerüstet zu haben, wie er auf diesem lärmenden Schlachtfeld kämpfen muß. Und Weber wußte auch nicht, daß hinter den Kulissen ein anderer ›Protestantismus‹ existierte, – der dem Auge verborgen war –, der den Menschen für den Weg im Leben öffnete, ausgerüstet mit einer ganz spezifischen inneren Disziplin der Selbstprüfung, einer Disziplin oder Kunst des Lebens, die hier und jetzt in unserer Zeit wiederentdeckt werden muß.

Historisch hatten diese inneren Feinde noch einen anderen Namen. In der Sprache der Magie und Zauberei hießen sie *Dämonen*. Es war für die Klasse an der Zeit, unsere eigenen westlichen Begriffe für den Weg im Leben zu untersuchen. Es war an der Zeit, König Salomo kennenzulernen.

8. Salomo der Weise

Ich begann folgendermaßen:

»Unter den legendären Gestalten unserer Kultur nimmt Salomo eine einzigartige Stellung ein. Er verkörpert die Verbindung von Göttlichkeit und Weltlichkeit. Er ist die Vereinigung zweier großer Symbole: Er ist *König* und *Zauberer*. Fast jede der alten Glaubenslehren der Geschichte spricht vom *heiligen König*. Das ist ein universelles Symbol für die Herausforderung, die jedem Mann und jeder Frau gestellt wird, in beiden Welten gleichzeitig zu leben – der geistigen Innenwelt und der materiellen Außenwelt. Sogar Platon, der von vielen als der Vater des wissenschaftlichen Rationalismus angesehen wird, stellte dieses Symbol mit dem Bild des philosophischen Königs in den Mittelpunkt seiner Lehren.

Ah, aber König Salomo! Er war auch ein Zauberer. *Er* kannte die Dämonen. So manch ein Heiliger ist als ein Zerstörer von Dämonen hingestellt worden – gewiß eine große

Fähigkeit. Aber die Gestalt Salomos bietet noch viel größere Möglichkeiten. Salomo tötet die Dämonen nicht mit der Kraft seines Zauberrings, er macht sie sich untertan. Wie eine der Legenden berichtet, hat Salomo die Dämonen sogar noch nach seinem Tode überlistet, als er sich, nach dieser Legende, auf seinen Stab lehnte und die Dämonen überwachte, die gerade an irgendeiner heiligen Vorrichtung arbeiteten. In dieser Pose verharrte sein Körper, wie die Geschichte erzählt, ein ganzes Jahr lang nach seinem Tode, und erst als ein Wurm die Spitze seines Stabes annagte, fiel sein Körper zu Boden, so daß die Dämonen entdeckten, daß er gar nicht mehr da war.

Die Gestalt Salomos, wie sie im überlieferten Wissen und in der Legende, aber auch in der Bibel aufgezeichnet ist, birgt eine jener Spuren, die sich durch die ganze Geschichte der Zivilisation ziehen und auf eine Kunst oder sogar Wissenschaft des Lebens hindeuten, die uns zeigt, wie wir uns gegenüber den Kräften des äußeren Lebens voll öffnen, während wir aber gleichzeitig die allesdurchdringende Energie in uns erfahren, von der das Universum erhalten wird. Über die Jahrhunderte wurden diese Hinweise wie Wegweiser in der Wüste von verwehtem Sand bedeckt. Sie müssen immer wieder von neuem ausgegraben werden. Man kann die Bibel hundertmal lesen, ohne diese Wegweiser zu bemerken. Man kann von Salomo lesen, ohne zu bemerken, daß er da ist und darauf wartet, einem inmitten des Lebens mit all seinen Widersprüchen, Ängsten und Spannungen einen Rat zu erteilen.

Daher läßt sich das Alte Testament, wie so viele alte Schriften, mit einem zerfurchten Schlachtfeld vergleichen, auf dem sich einmal lebenspendende neue Ideen mit alten, eingefahrenen Einstellungen zum menschlichen Leben einen Kampf geliefert haben. Immer und überall kämpft das Alte gegen das Neue in dem Bestreben, die wahre Bedeutung des menschlichen Abenteuers zu verharmlosen. Die Sicherheit bekämpft das Risiko; die Pietät bekämpft die innere Suche; der Moralismus bekämpft das Gewissen; der Traditionalismus bekämpft den spirituellen Existentialismus.«

»Sehen Sie sich, zum Beispiel, an, was uns die legendäre Gestalt des König Salomo über den Traum vom Glück zu sagen versucht. Dabei handelt es sich um Passagen, die vielen von uns gut bekannt sind. Aber was bedeuten sie wirklich?

›Welchen Vorteil hat der Mensch von all seinem Besitz, für den er sich anstrengt unter der Sonne?‹

›Ich beobachte alle Taten, die unter der Sonne getan wurden. Das Ergebnis: Das ist alles Windhauch und Luftgespinst.‹

›Ich dachte mir: ‚Auf, versuch es mit der Freude, genieß das Glück!' Das Ergebnis: Auch das ist Windhauch.‹

›Ich trieb meine Forschung an mir selbst, indem ich meinen Leib mit Wein lockte, während mein Verstand das Wissen auf die Weide führte, und indem ich das Unwissen gefangennahm. Ich wollte dabei beobachten, wo es vielleicht für die einzelnen Menschen möglich ist, sich unter dem Himmel Glück zu verschaffen während der wenigen Tage ihres Lebens.‹*

König Salomo versucht alles, probiert alles aus; aber – und das muß betont werden – ohne sich von dem, was er tut, innerlich verschlingen zu lassen; sein Herz – das heißt, sein inneres Selbst – ›ließ sich von Weisheit lenken‹. Er hat die ganze Spanne menschlicher Erfahrungen ausgekostet, um den wahren Sinn und das Ziel seines Lebens zu verstehen:

›Ich vollbrachte meine großen Taten: Ich baute mir Häuser, ich pflanzte Weinberge. Ich legte mir Gärten und Parks an, darin pflanzte ich alle Arten von Bäumen . . .‹

›Ich kaufte Sklaven und Sklavinnen, obwohl ich schon hausgeborene Sklaven besaß . . .‹

›Ich hortete auch Silber und Gold und, als meinen persönlichen Schatz, Könige und ihre Provinzen . . .‹

›. . . und was immer meine Augen sich wünschten, verwehrte ich

* Das Buch Kohelet 1.3, 14; 2.1,3

ihnen nicht. Ich mußte meinem Herzen keine einzige Freude versagen . . .‹

›Doch dann dachte ich nach über alle meine Taten, die, die meine Hände vollbracht hatten, und über den Besitz, für den ich mich bei diesem Tun angestrengt hatte. Das Ergebnis: Das ist alles Windhauch und Luftgespinst. Es gibt keinen Vorteil unter der Sonne.‹*

Welche Lektion wird hier erteilt? Ist es nur ein scheinheiliges Verbot, nach materiellen Gütern zu streben? Als solches wird es oft angesehen, und selbst die Bibelschreiber scheinen manchmal Wörter verändert oder hinzugefügt zu haben, um diesen Gesichtspunkt deutlich zu machen. Aber wenn wir diesen Schleier herunterziehen, sehen wir ganz deutlich das Bild eines Menschen, der mitten im Leben steht – nachdenklich, fragend, beobachtend. Für König Salomo wird das menschliche Leben mit all seinen Wünschen, Träumen und Ängsten zu einer Bühne, auf der wir das Spiel der universellen Kräfte in uns erleben können. Und es ist dieser Eifer, dieses Forschen, durch das wir vielleicht bekommen, wonach wir suchen. Die Dinge, die wir uns wünschen – materielle Gegenstände, physische und psychische Freuden –, bringen kein Glück. Salomo zeigt uns diese Illusion. Es ist das Streben nach Wind. Aber wenn wir das Leben erforschen, werden wir von dem Traum befreit. Freiheit ist das Erforschen der Sklaverei. Glück ist das Erforschen von Kummer und falschem Vergnügen. Das ist eine revolutionäre Einstellung zum Leben. Alles andere ›unter der Sonne‹ ist null und nichtig.«

Salomos Wunsch

Als ich von Salomo und dem Weg im Leben sprach, hatte ich das Gefühl, daß ich mit seinem tiefen inneren Wunsch nach dem, von dem alle weltlichen Ziele durchdrungen sind, beginnen mußte. Für mich verkörpert Salomo einen Mann, in dem

* Das Buch Kohelet 2.4-5, 7-8, 11

eine ausgewogene Verbindung von metaphysischer Vision und weltlichem Realismus besteht, zwei völlig verschiedene Bereiche.

Ich fuhr fort:

»Das Alte Testament berichtet, daß Gott vor Salomo erschien, nachdem dieser die Krone Israels entgegengenommen hatte, und anbot, ihm zu geben, was immer er sich wünschte. Wir erfahren, daß Salomo nur um eines bat: *ein verständiges Herz*. Und Gott sagte zu Salomo:

›Weil du gerade diese Bitte ausgesprochen hast und nicht um langes Leben, Reichtum oder um den Tod deiner Feinde, sondern um Einsicht gebeten hast, um auf das Recht zu hören, werde ich deine Bitte erfüllen. Sieh, ich gebe dir ein so weises und verständiges Herz, daß keiner vor dir war und keiner nach dir kommen wird, der dir gleicht. Aber auch das, was du nicht erbeten hast, will ich dir geben: Reichtum und Ehre, so daß zu deinen Lebzeiten keiner unter den Königen dir gleicht. Wenn du auf meinen Wegen gehst, meine Gesetze und Gebote befolgst wie dein Vater David, dann schenke ich dir ein langes Leben.‹*

Wie sollen wir das verstehen? Bedeutet es, daß die materiellen und physischen Dinge, die wir uns alle wünschen und die wir brauchen, nicht an erster Stelle in unserem Leben stehen können? Und daß sie nur als Folge unseres inneren Wunsches nach etwas, das einer anderen Ebene unseres Lebens angehört, zu uns kommen – dem ›verständigen Herzen‹? Wie viele Märchen haben uns immer das gleiche erzählt! Wenn ich innen Gott suche, werde ich außen belohnt. Ist das wirklich mehr als kindliche Phantasie? Oder hat es eine Bedeutung, die ein Erwachsener, der Erfahrung hat mit der Welt, respektieren kann?«

Plötzlich fiel mir wieder ein, wer diese Leute in meiner Klasse waren. Sie brauchten nicht erst davon überzeugt zu werden, daß es eine höhere Dimension des Lebens gab. Diese Männer und Frauen begehrten schon etwas Höheres, sie

* 1 Könige 3.11-14

träumten von etwas, das höher und größer war als ihr Leben in der Welt des Geldes und der Saldo von Konten. Aber ich hatte schon so viele Menschen mit diesem Verlangen gesehen, die es aber nicht fertigbrachten, den Blick gleichzeitig auf die metaphysische und die weltliche Welt zu richten. Und wer hätte es ihnen verübeln können? Wer *kann* denn nach dieser transzendentalen Welt greifen und doch *auf* der Erde bleiben? Wer findet den Weg zu der gepriesenen menschlichen Mitte zwischen Himmel und Erde, die nicht einmal von den Engeln bewohnt wird und die für das Wesen, das Mensch genannt wird, die einzige Bestimmung ist? Nicht ich, vielleicht keiner von denen, die wir kennen. Wenn wir von dem Ziel im Leben sprechen, dann sprechen wir von der Realität einer völlig anderen Ebene, die sich in eine völlig andere Richtung bewegt, einem völlig anderen Zweck dient als unser berechnendes, von Träumen beherrschtes, egoistisches Leben, unser auf Vernunft begründetes Leben, unser auf die Sinne bezogenes Leben, unsere kleine Welt des Tier/Ego. Und sollen wir wirklich in diesen beiden Welten leben? Unmöglich, aber doch notwendig. Unmöglich, aber doch das einzige Leben, das unserem Leben menschliche Bedeutung gibt.

Ich war entschlossen, diese andere Ebene des Seins nicht nur süß und hell auszumalen, sie nicht als eine Art New Age-Märchen hinzustellen oder sein sentimentales religiöses Äquivalent in der christlichen oder einer anderen Sprache. Habe ich etwa nicht heimlich gesehen, daß einige der Studenten neuere Bücher mit Titeln wie *Wie man Erleuchtung findet und stinkreich wird* oder *Um Profit beten* oder *Tu, was dir Spaß macht; Reichtum und Besitz werden folgen*, und ähnliches mehr, mit sich herumtragen?

Aber Spaß beiseite. Ich mußte die Klasse auf jeden Fall über diese höhere Ebene des Lebens und die Schwierigkeit des Kampfes zwischen den beiden Naturen des Menschen aufklären. Nur dann ließ sich über eine neue Einstellung zum Geld reden. Aber um das zu tun, mußte ich *mich selbst* erst einmal daran erinnern, wie ungeheuer groß der Kampf war, den man führen mußte, um für die beiden Welten in sich selbst offen zu sein. Und so erzählte ich ihnen die Legende von Salomos Thron: In den alten Zeiten wurden die großen Ideen durch Mythen und Legenden übermittelt.

Die Legende des Throns

Und so fing ich wieder an:

»In unserer Bibel steht nichts über die Legende von Salomos Thron. Im Alten Testament ist von Salomos prächtigem Tempel die Rede, aber die Legenden erzählen auch von dem Thron – die seltsamen, heimlichen Legenden, die mündlich weitergegeben werden, irgendwo, und die irgendwo festgehalten werden. Ein Thron befindet sich schließlich mehr im Zentrum als ein Tempel. Der Thron ist das Zentrum des Zentrums. Das Verborgene des Verborgenen, der Kern des Kerns. Wenn man vom Thron spricht, spricht man genau von dem Punkt, von dem jede kreative Macht ausgeht.

Wir erfahren, daß die Pracht von Salomos Thron so groß war, daß sich alle Könige des Landes – alle anderen Aspekte des Selbst, die innerhalb ihres begrenzten Reichs Herrschaft ausübten – vor seiner Herrlichkeit ehrfürchtig auf den Boden warfen. Es war ein riesiges Gebilde, dieser Thron, gänzlich mit Gold und kostbaren Steinen bedeckt. Zu seinem Sitz führten sechs große Stufen hinauf, und auf jeder Stufe waren zwei goldene Löwen und zwei goldene Adler. Und außerdem waren noch an jeder Seite zwei weitere Kreaturen, von denen jedes Paar auf seine Weise die spirituellen und materiellen Kräfte verkörperte, die der Mensch in sich miteinander in Einklang bringen muß.

Um auf den Sitz seines Throns zu steigen, mußte Salomo zuerst zwischen dem Löwen und dem Ochsen hindurch, die alten Verkörperungen von Sonne und Mond – das heißt, die aktiven und die passiven Kräfte im Kosmos. Auf der zweiten Stufe kam er zwischen dem Lamm und dem Wolf hindurch,

Symbole des reinen Herzens und der verzehrenden Leidenschaften. Dann kamen die Ziege und der Leopard, Symbole der Selbstopferung und Aggression; dann zwischen dem Adler und dem Pfau, die das Streben nach Transzendenz und die erdgebundene Nichtigkeit des Ego verkörpern; dann kamen der Falke und der Hahn, die Gehorsam gegenüber dem Höheren und die Befriedigung der Lust verkörpern; dann der Habicht und der Sperling, die Mut und Bescheidenheit verkörpern. Ganz oben auf dem Thron, ebenfalls in reinem Gold, saß eine Taube, die einen Falken überragte; die Taube war das Symbol der Kraft, die die ursprünglich entgegengesetzten Energien innerhalb des Wesens und des Lebens der Menschen miteinander in Einklang bringt.

Aber es steht noch mehr in der Legende, viel mehr. Salomos Thron war nicht nur ein ehrfurchtgebietendes Gebilde, sondern auch unbeweglich. In dem Augenblick, da Salomo den Fuß auf die unterste Stufe setzte, wurden zahlreiche ungewöhnliche Mechanismen ausgelöst. Die goldenen Kreaturen auf jeder Stufe führten ihn zu denen auf der nächsten Stufe; und diese ganze ›Maschinerie‹ deutet darauf hin, daß hier unfehlbare Gesetze am Werk waren.

Aber über diese genialen Maschinen hinaus stand noch auf jeder Stufe ein Herold, dessen Aufgabe es war, Salomo an das Gesetz für Könige zu erinnern. Der erste von ihnen kam zu ihm, sobald er den Fuß auf die erste Stufe des Throns setzte, und sagte folgendes zu ihm: ›Der König soll für sich keine Frauen mehren.‹ Der Herold auf der zweiten Stufe sagte zu ihm: ›Er soll keine Pferde für sich mehren.‹ Und der auf der dritten Stufe: ›Und er soll auch nicht in großem Maße Silber und Gold für sich mehren.‹ Und so weiter, bis hinauf zur siebenten Stufe. Dort, nachdem er an allen Symbolen der beiden menschlichen Naturen vorbeigekommen war, unter dem Zeichen der Taube – dem Symbol der Versöhnung von Gegensätzen – rief der siebente Herold, als Salomo gerade seinen Platz einnehmen wollte: *›Wisse, vor wem du stehst!‹*

In diesem Augenblick nimmt Salomo seinen Platz auf dem

Thron ein, und man setzt ihm die königliche Krone auf den Kopf. Eine riesige Schlange rollt sich gegen die Maschinerie, drängt die goldenen Adler und Löwen immer weiter hinauf, bis sie den Kopf des Königs umkreisen. Die goldene Taube gleitet hinunter, nimmt die Thora aus einem Korb und reicht sie dem König. Jetzt, erst jetzt, kann der große Salomo seine Pflichten als König und Richter von Israel erfüllen!«

Salomos Fall

Ich hatte mit der Wiedergabe dieser Legende erreicht, was ich wollte. Im Klassenzimmer waren alle verzückt vor Staunen. Wahrscheinlich hätten sie leicht akzeptiert, daß die Geschichte von Salomo versteckte Bedeutungen barg, versteckte Gedanken. Aber dieser spezielle Gedanke war nicht das, was sie erwartet hätten – nämlich, daß die spirituellen und materiellen Triebe im Menschen so gegensätzlich waren und trotzdem in Harmonie miteinander leben mußten. Sie hätten entweder das eine oder das andere akzeptiert – entweder, daß die beiden Naturen im Gegensatz zueinander standen und die niedere Natur zerstört werden mußte, *oder aber*, daß sie in diesem irdischen Leben niemals miteinander in Einklang gebracht werden konnten und daß man inneren Frieden nur in irgendeiner anderen Welt oder in irgendeinem erdachten Leben nach dem Tod finden konnte. Aber die Vorstellung, daß diese beiden Aspekte der menschlichen Natur im krassen Gegensatz zueinander standen und doch miteinander leben mußten, war ihnen unbegreiflich.

Das ist nichts anderes als das Paradoxon des menschlichen Lebens, das alle großen Geister der Geschichte zum Schweigen gebracht hat. Aus diesem Paradoxon erhebt sich die ewig gleiche und stets neue Frage: Was müssen wir tun, was können wir tun, um diese Versöhnung stattfinden zu lassen? Woher wird die Kraft kommen, die den ›Löwen‹ und den ›Ochsen‹, das ›Lamm‹ und den ›Wolf‹, ›Gott‹ und den ›Mammon‹ zusammenführt?

Die Frage mußte auf irgendeine Weise beantwortet werden. Aber die ›Antwort‹, die ich ihm Kopf hatte, kam mir plötzlich nicht mehr blutvoll vor. Diese Antwort lag in dem Gedanken, daß es einen Weg im Leben gibt, aber dieser Gedanke kam mir in diesem Augenblick nur wie leere Worte vor, wie ein leeres Symbol. Ich wollte dieser Klasse keine leeren Worte vorsetzen. Sie waren gekommen, um ein sehr reales, lebendiges Problem ihres eigenen Lebens zu verstehen.

Die Klasse und ich standen gemeinsam vor einer Frage, die genauso dringlich war, wie sie sich – in diesem Augenblick – nicht beantworten ließ. Auf genau diese Situation warte ich aber, suche sie direkt, wenn ich mit anderen Menschen über die großen Fragen des Lebens spreche. Dies ist der kreative Augenblick.

Ja, dieser Augenblick zwischen Menschen, die herangewachsen sind und vor den Fragen des heutigen Lebens stehen, Fragen, die uns unsere Gesellschaft und unser Zeitalter – vielleicht nur unser Zeitalter – stellt, weil wir unseren spirituellen Glauben und unser Vertrauen in alte ethische Grundsätze und die Gesetze des Gewissens verloren haben, diese Fragen einer Gesellschaft, die im Materialismus und in technologischen Veränderungen versunken ist, in der die niedere Natur immer wieder befriedigt wurde, einer Gesellschaft, in der die alten Spuren höherer Gefühle verschwinden wie so viele zarte Lebensformen: Das ist der Augenblick, die Situation, die wir, glaube ich, gemeinsam fördern müssen.

Die Fragen nach dem Sinn in dieser Welt kann heute kein Mensch beantworten. Und wie es schon immer war, kann niemand, der eine Antwort hat (und solche Menschen gibt es), diese Antwort, fertig verpackt, an einen anderen weitergeben. Nein, nur beim gemeinsamen Denken, unter den harten Bedingungen der ernsthaften Suche, können wir zu einem neuen Verständnis finden. Gruppenkommunikation, Gruppendenken – das ist die wahre Kunstform unserer Zeit.

Mir war klar, daß ich in dieser Situation, vor der Klasse, der Versuchung widerstehen mußte, mich an die Antworten meines professoralen Verstands zu klammern. Das ist immer sehr schwierig. Ich mußte gemeinsam mit meinen Studenten im Zustand des Unwissens ausharren und mit ihnen zusammen hoffen – nur hoffen –, ein kleines Körnchen Verstehen zu finden. Bei diesen Gelegenheiten tritt manchmal eine ganz bestimmte Art Stille ein. Wenn man einige Sekunden in dieser Stille ausharrt, kommt es einem so vor, als würde man Feuer einatmen. Das Ego möchte nur reden, möchte ›die Dinge vorantreiben‹. Aber für das Verstehen muß man immer bezahlen, man muß es sich verdienen, indem man vor zwei entgegengesetzten Impulsen stehenbleibt, in diesem Fall dem Impuls, wie ein Professor zu reden, und dem anderen, der mich auf den Geschmack gebracht hatte, noch mehr zu verstehen.

In dieses reinigende Schweigen hinein muß sich früher oder später immer eine neue Stimme erheben. Aber woher sie kommen wird oder wer sprechen wird, läßt sich nicht voraussagen. In diesem Fall kam sie von außen; es war Alyssa, meine sanfte Poetin und vereidigte Bücherrevisorin.

»Dr. Needleman«, sagte sie, »da ist etwas an Salomo, das ich schon, seit ich ein Kind war, wissen wollte. Wenn Gott dem König Salomo ein verständiges Herz gegeben hat, wenn Er ihm so große Weisheit verliehen hat, warum erzählt uns dann die Geschichte, daß Salomo gesündigt hat und bestraft wurde?«

Einige Teilnehmer in der Klasse waren erstaunt. Nicht alle kannten die Bibel so gut wie offenbar Alyssa. Ich faßte für die anderen schnell die Geschichte des Alten Testaments zusammen, erzählte ihnen, wie Salomo »vor den Augen des Herrn Böses tat«, indem er sich Frauen aus anderen Stämmen nahm, die »sein Herz zu anderen Göttern hinzogen«, und wie der Herr böse war auf Salomo und »ihm befahl, nicht anderen Göttern zu folgen«. Und wir erfahren, daß »Salomo nicht hielt, was der Herr befahl«. Und wie als Folge davon Uneinigkeit und Gespaltenheit in das Land Israel zurückkehrten.

Und tatsächlich ist dieser Punkt in der biblischen Geschichte von Salomo der verwirrendste im gesamten Alten Testament. Es ist wahr, daß uns die Bibel ständig von den von Gott begünstigten Männern und Frauen erzählt, die seine Dekrete nicht befolgten, und die, nachdem sie den Preis für ihren Ungehorsam gezahlt hatten, danach nur noch größer als vorher daraus hervorgingen. Das ist ein Widerspruch, dem sich jeder Student der alten Weisheiten gegenübersieht, nicht nur im Alten Testament, sondern in den meisten Glaubenslehren der Welt. Wie es scheint, wird der Mensch in Versuchung geführt – vielleicht sollten wir sagen, ›aufgefordert‹ –, zu Fall zu kommen; aufgefordert von Gott selbst, wie es scheint. Während dieses Falls wird dem Menschen ein ganz bestimmter Kampf angeboten. Wenn er diesen Kampf ablehnt, stirbt er. Nimmt er diesen Kampf aber an, wird ihm eine so erhabene Bestimmung zuteil, daß sich selbst die Engel im Himmel vor ihm verbeugen, wie es manchmal beschrieben wird.

Aber auch wenn man dieses Muster der heiligen Schriften kennt, stellt die Geschichte Salomos einen fast unerträglichen Widerspruch dar, weil er schon vor seinem Fall die Eigenschaften besaß, die andere Helden erst *nach* ihrem Fall und ihrer Rückkehr erringen. Fast von Anfang an

›. . . gab Gott Salomo Weisheit und Einsicht in hohem Maß und Weite des Herzens – wie Sand am Strand des Meeres. Die Weisheit Salomos war größer als die Weisheit aller Söhne des Ostens und alle Weisheit Ägyptens. Er war weiser als alle Menschen. . .‹*

Wie konnte sich ein solcher Mann weltliche Dinge wünschen? Wie konnte er ›Frauen für sich mehren‹, Frauen und Konkubinen, die in die ›Tausende‹ gingen – in einem Ausmaß, daß Gott ihn bestraft und seine Macht zerbricht und Israel spaltet? Was sagt uns Salomos Geschichte über die Bedeutung des Wegs im Leben, den besonderen Kampf, der von uns gefordert wird, wenn wir aufsteigen sollen, Schritt für Schritt, bis hinauf

* 1 Könige 5.9-11

zu dem Thron, der für uns bestimmt ist – Schritt für Schritt, vorbei am Löwen und am Ochsen, am Lamm und am Wolf, am Adler und am Pfau?

Vielen Dank für die Frage, Alyssa. Aber wie sollen wir sie beantworten?

9. Was Geld kaufen kann und was nicht

Von den Legenden. Die Antwort bekommen wir von den Legenden. In ihnen finden sich oft wichtige Gedanken der biblischen Geschichten – überaus wichtige Gedanken, die im modernen Menschen das Gefühl wecken können, das wir so nötig brauchen, um die verborgenen Lehren unserer westlichen Schriften zu hören. Aus den Legenden erfahren wir von dem Kampf, den Salomo zwischen Dunkelheit und Licht geführt hat. Die Bibel scheint nur zu berichten, was Gott ihm gab und was Gott ihm nahm. Sie denkt nicht darüber nach, womit sich Salomo sein Verständnis *verdient* hat. Denn das Verständnis, für das der Mensch geschaffen ist, kann niemals einfach nur gegeben werden. Oder vielmehr kann es nur dem Individuum gegeben werden, das es annehmen kann. Die Legenden von Salomo erzählen uns von dem Kampf, den es kostet, um fähig zu sein, das Geschenk, das uns Menschen gemacht wird, auch anzunehmen.

Und mit wem oder womit hat Salomo gekämpft? Mit niemand Geringerem als dem König der Dämonen – *Asmodi*, dem gefürchteten Herrscher der Unterwelt.

Der Bau des Tempels

Die Geschichte fängt an, wie Salomo den großen Tempel baute, den zu bauen Gott bestimmt hatte. Aber er kann die Steine nicht brechen, denn das mosaische Gesetz verbietet ihm, zum Zerschneiden der Tempelsteine Metall zu verwenden. Um diesen großen Bau zu errichten, kann er nichts verwenden, was in der Rangordnung ›weiter unten‹ steht – also Eisen. Er versammelt seine Ältesten um sich, um ihren Rat einzuholen, und sie sagen ihm, daß irgendwo in dieser Welt eine wunderbare Kreatur existiert, die *shamir* genannt wird, eine Kreatur, die Gott am Abend des ersten Sabbat in der Dämmerung geschaffen hat, als eines der letzten Seiner Wunder. Kleiner als ein Gerstenkorn, besitzt der *shamir* eine solche Macht, daß er einen Felsbrocken schon durch reines Berühren zerteilen und die härtesten Steine zerschneiden kann. »Befiehl, daß der *shamir* hergeschafft wird«, sagten die Ältesten.

»Aber wo ist er?«

»Wir wissen es nicht«, erwiderten die Ältesten. »Rufe die Dämonen und frage sie!«

Der König versammelte alle seine Dämonen um sich. »Wo ist der *shamir*?« fragte er sie. Es waren die Dämonen, die Salomo dienten, die Salomo unterworfen hatte, die dunklen Kräfte im Menschen, die der große König erkannt und bezwungen hatte.

»Wir wissen nicht, wo der *shamir* zu finden ist«, erwiderten die Dämonen, »aber vielleicht weiß es unser König Asmodi.«

Asmodi, der König der Dämonen! Der einzige Dämon, den Salomo noch nicht besiegt hatte. Er war so mächtig, daß Salomo ihn nicht nur nicht bezwungen hatte, er hatte das Oberhaupt der Dämonen, den Ursprung aller dunklen Kräfte im Menschen, noch nicht einmal zu Gesicht bekommen. Solange ein Mensch mit diesem Dämon nicht gekämpft hatte, konnte er den Platz, der ihm von oben zugewiesen war, nicht einnehmen.

»Aber wo finde ich Asmodi?« fragt Salomo. »Wo finde ich den wichtigsten Dämon meines Lebens, den dunklen Ursprung aller Dinge, die dem Menschen – mir – das Bewußtsein nehmen?«

Auf diese Frage erwidern die Dämonen:

»Asmodi wohnt auf einem der großen Berge im Land der Dunkelheit . . .«

Als ich diese Geschichte erzählte, war ich erstaunt, wie sich die Klasse veränderte. Manche waren von der Geschichte absolut hingerissen, aber die meisten wurden unruhig und schienen sich unbehaglich zu fühlen. Ich war noch gar nicht bei den wichtigsten Gedanken der Geschichte angekommen, bei den Wahrheiten über uns, die wahrlich in jedem von uns Unbehagen auslösen. Spürten einige der Studenten schon jetzt die subtilen Gedanken, die hinter dieser Legende steckten? Oder lag es vielleicht nur daran, daß ich in die Mittagspause gekommen war? Ich mußte lachen, sagte die Pause an und ging zu Alyssa – die mir entgegenkam.

»Ich wünschte nur, daß ein paar von meinen Klienten hier wären«, sagte sie. Sie erzählte, daß sie vor einigen Jahren, als sie beschlossen hatte, vereidigte Buchprüferin zu werden, geglaubt hatte, daß sie es nur mit Arithmetik, Mathematik, Gesetzen und Regeln zu tun haben würde. Sie hatte sich ganz bewußt und überlegt dazu entschlossen, weil sie nach einem jahrelangen Kampf als Künstlerin, den sie verloren hatte, gar keine andere Möglichkeit hatte, ›marktfähig‹ zu werden. Sie hatte geglaubt, daß ihre Arbeit von nun an mehr oder weniger mechanisch sein würde, und sie hatte vor, sie so lange auszuüben, bis sie genügend Geld gespart haben würde, um irgendwo hinzugehen und sich wieder ihrer Kunst zuzuwenden. »Aber ich hatte keine Ahnung, daß ich es in diesem Beruf mit Menschen zu tun haben würde. Ich habe gar nicht mit Formularen und Zahlen zu tun. Ich habe es mit Menschen zu tun. Ich habe es mit Leben zu tun. Ich habe es mit Herzen zu tun. Vielleicht sogar mit Seelen?«

Ich wußte genau, was sie meinte. Die Zeiten sind vorbei, als in unserer Gesellschaft noch der Pfarrer, der Arzt oder der Psychiater die Geheimnisse der Menschen mit ihnen teilten, ihre Ängste, Wünsche, Befürchtungen, ihre Scham und ihre Missetaten, ihren privaten Kummer, all ihre ›schönen‹ psychischen Eigenarten. Aber heute haben diese Rolle mehr und mehr die Buchprüfer und Steuerberater übernommen. In vielen Fällen ist es der Buchhalter oder der Steuerberater oder der Anlageberater, vor deren Augen und Ohren die einzelnen Details eines Lebens ausgebreitet werden – gewollt oder ungewollt.

»Aber genau das brauchen die Menschen jetzt«, sagte ich. »Vielleicht ist das sogar ein völlig neuer Beruf oder eine völlig neue Rolle in unserer Gesellschaft: der Priester-Buchhalter, der Therapeut-Buchhalter.«

Wir lächelten beide, und wir waren beide ernst.

»Genau in diese Rolle hat man mich hineingedrängt«, sagte sie. »Und ich weiß nicht, wie ich damit umgehen soll. Wenn ich von jemandem die Geschäftsbücher sehe oder ihr Fehlen, dann erfahre ich mehr über ihn, als ich erfahren möchte. Ich sehe ihre Lügen, ihre Widersprüche, ihren Hochmut, ihre sexuellen Neigungen, ihre Feindseligkeiten und ihre Kleinlichkeit, ihre phänomenale Grausamkeit und ihre unglaublichen Illusionen. Ihren Egoismus, ihren . . .«

Als wir gerade durch die Tür nach draußen gingen, hörte ich jemanden meinen Namen rufen. Ich drehte mich um. Einer der Studenten kam auf mich zu.

»Könnte ich Sie mal sprechen?«

Ich blieb in der Tür stehen.

»Wäre es möglich, daß ich mein Geld zurückbekomme?« fragte er mit vor Erregung knisternder Stimme. Er war ein großer, jung aussehender Mann, nicht über dreißig, mit kurzem dunklem Haar und einem sauber gestutzten dicken Schnurrbart. Er trug einen bräunlichen Schulschlips und eine Sportjacke aus Tweed.

»Das ist nicht das Seminar, das im Vorlesungsverzeichnis angekündigt war.« Nur mit Mühe die Höflichkeit bewahrend, griff er in seine Mappe und zog das Verzeichnis mit den zusätzlichen Veranstaltungen heraus. ›Dieser Mann ist Rechtsanwalt‹, dachte ich. Er begann vorzulesen:

»Unter anderem werden folgende Themen behandelt:

Wieviel Geld ist genug?
Geld und Sexualität
Woran merken Sie, daß Sie sich verausgabt haben?
Was Geld kaufen kann und was nicht
Die Bedeutung von Glück«

Ich unterbrach ihn. Er hatte nicht unrecht. Ich lud ihn zum Mittagessen ein. Seine Augen leuchteten auf, und sein Zorn war verschwunden.

Ich hatte vorgehabt, mich beim Mittagessen noch ein wenig mit Alyssa zu unterhalten, um ihre Beziehung zu Geld zu erfahren. Warum sollte mir dieser junge Mann nicht dabei helfen?

Als wir über die Straße zum Restaurant gingen, stellte ich erstaunt fest, wie umgänglich der junge Mann jetzt war. Als er sein Geld zurückgefordert hatte, hatte er sich von Gefühlen hinreißen lassen, aber meine Einladung zum Essen hatte sie völlig verändert. Ich fragte mich, wie sehr das Geld in unserer einsamen Gesellschaft zu einem Instrument des Gefühlsausdrucks geworden war – zu einer Sprache der Gefühle, der einzigen Sprache, der viele von uns noch mächtig waren?

Was für eine seltsame und höchst unerwartete Sache! Ohne daß es jemand bemerkt oder genau ausgesprochen hätte, hat sich dieses geniale Instrument zum materiellen Tausch, Geld, zum einzigen oder wichtigsten Hilfsmittel menschlicher Kommunikation in einer Gesellschaft entwickelt, der die Bedeutung so vieler Gesetze und Gebräuche der gegenseitigen Beziehung abhanden gekommen sind. Ich hob mir diesen Gedanken für spätere Überlegungen auf.

Wir betraten das Restaurant, eine Sushi-Bar der etwas gehobeneren Klasse, die vorwiegend von meinen Studenten besetzt war. Während wir darauf warteten, einen Platz zugewiesen zu bekommen, überschlug ich im Kopf, wie weit ich mit dem Unterrichtsstoff vorangekommen war. Wie so oft, hatte ich mehr Gedanken angeschnitten, als ich in der restlichen Zeit am Nachmittag behandeln konnte. Vor allem stand ja noch der gesamte Max Weber zur Diskussion – was außerordentlich wichtig war. Ich hatte versprochen, der Klasse darzulegen, was dieser große Soziologe in seiner epochemachenden Analyse der Beziehung zwischen Protestantismus und Kapitalismus unberücksichtigt gelassen hatte und wie dieses fehlende Element einen Weg für die innere Suche aufzeigen könnte – inmitten der Welt des Geldes, der Welt von heute und morgen. Ich bezog mich auf eine Gruppe von Männern und Frauen, die im 14. Jahrhundert hervortraten und den Weg im Leben direkt mitten im Christentum praktizierten. Der Protestantismus, wie wir ihn kennen, war eine Spiegelung dieses Wegs im Leben, der aber ein äußerst wichtiger Aspekt fehlte.

Mir blieb also gar nichts anderes übrig, als den Gedanken vom Weg im Leben ausführlich darzulegen, einen Gedanken, der bis zum Ursprung aller weisen Lehren in der Geschichte der Menschheit zurückgeht. Ich mußte der Klasse diese große Idee ausführlich erklären. Aber um ihnen die wahre Größe dieser Idee vor Augen zu führen, damit sie nicht einfach nur als irgendeine interessante psychologische Theorie hingenommen wurde oder, noch schlimmer, als ein Stück gargekochtes Fleisch aus der New Age-Suppe, würde ich auf eine mythische Sprache zurückgreifen müssen, die man zwar fühlen, aber nur schwer intellektuell verarbeiten konnte. Und so kam ich auf die Legenden von König Salomo zurück, in denen der Gedanke von den beiden Naturen des Menschen, die im Mittelpunkt der Lehre vom Weg im Leben stehen, sowohl mit dramatischer Stärke als auch subtiler Symbolik wiedergegeben wird. Aber das bedeutete andererseits auch, daß ich ihnen die wahre Bedeutung des Teufels, des obersten Dämons Asmodi, in Salomos und aller Menschen Kampf um einen ständigen Kontakt zu dem Gott in uns selbst erklären mußte.

Und zu alledem besteht jetzt auch noch ein Student – dieser jetzt liebenswerte junge Rechtsanwalt – darauf, daß ich über die Themen spreche, die im Vorlesungsverzeichnis angeführt sind. Womit er völlig recht hat.

Sein Name war William Cordell III, ein Name, der nach

Geld und Bestimmung roch. Aber er fühlte sich in seinem Namen und seinem Körper nicht zu Hause. Und nicht in seiner möglichen Bestimmung.

»Bitte, sagen Sie Bill zu mir«, verlangte er und lächelte nervös und rutschte unruhig hin und her. Warum hatte er sich nicht einfach als Bill vorgestellt?

Noch ehe das Essen serviert wurde, ging er auf mich los. Aber er faszinierte mich auch. Ich war noch nie einem Mann begegnet, dessen Leben und dessen Charakter so leicht von seinem Gesicht abzulesen waren, aus seiner Haltung und aus seinem Namen: Er war ein Mann, der zuviel Geld hatte.

Und genau das war seine Frage. Während Alyssa und ich Blicke wechselten, stürzte er sich in folgende Rede:

»Bitte, entschuldigen Sie meine Unhöflichkeit von vorhin«, begann er, »aber als ich die Beschreibung Ihres Seminars las, habe ich mir wirklich Hoffnungen gemacht. Vor allem wegen der Frage, was man mit Geld kaufen kann und was nicht.

Noch vor fünf Jahren«, fuhr er fort, »glaubte ich, etwas von dieser Frage zu verstehen. Ich stand im zweiten Jahr meines Jurastudiums und hatte eine glückliche Zukunft vor mir. Ich hatte gute Freunde, ich hatte Interesse daran, anderen Menschen im Zivilrecht beizustehen. Meine Eltern waren sehr wohlhabend, haben mich aber nie allzusehr verwöhnt. Sie sorgten gut für mich, aber ich wußte immer, daß ich mir meinen Weg im Leben selbst verdienen mußte. Ich wußte, daß ich früher oder später in die große Rechtskanzlei meines Vaters eintreten würde, fühlte mich aber frei, meinem eigenen Stern zu folgen.

Fast über Nacht wurde dann alles anders. Meine Mutter und mein Vater starben bei einem Autounfall, und da ich ihr einziges Kind war, fiel das gesamte Familienvermögen in meine Hände. Lange Zeit war ich vor Kummer ganz erstarrt, aber am Ende gelang es mir, mich für meine Situation zu interessieren. Als mir klar wurde, wieviel Geld ich geerbt hatte, war ich fast genauso erschüttert wie vorher, als ich von dem Unfall meiner Eltern erfahren hatte.«

»Wieviel war es?« Alyssa fragte es.

»Fünfundsechzig Millionen Dollar«, sagte Bill mit merkwürdig tonloser Stimme. Ich hielt die Luft an und sah zu Alyssa. Ihre Augen zogen sich nur mit dem Ausdruck angespannten Interesses zusammen, wie ein Wissenschaftler, der auf ein ungewöhnliches Naturphänomen gestoßen ist. Bill fuhr fort:

»Ich hatte mich bereits vorübergehend von der juristischen Fakultät befreien lassen, und als ich noch einmal um eine Verlängerung bat, kam der Direktor persönlich zu mir und bot mir jede erforderliche Hilfe an. Wie freundlich von ihm, dachte ich, daß sich so ein wichtiger Mann wegen eines kleinen Studenten wie mir Sorgen macht. Aber bald schon merkte ich, wie nett plötzlich alle zu mir waren. Leute, die ich seit Jahren nicht mehr gesehen hatte oder die ich gar nicht besonders gut kannte, besuchten mich oder schrieben mir Briefe. Ich bin nicht dumm. Ich sah, was los war. Trotzdem glaubte ich, daß sie es alle ernst meinten. Ich konnte einfach nicht anders. Es war der reinste Selbstbetrug. Aber ich konnte es nicht ändern.

Aber das schlimmste war, wie sich meine engsten Freunde benahmen. Jeder einzelne von ihnen wollte Geld von mir – und immer taten sie so, als würden sie mir damit einen Gefallen tun, oder als wäre ich moralisch verpflichtet, meinen Reichtum mit ihnen zu teilen. Ich hätte ihnen wirklich gern von dem Geld gegeben, aber dazu hatte ich gar keine Gelegenheit. Sie ließen nicht zu, daß ich ihnen etwas von mir aus, aus dem Herzen heraus, gab . . .«

Während Bill sprach, hatte ich gemerkt, daß die Studenten an den umliegenden Tischen verstummt waren, sie saßen mit gespitzten Ohren da, um unser Gespräch zu hören. Die Kellnerin nahm unsere Bestellung entgegen.

Bill fuhr fort:

»Ich wurde immer einsamer. Ich gab ihnen Geld, und dann verging eine lange Zeit, in der ich niemandem etwas gab. Ich hatte Finanzberater, aber auch zu ihnen verlor ich das Vertrauen. Ich kaufte alles, wovon ich je geträumt hatte, und als es verblaßt war, kaufte ich sogar Dinge, die ich überhaupt nicht haben wollte. Ich kaufte eine Pferderanch, ich kaufte ein großes Boot. Ich spendete Geld für wohltätige Zwecke. Ich kaufte einen kleinen Verlag. Ich kaufte eine Villa.«

»Sie haben versucht, Ihr Geld wegzuwerfen?« fragte Alyssa.

»Nein«, sagte Bill nach einer langen Pause. »Nein, das glaube ich nicht. Auf jeden Fall war es nicht das, was passierte. Je mehr ich ausgab, um so mehr kam zu mir zurück. Am Ende eines Jahres hatte ich mehr als am Anfang. Es ist nicht so leicht, fünfundsechzig Millionen Dollar wegzuwerfen. Außer man verbrennt es einfach.«

»Und wieviel haben Sie jetzt?« fragte Alyssa.

Während die Kellnerin das köstliche Essen auf den Tisch stellte, starrte Bill Alyssa mit zusammengekniffenen Augen an. »Warum wollen Sie das wissen? Warum interessieren Sie sich für den genauen Geldbetrag, den ich besitze?«

Aha! Das war der andere Bill – oder sollte ich sagen, William Cordell III. Jetzt wurde es interessant.

Alyssa ließ sich nicht beirren. Ihre blauen Augen funkelten, ihre Lippen verzogen sich zu einem Lächeln. »Wenn es um Geld geht«, sagte sie, »ist es wichtig, genau zu sein. Wenn Sie nicht genau wissen, wieviel Geld sie besitzen, werden Sie Ihr Leben nie selbst in die Hand nehmen, oder jedenfalls nicht den Teil Ihres Lebens, für den Geld erforderlich ist.«

Bill wandte sich angewidert von ihr ab. Er sah mich an und schüttelte traurig den Kopf, als wäre das, was Alyssa gerade gesagt hatte, nur ein weiterer Beweis dafür, daß alle Welt gegen ihn war. Wo hatte ich diesen Blick schon einmal gesehen, diesen Ausdruck von Selbstmitleid? Diese Mischung aus Willensschwäche und einer Art attraktiver Unschuld? Fast eine Schönheit, aber eine, die vergeht ...

Mein Gott! Es war das Gesicht von Paul Meyer, meinem Freund aus der Kindheit, der traurig in seinem wunderbaren Zimmer mit den elektrischen Eisenbahnen saß!

Faszinierend, aber da war noch etwas anderes. Ich hatte dieses Gesicht auch schon bei anderen Leuten gesehen, bei

Leuten, die gar nicht reich waren. Langsam ging mir ein Licht auf: Es war das Gesicht eines Mannes, der gezwungen war, sich vor seinen eigenen inneren Widersprüchen zu verstecken, der ein Mittel gefunden hatte, jeder Eingebung des Gewissens zu entkommen, außer einem durchdringenden, gequälten Schrei, der von irgendwo weit hinten in seinem Kopf kam. Ein Mann, der beweisen mußte, daß alle Welt gegen ihn war, bis hin zur Selbsttötung, falls nötig. Es war das Gesicht eines Mannes, der auch nicht für einen Augenblick seine eigenen Widersprüche sehen konnte, der Mitleid benötigte, um zu beweisen – um was zu beweisen? Ein Mann, der den schrecklichen Bruchteil einer Sekunde den Ruf des Gewissens hörte und ihn um jeden Preis zum Schweigen bringen mußte. Aber halt! Ist das nicht mit jedem Kummer in unserem Leben so? Dieses eine, das in jedem von uns steckt, das uns davon abhält, den wichtigsten und zentralen Widerspruch in uns zu sehen? Und ist das nicht eigentlich unsere verarmte Seele? Ist das nicht der *oberste Dämon*?

Mir war jetzt völlig klar, wem Bill ähnlich sah. Es gibt eine ganz bestimmte Sorte Alkoholiker – wir kennen sie alle, die meisten von uns haben unter ihnen gelitten und sie geliebt, viele von uns *sind* sie selbst –, die eine gewisse unwiderstehliche Schönheit, Charme, Kreativität besitzen, so daß wir sie einfach lieben oder für sie sorgen müssen, die aber gleichzeitig zutiefst verängstigt sind, schwach, kindisch, unfähig, einander zu sehen oder einander zuzuhören oder sich selbst zu sehen oder zuzuhören inmitten der Schwierigkeiten und Verantwortung, die das Leben uns allen beschert. Schließlich ist das die spirituelle Definition der Neurose – die konstitutionelle Unfähigkeit, sich selbst zu sehen. Spirituell hat die Neurose nichts damit zu tun, wie man sich benimmt oder wie man leidet; sie hat nichts mit den Widersprüchen zu tun, von denen die Psyche durchdrungen ist; sie ist hauptsächlich die mangelnde Fähigkeit, mit einem Bewußtsein, das frei von Emotionen ist, die Wahrheit über sich selbst zu hören, wie sie auch aussehen mag – übrigens eine Fähigkeit, die die großen geistigen Meister des frühen Christentums und des Sufismus *Besonnenheit* genannt haben.

Somit kann ein Mann, der auf der einen Ebene, aufgrund der Menge, die er trinkt, und aufgrund seines Benehmens, als Alkoholiker angesehen wird, im spirituellen Sinne im authentischen Bereich seiner Psyche völlig nüchtern und voller Selbstverantwortung sein; während ein anderer, der nur sehr wenig oder gar nichts trinkt und einen vernünftigen und verantwortungsvollen Eindruck macht, innerlich ein absoluter Alkoholiker sein kann, allerdings ohne die chemische Droge Alkohol.

Bills Droge war das Geld. Er war wie ein Mann, dem man Whisky oder Kokain gegeben hatte, ohne ihn auf die Auswirkungen vorzubereiten, oder wie ein Mann, dessen Körper für einen bestimmten Stoff genetisch anfällig ist, oder wie die jungen Leute der sechziger Jahre, von denen die meisten eine konventionelle moralische und sehr starre Erziehung genossen hatten, die sie nun unter dem Einfluß von Drogen, Halbwahrheiten und einem ungewöhnlich arroganten, dummen und brutalen Krieg über Bord warfen. Genauso wie Marihuana oder Alkohol, wenn man nicht darauf vorbereitet ist, bewirkte der plötzliche Reichtum bei William Cordell III, daß er psychisch abstumpfte oder sogar eine Rückentwicklung stattfand. Er widmete sich seinem Reichtum, um den inneren Widersprüchen zu entkommen, denen jedes menschliche Leben unterworfen ist, während ihm sein Geld die Möglichkeit eröffnete, Impulsen nachzugeben und Wünsche zu erfüllen, die sonst nie an die Oberfläche gelangt wären. Es stand alles in seinem Gesicht geschrieben.

Für Bill war das Geld ein Instrument der Gefühle, jener Gefühle, die uns die Sicht auf die wirkliche Welt versperren. Aber für Alyssa bedeutete Geld etwas völlig anderes. Für sie war Geld ein Instrument des Geistes!

Das wurde mir alles erst im Verlauf der weiteren Diskussion klar. Bill griff etwas auf, das ich morgens in der Vorlesung nebenbei gesagt hatte. Ich wollte die Klasse herausfordern, als ich behauptete, daß es sehr wenige, erstaunlich oder sogar erschreckend wenige Probleme im Leben gab, die sich nicht mit einer Geldsumme, einem ganz bestimmten Dollarbetrag lösen ließen. Fast alle Schwierigkeiten, die wir als Probleme der Ethik, der Sensitivität, Probleme menschlicher Beziehungen, Probleme der Liebe, der Ehre, der Pflicht ansehen, ließen sich mit einem bestimmten Geldbetrag beheben. Ich forderte die Klasse auf, darüber nachzudenken, welches Problem in ihrem eigenen Leben sie im Augenblick besonders störend empfanden, und sich dann ernsthaft zu fragen, wieviel Geld sie benötigen würden, den *genauen* Betrag, um mit dem Problem fertig zu werden.

Viele Studenten betrachteten es als Zynismus von mir und reagierten verstört. Aber ich hatte es überhaupt nicht zynisch gemeint. Ich wollte ihnen nur zeigen, welche Macht das Geld über unser Leben besaß, und auch seine Schwäche. Einige Studenten hatten sich ehrlich bemüht, die Aufgabe zu erfüllen, mit dem Ergebnis, daß ihnen die Augen aufgingen. Einer sprach von einer verlängerten medizinischen Behandlung, die, wie er glaubte, ein Problem für ihn lösen würde, das er bis jetzt für ein moralisches Dilemma in der Beziehung zu seinen alten Eltern gehalten hatte. Ein anderer erwähnte etwas Ähnliches, aber in Verbindung mit einer Frau, zu der er eine Beziehung gehabt hatte. Und noch ein anderer erzählte von einer Beleidigung, die ihm ein alter Freund gerade zugefügt hatte. Ein paar tausend Dollar würden es ihm ermöglichen, sich aus der finanziellen Abhängigkeit zu befreien, in der er sich diesem Freund gegenüber befand, so daß er offen mit ihm reden könnte, und so weiter und so fort.

Worauf ich hinauswollte, war, daß wir mit Geld fast alles kaufen können, was wir haben wollen – daß wir aber dazu neigen, immer nur die Dinge zu wollen, die sich mit Geld kaufen lassen. Mit Geld läßt sich fast jedes Problem lösen, aber nicht für lange. Geld kann einen versöhnenden Einfluß haben, es kann Konflikte lösen – aber nur von außen und nicht von innen heraus. Sich auf Geld zu verlassen heißt, sich auf eine Kraft zu verlassen, die außerhalb der Initiative und inneren Tiefe des Individuums liegt. Ich wollte damit nicht sagen, daß das Geldverdienen diese Eigenschaft besitzt – im Gegenteil, es gibt im Leben viele Fälle, bei denen zum Verdienen oder Erwerben von Geld so etwas wie ein Wille nötig ist. Nein, ich wollte damit nur sagen, daß es falsch war, sich immer auf Geld zu verlassen, um Schwierigkeiten zu überwinden, daß dadurch etwas Äußeres an die Stelle einer inneren, psychischen Kraft gesetzt wird, die jeder normale erwachsene Mann und jede normale erwachsene Frau entwickeln und anwenden muß.

Während wir in diesem Restaurant saßen und die kultivierte japanische Küche genossen, ein Volk, das heute mehr Geld besitzt als jedes andere, bedrängte mich Bill, noch deutlicher zu werden. »Das ist der einzige Grund, warum ich in dieses Seminar gekommen bin, weil ich wissen wollte, was man mit Geld kaufen kann und was nicht«, sagte er.

Kontakt und Tausch

Er wiederholte es mit ziemlich lauter und eindringlicher Stimme, und ich bemerkte, daß alle im Restaurant verstummt waren. Es waren fast alle Studenten aus meiner Klasse, die sich nach uns umgedreht hatten. Manche hatten sogar ihre Stühle dichter an unseren Tisch gezogen.

»Ich glaube, ich weiß, was er meint«, sagte Alyssa und versuchte, wieder eine Verbindung zu Bill herzustellen. »Zu wissen, wofür Geld da ist und wofür es nicht da ist, heißt, zu wissen, wie man leben soll! Viele wohlhabende Leute benutzen das Geld, um alle Ecken und Kanten des Lebens damit zu glätten, um Schwierigkeiten aus dem Weg zu räumen. Das ist wie das Schlagen von Baumwolle. Aber nicht nur die wohlhabenden Leute tun es. Ich habe es bei vielen meiner Klienten erlebt. Die Reichen verwenden das Geld manchmal für diese Zwecke, die nicht so reich sind, träumen davon, es zu tun. Aber das eine weiß ich genau: Es *gibt* Situationen, in denen das Geld tatsächlich die richtige Antwort ist. Manchmal ist es genauso Einbildung zu glauben, daß Geld nicht die richtige Antwort ist, wie zu glauben, daß es das ist! Finden Sie nicht?«

Sie hatte die Frage an mich gerichtet.

»So könnte man es ausdrücken«, erwiderte ich. »Das Geld wurde von irgend jemandem erfunden, irgendwo. Es ist eine derart außergewöhnliche Sache, daß es nicht einfach ganz automatisch, von allein ›passieren‹ konnte, wie manche Gelehrte sagen. Sie wissen ja, daß die Gelehrten und modernen Wissenschaftler immer behaupten, daß große menschliche Erfindungen einfach geschehen, irgendwie rein mechanisch – wie die Domestizierung von Tieren oder gotische Kathedralen oder Kräuterheilmittel. Ich glaube aber nicht, daß die Menschen einfach nur so ihr Getreide getauscht haben oder ihre Herden, bis dann eines Tages irgend jemand mehr oder weniger zu sich sagte: ›Wie schrecklich unbequem, diese ganzen Säcke mit dem Getreide zu schleppen oder mit diesen Kühen herumzuziehen. Eureka! Laßt uns Kugeln oder Muscheln oder Gold verwenden – und, damit es noch bequemer für uns ist, damit man noch mehr Dinge haben kann, noch mehr zu essen und noch mehr Zeit für Vergnügungen und zum Schlafen, und um unseren abergläubischen Göttern Opfer zu bringen, machen wir aus unserem Metall gleich auch noch Tauscheinheiten und nennen sie Münzen!‹ Nein, auf diese Weise kann es nicht geschehen sein.

Ich bin überzeugt, daß das Geld eine erleuchtete Erfindung von Menschen ist, die das Spiel der Kräfte im menschlichen Leben verstanden haben. Es muß ein Augenblick gekommen sein, in dem man etwas brauchte, das dabei mithalf, das materielle Leben des Menschen in einer sich erweiternden Gesellschaft zu erleichtern. Es muß ein Hilfsmittel geschaffen worden sein, um besser erkennen zu können, daß die Menschen individuelle Besitzrechte haben, aber auch, daß kein Mensch und keine Familie für sich allein sorgen kann. Mit anderen Worten, das Geld wurde von den Bewahrern der heiligen Glaubenslehren, die allen menschlichen Gesellschaften zugrunde liegen, geschaffen, um eine Beziehung zwischen den ideellen und materiellen Bedürfnissen des Menschen aufrechtzuerhalten. Damit will ich sagen, daß Geld in Wirklichkeit ein Prinzip der Versöhnung ist, um völlig verschiedene Elemente miteinander in Einklang zu bringen. Kein Wunder, daß im alten Griechenland Hermes sowohl der Gott der Wirtschaft als auch der Gott der Kommunikation zwischen den Menschen und den Unsterblichen war, der Gott der Grenzen, der Gott des Tausches.

Aber wo es eine Beziehung gibt, da muß es auch einen Kontakt zwischen den Dingen geben, die miteinander verbunden sind. Damit ein Tausch stattfinden kann, muß es zwischen den verschiedenen Elementen beim Tausch einen Kontakt geben. Das Prinzip der Versöhnung läßt zu, daß dieser Kontakt stattfindet. Das Geld wurde erfunden, um einen Kontakt und einen Austausch zwischen fundamentalen Aspekten des menschlichen Lebens zu ermöglichen, dem materiellen äußeren Leben und dem inneren Leben, im Sinne der Beziehung des Menschen zu Gott, in uns und über uns.«

Die Gelddroge

»Ich glaube nun«, fuhr ich fort, »daß nur das, was diesen Kontakt zwischen den fundamentalen Kräften unserer Natur verhindert – mit Fug und Recht als das Böse im menschlichen Leben bezeichnet werden kann. Der Mensch ist so geschaffen, daß er diesen Kontakt auf einer bestimmten Bewußtseinsebene, die bei keiner anderen Kreatur möglich ist, zulassen kann. Was immer einem bewußten Kontakt zwischen dem Spirituellen und dem Materiellen im menschlichen Leben im Wege steht, muß als das wahre Böse bezeichnet werden. Der Wunsch nach physischen Dingen, Familie, Sicherheit, Komfort, Sexualität – nichts von alledem ist böse. Dies alles sind Aspekte einer der großen Kräfte des Universums im menschlichen Tier.

Nein, das wirklich Böse in unserem Leben ist, und war schon immer, die menschliche Ignoranz und die Angst, die den Kontakt zwischen den beiden Ebenen verhindert. Das ist es, was der Alkohol und viele andere Drogen tun, indem sie auf eine bestimmte Weise auf den Körper und die Gefühle des Körpers einwirken, wenn sie übermäßig oder aus falschen Motiven eingenommen werden. Der Mensch kann nicht gut sein oder handeln, wenn es keinen Austausch vom Höheren zum Niederen in ihm gibt; dazu ist aber, vor allem anderen, ein Kontakt zwischen den getrennten Welten seiner Natur nötig. So lange aber dieser Kontakt nicht besteht, kann Gott, oder wie immer man das Höhere nennen will, unser Leben nicht wirklich beeinflussen.

Die Neurose ist eine Krankheit der Macht des Menschen, sich selbst zu sehen. Sehen in seinem wahrsten Sinn beginnt mit der Konfrontation von Kräften – den Kräften des Bewußtseins und den Kräften, die sich vom Bewußtsein weg bewegen. Letztere wurden in den alten Religionen Dämonen genannt. Aber der oberste Dämon ist das, was uns am Sehen hindert.

In der Legende von Salomo hat Asmodi, der oberste Dämon, gelobt, niemals Alkohol zu trinken, und Salomo überlistete ihn, indem er ihn dazu bringt, Wein zu trinken. Aber die Geschichte von Salomo handelt auch von Reichtum und Macht in der Welt. Verstehen Sie, warum ich Ihnen diese Geschichte erzähle?«

In dem Restaurant war es so still wie in einem Grab. Ich sah in etwa dreißig verständnislose Gesichter. Aber ich war in Schwung geraten und ließ mich mitreißen.

»Das Geld ist böse, wenn es in uns genauso wirkt wie der Alkohol bei einem Süchtigen. Verstehen Sie mich nicht falsch. An sich ist Alkohol nichts Schlechtes. Richtig verwendet, kann er sogar eine gewisse Kraft verleihen, eine gewisse anfängliche Hilfe sein, um mit Schwierigkeiten fertig zu werden. Aber falsch verwendet, wird er zu einer Kraft, die uns am Sehen hindert, die uns daran hindert, uns den Widersprüchen in uns zu stellen, und die uns davon abhält, unseren Willen auszuüben und weiterzuentwickeln.

Genauso – fast ganz genauso – kann es auch mit dem Geld sein, vor allem in der heutigen Welt. Richtig verwendet, erlaubt uns das Geld zu leben, zu essen, zu trinken, uns zu beschützen, unseren Familien und Freunden zu helfen, unsere Gesundheit zu erhalten, bestimmte Ziele zu erreichen. Das tut es, indem es äußere Konflikte miteinander aussöhnt, indem es zwischen Elementen, die noch nicht miteinander in Verbindung stehen, eine Beziehung und einen Austausch zuläßt. Es kann ein Instrument der Liebe, des Hasses, der Herausforderung, der Zärtlichkeit sein – all die normalen Gefühle eines normalen Menschen.

Aber falsch verwendet, verhindert Geld Beziehungen, verhindert den Austausch zwischen bestimmten wichtigen Elementen des ganzen Lebens. Als eine Droge kann das Geld nur eine innere Konfrontation der Kräfte durch eine äußere Versöhnung ersetzen. Es kann *Probleme lösen*, wenn es darum geht, *Fragen zu erfahren.* Wie die Technologie – und Geld ist eine Form von Technologie – eignet sich das Geld gut dazu, Probleme zu lösen; aber nicht, um Fragen aufzuwerfen. Wie die Technologie so wird auch das Geld falsch verwendet, wenn es innere Fragen, die gelebt werden sollten, in Probleme umkehrt, die gelöst werden müssen. Geld regelt die Dinge, aber nicht jede Schwierigkeit im Leben muß geregelt werden. Es gibt Schwierigkeiten, mit denen man leben muß und die immer bewußter erlebt werden müssen. Durch eine bestimmte krankhafte Beziehung zwischen persönlichen Gefühlen und blinden instinktiven Wahrnehmungen wird der Alkoholiker daran gehindert, die Konfrontation grundlegender Kräfte in sich selbst zu erfahren. Daher kann er keinen *Willen* entwickeln, der Name, den die großen Glaubenslehren der dritten

Kraft im Inneren des Menschen gegeben haben, die seine beiden Naturen miteinander verbindet. Der Geldsüchtige leidet an den gleichen Krankheitserscheinungen.«

Zum Glück unterbrach mich Alyssa an dieser Stelle.

»Professor Needleman«, sagte sie, »ich kann nicht behaupten, daß ich Ihnen bei allem, was Sie gesagt haben, folgen kann. Deshalb kann ich auch nicht sagen, ob ich Ihnen zustimme oder nicht. Aber das eine kann ich sagen: Ich war in meinem eigenen Leben gezwungen, mich hinzusetzen und sehr eingehend über die Stellung des Geldes nachzudenken. Hätte ich das nicht getan, wäre mein Leben eine einzige Katastrophe geworden. Ich mußte mich fragen, wie sehr ich mir wirklich wünschte, wie ein gewöhnlicher normaler Mensch zu leben, mit gewöhnlichen normalen Dingen, einem schönen Haus, einem Privatleben, Freunden. Ich mußte das Bild, das ich von mir hatte – das Bild einer hingebungsvollen Künstlerin –, aufgeben. Ich mußte mir marktfähige Fertigkeiten aneignen. Ich mußte mir ausrechnen, wieviel Geld ich unbedingt brauchte und wieviel Geld ich haben wollte . . .«

Jetzt unterbrach ich Alyssa. »Aber genau das tun heute nur noch sehr wenige Menschen«, sagte ich. »Sie hatten ein Innenleben – in Ihrem war es die Kunst.« Sie hatte gesagt, daß sie Malerin sei. »Und Sie hatten auch ein äußeres Leben, für das Sie aufkommen mußten. Sie mußten wie jeder andere Mensch auch, sagen wir, die Hälfte Ihrer Energie auf Ihr äußeres Leben verwenden. Kein Mensch kann mit dem Innenleben allein auskommen. Niemand kann nur in der Welt der inneren Werte leben. Engel können das vielleicht, falls es sie gibt, aber auch Engel haben, wie Sie wahrscheinlich gehört haben, einen Job.« Verständlicherweise konnte niemand darüber lachen.

»Für Sie war und ist das Geld ein Mittel zum Zweck, nämlich der Versuch, in zwei gegensätzlichen Welten gleichzeitig zu leben . . .«

»Es gelingt mir aber nicht besonders gut«, sagte Alyssa.

»Mir auch nicht«, erwiderte ich. »Wer kann das schon? Aber das ist eine Herausforderung für uns als Menschen. Darum geht es doch im Leben. Das ist in Wirklichkeit die wahre Bedeutung des Wortes *Wille* – die Kraft zu leben und in zwei Welten gleichzeitig zu sein . . .«

»Diese Definition von *Wille* habe ich noch nie gehört«, rief jemand von einem Nebentisch.

»Kann schon sein«, sagte ich. »Aber ich kann Ihnen versichern, daß die Kraft, in zwei Welten oder auf zwei völlig verschiedenen Ebenen gleichzeitig zu leben, von den großen weisen Glaubenslehren als *Wille* definiert wurde, natürlich nicht mit genau denselben Worten. Aber ich verstehe Ihren Einwand. Für uns, in unserer Kultur, wird der Wille vor allem als die Kraft verstanden, zu tun, was wir nur in einer Welt tun wollen. Aber wenn Sie genau hinsehen, was als Wille durchgeht, werden Sie erkennen, daß es häufig nur ein Wunsch ist, der die anderen dominiert, egal, wie sehr er sich hinter einer religiösen oder moralischen Sprache versteckt. Nicht die Entwicklung eines Bewußtseins ist es, die alle Impulse in uns miteinander in Einklang bringt.

Auf jeden Fall«, fuhr ich fort, »ist der ursprüngliche Zweck des Geldes – dieser heiligen Einrichtung, die uns dabei helfen sollte, in zwei Welten zu leben – verblaßt und heute völlig vergessen. Geben Sie die Schuld dafür, zum Teil, dem gewaltigen Bevölkerungswachstum auf der Erde und dem internationalen Handel. Aber was auch immer der eigentliche Grund dafür sein mag – aus ökonomischer Sicht, die ja in der modernen Welt vorherrscht, hat das Geld fast ausschließlich einen materiellen Wert. Das Geld erinnert schon lange nicht mehr auch an innere spirituelle Werte. Heute ist es nur noch eine soziale Bequemlichkeit, eine soziale Notwendigkeit. Das Machen von Geld findet von selbst ein Ende. Und das Tauschen von Geld erinnert uns längst nicht mehr an unsere Abhängigkeit voneinander und an einen größeren gemeinsamen Zweck der menschlichen Spezies, sondern findet zumeist in einer Atmosphäre von Ungeduld, Selbstleugnung und Verschlagenheit statt.«

Irgendwie war es mir gelungen, während ich redete, auch

noch mein Mittagessen zu verspeisen. Es wurde entschieden Zeit, wieder in die Klasse zurückzugehen. Alle standen auf, um an der Kasse zu zahlen. Nach kurzem Zögern stand Bill auf und rief: »Das Essen geht auf meine Rechnung!« Alyssa warf ihm einen sanften Blick zu, der voller Mitleid war.

10. Der König der Dämonen

Ich hatte gegenüber den Studenten, die nicht in dem japanischen Restaurant gegessen hatten, ein schlechtes Gewissen und machte mich sofort daran, die Legende von Salomo weiterzuerzählen. Das Mittagessen hatte mir mehr gebracht, als ich mir erhofft hatte. Ich verstand Alyssa, ich verstand William Cordell III, und zum ersten Mal in all den Jahren, in denen ich über die Frage des Geldes nachgedacht hatte, hatte ich das Gefühl, zum Ursprung meines eigenen Verständnisses vom Geld auf der Suche nach Selbsterkenntnis vorgedrungen zu sein.

»Ich möchte Sie daran erinnern, daß der Titel dieser Vorlesung ›Geld und der Sinn des Lebens‹ heißt«, begann ich. »Die Redewendung ›Sinn des Lebens‹ ist zu einem Klischee geworden, fast zu einem Witz. Im allgemeinen wird angenommen, daß niemand den Sinn des Lebens kennt, und jeder, der ihn zu kennen behauptet, macht sich automatisch verdächtig. Der Grund dafür ist klar. Um zu wissen, warum ich existiere, muß ich zuerst einmal wissen, daß ich existiere. Und das Bewußtsein für die eigene Existenz ist nicht etwas, das wir automatisch voraussetzen. Der Gedanke ›ich existiere‹ ist nicht das gleiche wie das *Bewußtsein* für die eigene Existenz. Das ist der größte Irrtum der modernen Philosophie und der modernen Psychologie. Gedanken sind nicht dasselbe wie Bewußtsein. Alle alten Glaubenslehren warnen uns davor, zu glauben, daß uns der bloße Gedanke Sein und authentische Identität verleiht. Solange ein Individuum nicht existiert, kann die menschliche Existenz keinen Sinn haben. Aus diesem Grund ist der Begriff vom Sinn des Lebens so lächerlich. Nur ein bewußtes Leben kann einen Sinn haben.

Im Alten Testament werden wir immer und überall davor gewarnt, das bewußte Leben durch irgend etwas anderes zu ersetzen. Das ist die Bedeutung von Abgötterei im Judaismus – und wenn man es recht bedenkt, auch in jeder anderen großen Glaubenslehre. Was sonst ist Abgötterei als der äußerliche oder erdachte Ersatz für das bewußte Leben. *Ihr sollt keine anderen Götter haben neben mir.*«

Die Macht des Kleinen

»Da ist also Salomo. Um den Tempel zu bauen, um den Ort zu schaffen, an dem die Begegnung mit der höchsten Heiligkeit stattfinden kann – und dieser große Tempel ist offensichtlich nicht nur ein äußeres, sondern auch ein inneres Gefüge, er braucht die Hilfe des *shamir* –, so klein und verborgen, so aktiv, daß es, symbolisch gesehen, in alles eingeht. Alles muß von ihm durchdrungen sein. Ohne diese feine, subtile Kraft kann der Tempel nicht enthalten, was die Hebräer Jahwe nannten – ICH BIN.

Und dieses feine, subtile, aber alles durchdringende Etwas – diese Kraft, die durch den härtesten Stein schneiden kann – wird von Asmodi, dem obersten Dämon, bewahrt.

Salomo macht einen Plan. Asmodi wohnt, wie man ihm sagt, in den Bergen der Dunkelheit. Dort hat er einen Brunnen, der mit einem großen Stein bedeckt und mit seinem Siegel verschlossen ist. ›Geh zu den Bergen der Dunkelheit‹, sagt Salomo zu seinem verläßlichsten Diener, ›und während Asmodi nicht da ist, schütte Wein in seinen Brunnen, in dem jetzt reines Wasser ist.‹

Der Diener gehorcht, und als Asmodi zurückkommt, rast er vor Wut, als er im Brunnen Wein vorfindet. Er weiß sehr genau, daß der Wein den Geist umwölkt. Aber er wird vom Durst übermannt und trinkt von dem Wein und fällt betäubt zu Boden. Der Diener, der Ketten und den Zauberring mit Salomos großem Siegel mitgebracht hat, – den sechszackigen Stern, der die gegenseitige Durchdringung der himmlischen und irdischen Reiche verkörpert, mit dem göttlichen Namen darauf –, bezwingt den mächtigsten Dämon und bringt ihn zu seinem König.

›Warum?‹ fragt Asmodi den König Salomo. ›Warum hast du mich bezwungen? Warum hast du mich in Ketten gelegt? Warum hast du mich nicht leben und tun lassen, was ich tu, zwischen Himmel und Erde hin- und hergehen, die heiligen Diskussionen zwischen den Engeln im Himmel und euch Sterblichen hier auf der Erde anhören und erforschen? Warum hast du mir nicht erlaubt, den Platz einzunehmen, den Gott mir in den zwei Welten von Himmel und Erde zugewiesen hat? Hat es dir nicht genügt, Herrscher und König über alles andere in dieser Welt zu sein? Hättest du mir nicht auch meinen Platz zugestehen können?‹

›Es ist Gott zuliebe, und nur Ihm zuliebe, daß ich dich hierherbringe‹, erwidert Salomo. ›Ich brauche von dir etwas, über das nur du allein verfügst, den *shamir*, um für den Tempel Gottes die Steine zu schneiden. Wo finde ich den *shamir*?‹

›Ich habe den *shamir* nicht‹, erwidert Asmodi. ›Er wurde Rahab anvertraut, dem Herrscher über das Wasser und die Meere, und der hat ihn wieder dem wertvollsten aller Vögel übergeben, dem Wiedehopf. Und du, großer König, solltest wissen, wie der Wiedehopf den *shamir* verwenden soll.‹

›Sprich!‹ befiehlt Salomo. ›Der Wiedehopf hat die Aufgabe‹, erklärt Asmodi, ›den *shamir* auf die kahlen, leblosen Felsen der Erde zu bringen, die sich dann unter seinem Zutun spalten; und dann schafft der Wiedehopf in seinem Schnabel Samenkörner von allen Bäumen heran und läßt sie zwischen die Risse in den Felsen fallen. So daß die kahlen und nackten Felsen nach und nach mit fruchtbarem Leben erfüllt sind.

Der *shamir* ist die Kraft, die das Leben zum Erblühen bringt, wo es bis dahin nicht vorgedrungen ist.‹

›Um des Gottestempels willen‹, sagte Salomo, ›werden wir

diesen Wiedehopf finden und ihm den *shamir* abnehmen.‹ Und so geschieht es dann auch. Es werden Krieger und Jäger in die Wildnis geschickt. Auf einem zerklüfteten Berg finden sie des Wiedehopfs Nest und bedecken es mit Glas. Als dieser zurückkommt und seine Jungen nicht füttern kann, holt er den *shamir*, um damit das Glas zu zerschneiden. Als es die Jäger sehen, werfen sie mit einem Stein nach ihm. Der *shamir* fällt aus seinem Schnabel, die Jäger nehmen ihn und kehren damit zu Salomo zurück. Und so wird der Tempel Gottes gebaut.

Aber die Geschichte erzählt uns auch, daß sich der Wiedehopf vor Reue selbst tötete, als er sah, daß er das in ihn gesetzte Vertrauen enttäuscht hatte.«

Asmodi ohne Fesseln

»Wo liegt das Geheimnis dieser Geschichte?« fragte ich die Klasse. »Irgend etwas stimmt hier nicht ganz. Es scheint Gewalt zu herrschen. Warum? Was ist mit diesen Gewissensqualen, diesem Selbstmord? Wie kommt es, daß Salomo zum obersten Dämon gehen muß, um den Tempel Gottes bauen zu können?

Tatsächlich stellt Salomo diese Frage selbst. Lange nachdem der *shamir* seine Arbeit getan hat, liegt Asmodi noch immer in Ketten. ›Wenn du mich nur Gott zuliebe festgebunden hast‹, sagt Asmodi, ›warum bin ich dann noch hier? Laß mich frei und meine Arbeit tun, die mir genauso von oben auferlegt wurde wie dir deine, großer König!‹

Aber Salomo wünscht sich vor allem Verständnis, Wissen. Das ist es, was ihn innerlich spaltet, sein Wunsch zu verstehen. In der gesamten Weltliteratur verkörpern nur wenige Gestalten den Wunsch nach Wissen und Verstehen so stark wie er. Deshalb können ihn auch diejenigen, für die Mitleid hauptsächlich aus unkritischem Glauben besteht, nicht verstehen. Aber in unserer Zeit ist der Drang, Wissen zu erringen, stärker als alles andere, so daß wir auf Salomo vielleicht mehr reagieren als auf die herkömmlichen heiligen Symbole. Aber das Wissen, nach dem Salomo sucht, ist sehr ›kostspielig‹. Man kann es nur durch außergewöhnliche Erfahrungen erringen, die alle Kräfte des Lebens betreffen.

Und so bemüht sich Salomo, selbst vom Teufel zu lernen. ›Sag mir‹, sagt Salomo zu Asmodi, ›woher kommt deine Macht? Wieso hast du so große Macht über die Menschheit?‹

»›Binde mich los‹, erwidert Asmodi, ›und laß mich für einen Augenblick deinen Siegelring halten, dann werde ich dir das Geheimnis meiner Macht zeigen.‹

Wir können uns vorstellen, welche Gedanken König Salomo durch den Kopf gingen. Er wird das Risiko eingehen, das kein anderer eingehen würde. Ich sehe ihn so, wie ich den König Odysseus sehe, der ebenfalls das Risiko liebte und ein großes Symbol für den vollen Einsatz seines ganzen Lebens, nur um Wissen über das Sein zu erringen, derselbe König Odysseus – dessen Name wörtlich ›der die Schwierigkeiten sucht‹ bedeutet –, der sich von Circe, der Quelle tierischer Träume der Wonne, übermannen läßt; Odysseus, der es wagt, mit dem Zyklopen Polyphemos zu kämpfen, der die verzehrende Macht der Sinneswelt verkörpert. Derselbe Odysseus, dem Achilleus' Geist bestätigt, daß sich das wahre menschliche Leben auf den Kampf um eine bewußte Gegenwart stützt, daß man, wenn man im Hades ist, im Land der Schatten, völlig aufhört, auf sich achtzugeben, auch wenn man in den Augen der Welt zu Ruhm und Ehren gelangt, auch wenn man, wie Achilleus, von einem ›Gott‹ abstammt. Odysseus, der Mann mit so vielen listigen Tricks – König, Krieger, Narr, Verstoßener; und Salomo, weise, von Gott begünstigt, leidenschaftlich, beherzt und merkwürdig menschlich, allzu menschlich, in der Liebe. Der hebräische Salomo, der griechische Odysseus, der sumerische Gilgamesh, der hinduistische Arjuna, der nordamerikanische Coyote, König Artus' Ritter Lanzelot – eine endlose Liste von Symbolen, die von den zahlreichen Mythen und Legenden an uns weitergereicht wurde, die uns vom Weg im Leben berichten.

Salomo geht das Risiko ein. Er bindet Asmodi los und reicht ihm den heiligen Ring. In einem Blitzstrahl schwillt Asmodi zu enormer Größe an, sein einer Flügel berührt die Erde, sein anderer reicht bis hinauf in den Himmel. Während seine Flügel jede der beiden Welten berühren, verschluckt der böse Dämon Salomo und speit ihn mit einer solchen Kraft aus, daß Salomo weit weit weg gewirbelt wird, weit weg von Jerusalem, der heiligen Stadt Gottes, bis hin in ein fernes fremdes Land. Und den Ring, der Gottes Namen trägt, wirft Asmodi in das weite Meer, das Reich von Rahab, dem Herrscher der Meere, dem Gott den *shamir* ursprünglich anvertraut hatte.«

Wissen und Verstehen

Die Klasse war wie erstarrt. Kein Geräusch, nicht eine Bewegung. Die Legende tat ihre Arbeit. Aber wie sollte ich fortfahren? Sollte ich die restliche Geschichte nicht kurz zusammenfassen und die Studenten zu dem wichtigen Gedanken zurückführen – und ihnen erklären, daß es einen Weg im Leben gab, der im christlichen Kontext gelehrt wurde, als die Klöster gegen Ende des Mittelalters zu verfallen begannen? Was wir heute Protestantismus nennen, mit seiner ›weltlichen Askese‹ (wie Max Weber es genannt hat), wurde von einem bestimmten Punkt an ein unheilvoll unvollständiger Ausdruck für den Weg im Leben, und hat durch das, was diese Version des Protestantismus ausließ, in großem Maße dazu beigetragen, unsere heutige Besessenheit vom Geld und den weltlichen Kapitalismus hervorzubringen.

Aber der eigentliche Grund, warum ich die Legende erzählt hatte, war, daß die Studenten die Macht dieses Gedankens von einem Weg im Leben fühlen sollten. Wie jede heilige Kunst, sind die Legenden zum Fühlen; zu fühlen, was man weiß, ist wichtiger – auch wenn es nur eine einzige Sache ist –, als mit dem Kopf allein eine Menge Theorien und Tatsachen zu kennen. Wenn die modernen Menschen glauben, wir hätten im

Vergleich zu den alten oder nicht industrialisierten Kulturen so große Fortschritte gemacht, dann lassen sie diesen Punkt außer acht. Es ist bei weitem besser, eine zentrale Wahrheit mit dem ganzen Selbst zu verstehen, als viele Dinge nur mit dem Geist zu wissen. Wenn man nur mit dem Geist etwas weiß, und die Gefühle sind an diesem Wissen nicht beteiligt, wird einem das Wissen, das man besitzt, zum Schaden. Technologie ohne Ethik ist die Folge von Wissen, das ohne das Instrument der ethischen Wahrnehmung, ohne Gefühle, erworben wurde. Früher sagte man: »Der Geist ist dazu da, zu erkennen, was wahr ist; die Gefühle sind dazu da, zu verstehen, was gut ist.«

Daher entschloß ich mich, darauf zu verzichten, ein ›ordentlicher Professor‹ zu sein, und zu riskieren, daß die Studenten unzufrieden waren, weil sie nicht genügend Informationen bekamen. Ich fuhr mit der Legende fort. Sie sollten von hier weggehen und sowohl die erhabene Möglichkeit als auch die innere Schwierigkeit fühlen, wirklich fühlen, das Geld als ein Instrument zur Selbsterforschung im gewöhnlichen Leben zu behandeln! Ich fuhr mit meiner Vorlesung fort:

Asmodis heimliche Macht

»Nachdem er König Salomo in ein fernes Land und den heiligen Ring in die Tiefen des Meeres geschleudert hat, schleicht sich Asmodi nun in die Gemächer des Königs. Dort zieht er sich die königlichen Gewänder an und setzt sich die königliche Krone auf den Kopf, und dort *verändert er sein Gesicht in das Gesicht von Salomo*. Und er setzt sich auf den Thron an die Stelle des Königs und richtet über das Volk. Und wie wir aus der Legende erfahren, wußte niemand, daß es nicht Salomo war, der über sie herrschte, sondern der oberste Dämon Asmodi!

Salomo hatte das Risiko auf sich genommen, Asmodi freizulassen, um das Geheimnis seiner Macht über die Menschen kennenzulernen. *Und das ist das Geheimnis*: Asmodis Macht ist die Fähigkeit, das Gesicht und die Funktion des wahren Herrschers anzunehmen, des wahren inneren Selbst! Und die Macht aller anderen Dämonen kommt von dieser Fähigkeit Asmodis.

Der oberste Dämon, die größte Schwäche des Menschen, ist der falsche Sinn des Ichs!

Der wahre König ist in der Verbannung!

Ein unrechtmäßiger Machthaber hat sich des Throns bemächtigt!«

Jemand, ich konnte nicht erkennen, wer es war, rief: »Warum steht das nicht in der Bibel?«

»Doch, es steht drin«, erwiderte ich. »Tausendmal steht es in der Bibel. Als Mose Gott fragt: ›Da werden sie mich fragen: Wie heißt er? Was soll ich ihnen darauf sagen?‹, erwidert Gott: ›So sollst du zu den Israeliten sagen: Der *Ich-bin-da* hat mich zu euch gesandt.‹ Und wer, glauben Sie, ist Pharao anderes als der falsche König, der über das Volk von Israel herrscht? Nein, das Problem ist nicht, daß es nicht drinsteht. Das Problem ist, daß es nicht gehört wird, daß es nicht gefühlt wird, daß es nicht als das wichtigste Problem des menschlichen Lebens verstanden wird, als das wichtigste Merkmal, das den Menschen daran hindert, das Leben zu leben, für das er bestimmt ist.«

Salomo in der Verbannung

Ich fuhr fort: »Und da ist Salomo, der in einem seltsamen fremden Land ›zu sich kommt‹. Er weiß nicht, wo er ist oder wo er hingeht oder was er tut. Er hat Hunger und Durst und ist wie betäubt. Er stolpert ziellos quer durch einen Wald, bis er zu einem Teich kommt. Als er sich bückt, um zu trinken, sieht er sein Spiegelbild im Wasser, und was er sieht, erschüttert ihn. Er strahlt nichts Königliches und Majestätisches aus, er ist klein und gebeugt, er hat nicht mehr die Statur eines Königs. Er ist vor Angst erstarrt und betrachtet sich genauer, und als er sieht, daß sogar die Kerbe rund um seinen Kopf verschwunden ist, das Zeichen der Krone des Hauses David, die er getragen hatte, erschrickt er noch mehr.

Und Salomo weinte. Den ganzen Tag rief er mit lauter Stimme zu Gott: ›Du hast deine Gnade von mir genommen, und du hast mir mein Erbe weggenommen!‹

Und dann schlief Salomo ein. Manche Geschichtenerzähler berichten von drei Träumen, die er in seinem unruhigen Schlaf hatte. Im ersten Traum spieen Berge aus Silber und Gold Blut über ihn aus. Im zweiten Traum wurden ungezählte Wagen mit herrlichen Pferden von der Erde verschluckt. Und im dritten Traum tanzten seine vielen Frauen und Konkubinen um ihn herum und verschwanden wie Geister in der Luft. Es heißt, daß er am ganzen Körper zitternd aufwachte und verstand, daß Gott seine Sünden geahndet hatte – seine Liebe zum Reichtum, seine Liebe zur Macht und seine Liebe zu den Frauen.

Aber in anderen Versionen schweigt sich die Legende über diese Dinge aus, überläßt es uns, über die tiefere Bedeutung von Salomos Verbannung nachzudenken, sein *freiwilliger* Beginn, genauso freiwillig wie die Entscheidung Odysseus', all die Kräfte des Lebens zu erforschen. In diesen stilleren Versionen der Legende erfahren wir nur, daß Asmodi, der an Salomos Stelle herrschte, viele Ausschreitungen beging, aber von niemandem aus dem Volke Israels erkannt wurde, außer von Salomos Mutter Bathsheba. Vor allem bei diesen stilleren Versionen der Legende erhebt sich beim Zuhörer die Frage, wie sie sich erheben sollte: aufgrund der heimlichen Gefühle, die sich in den Geist einschleichen wie eine Wahrheit, die nur von dem gehört werden kann, der sie hören will: *Wer* war dann aber König, als Salomo regierte? *Wer* ist König, wenn Asmodi regiert? Wer lebt unser Leben, wenn wir uns unseren Wünschen und Vorlieben überlassen und wenn selbst Gottes Weisheit, nach der wir uns vielleicht mit aller Macht sehnen, uns nicht befreien kann? Ich bin nicht Herr über mein eigenes Leben, über mich selbst. Wie muß ich leben, welche Erfahrungen muß ich machen, um das Erbe anzutreten, das der menschlichen Seele vorherbestimmt ist?

Die Legende berichtet nun von Salomos Erwachen aus seinem Schlaf und wie er durch das fremde Land von einem Dorf zum anderen, von einem Haus zum anderen, wandert und seine Kleider zu Lumpen werden wie die der ärmsten Bettler. Tagein, tagaus ruft er allen, die ihn sehen, zu: ›Ich bin Salomo! Der König in Jerusalem war!‹ Man hält ihn für verrückt. Die Kinder lachen ihn aus und werfen Steine nach ihm.

Die Antwort auf den Zynismus

»›Ich bin Salomo! Der König in Jerusalem war!‹ Diese Worte des Königs in der Verbannung hallen durch die Legenden, während sie jetzt die Abenteuer eines Mannes auf der Suche nach seinem wahren Sein und seinem wahren Platz im Leben aufrollen. Einige Geschichtenerzähler berichten, daß Salomo, als er aus dem Schlaf erwacht, die seltsamen Verse dichtet, die wir als die Bücher der Lehrweisheit aus dem Alten Testament kennen. Es ist die Vision eines Mannes, der alles kennt, was ein gewöhnliches Leben zu bieten hat, der gesehen hat, daß das Leben ohne sein wahres eigenes Ich keinen Sinn ergibt, daß Gottes Liebe und Gnade oder die heilige Energie, wie wir es auch nennen könnten, nicht in die Ecken und Winkel des menschlichen Lebens vordringen kann, wenn es im eigenen Dasein kein wirkliches *Ich-bin-da* gibt.

›Doch es gibt etwas Schlimmes, das ich unter der Sonne beobachtet habe; es lastet häufig auf den Menschen: Gott schenkt einem Menschen soviel Reichtum, Wohlstand und Geltung, daß ihm nichts fehlt von allem, was er sich wünschen könnte; aber Gott ermächtigt ihn nicht, davon zu essen, sondern ein Fremder ißt es auf. Das ist Windhauch und eine schlimme Krankheit.‹*

Das ist, glaube ich, das Geheimnis des seltsamen Buchs des Alten Testaments, das die Theologen über die Jahrhunderte mit seinem scheinbaren Zynismus in Erstaunen versetzte, mit seinen Feststellungen, daß es ›unter der Sonne‹ keine Gerechtig-

* Das Buch Kohelet 6.1-2

keit und keine Erfüllung gibt. Das Wichtigste daran ist, daß der Einfluß Gottes, der Einfluß dessen, was *über der Sonne* ist, nicht in das menschliche Leben eindringen kann, außer durch die bewußte Gegenwart des wachen Menschen, des wahren Königs.

›Ich beobachtete alle Taten, die unter der Sonne getan wurden. Das Ergebnis: das ist alles Windhauch und Luftgespinst.‹*

›Wiederum habe ich unter der Sonne beobachtet:

Nicht den Schnellen gehört im Wettlauf der Sieg, nicht den Tapferen der Sieg im Kampf, und auch nicht den gebildeten die Nahrung, auch nicht den Klugen der Reichtum, auch nicht den Könnern der Beifall, sondern jeden treffen Zufall und Zeit.‹**

Das ist kein Zynismus. Das ist die Erkenntnis, daß das menschliche Leben nur dann einen Sinn hat, wenn es im Dasein des Menschen das *Ich-bin-da* gibt.«

Ich sah meine Studenten durchdringend an und fuhr fort:

»Das Thema dieses Seminars lautete ›Geld und der Sinn des Lebens‹. Jetzt sehen wir, daß es genausogut ›Geld und die Suche nach mir selbst‹ heißen könnte. Mir ist völlig klar [ich begriff diese Dinge von neuem, während ich sprach, denn die Legende, die ich erzählt hatte, bewegte mich wahrscheinlich genauso, wie sie meine Studenten bewegte], daß für mich, falls ich den wahren König nicht in mir habe, der einzige Sinn in meinem Leben nur darin liegen kann, diesen König zu suchen. Nicht zu vergessen, daß auch ich Salomo bin! Der König in Jerusalem war!

Und Salomo vergißt niemals. Das ist der Aspekt seiner Größe, der uns vielleicht am meisten berührt. Immer und überall schreit er seine wahre Identität heraus, eine Identität, die äußerlich durch nichts bestätigt wird.

Nein, das ist nicht Zynismus. Das ist die Einsicht, daß das menschliche Leben ohne das Hereinfließen von heiliger Energie keinen Sinn hat, daß es sich unaufhörlich um sich selbst

* Das Buch Kohelet 1.14
** Das Buch Kohelet 9.11

dreht, in unendlichen, sich wiederholenden Kreisen, daß sowohl das ›Gute‹ als auch das ›Böse‹ im Grab ihr Ende finden, daß auf dieser Erde, ›unter der Sonne‹, nichts von Dauer ist, daß das Leben ein Rhythmus ist, ein Puls, ein Spiel der Kräfte, die dazu da sind, dem Höheren zu dienen, aber um dem Höheren zu dienen, muß sich der Mensch, – wie Salomo entdeckt –, dem wahren ICH-BIN-DA öffnen, dem wahren Sinn, der in ihm ruht. Was sind Ideale, ›Moral‹, sogenannte ›Pietät‹, wenn nicht der heilige Mensch, der spirituell gehorsame König, in uns ist?

Ja, und das Spiel der Kräfte findet in der stofflichen Welt statt. Diese Ansicht mag einem, der unwissend ist, vielleicht wie Materialismus vorkommen. Aber das ist sie nicht. Sie ist nur genau. Und heute wird die stoffliche Welt von der Welt des Geldes verkörpert. Der Materialismus wird immer mehr dem Geld gleichgesetzt. Die großen Kräfte der Erde drücken sich durch das Medium Geld aus. Wer das versteht, versteht auch – vielleicht unbewußt –, daß alle Träume von Gut und Böse, alle ›großen Projekte‹, alle Phantasievorstellungen von in sich selbst versunkenen ›Künstlern‹, *nur* danach betrachtet zu werden brauchen, was unter dem Strich steht – ja, *nur* in diesem Licht, außer – und das ist wichtig –, außer diese Aktivitäten oder Projekte rufen dazu auf, sich dem wahren Gott zu öffnen und in sich aufzunehmen.«

Ich machte eine Pause, um Atem zu schöpfen. Mir ging durch den Kopf, daß ich jetzt die Studenten zu Wort kommen lassen sollte, um Fragen zu stellen oder sonst irgend etwas. Aber ich konnte nicht aufhören. Ich mußte weitersprechen.

Die Wahrheit über den Materialismus

»Und jetzt«, fuhr ich fort, »werde ich Ihnen etwas beichten, eine Beichte über meine Kindheit und Geld. Ich wurde von Leuten großgezogen, die nur in Begriffen von Geld dachten. Ich haßte es, es war so tot, diese begrenzte Vorstellung vom

Leben, diese Blindheit gegenüber den Idealen von Wahrheit und Weisheit. Wenn ich heute zurückblicke, dann kann ich es sehen: Ja, sie konnten die höheren Möglichkeiten des Lebens nicht wahrnehmen. Sie waren entsetzlich erstarrte Leute. Aber nach meinen jahrelangen Studien, bei denen ich mich mit der inneren Suche der Menschen in unserer Zeit und in den großen Glaubenslehren der Menschheitsgeschichte beschäftigt habe, weiß ich, daß diese ›toten‹ Menschen aus meiner Kindheit das Leben so lebten und wahrnahmen, daß es der Wahrheit sehr nahekam. Sie lächelten über meine Träume, die Welt zu verändern, sie schüttelten erstaunt den Kopf über meine philosophischen Gedanken, meine idealistischen Ziele. Ich haßte es, daß sich alles um die Frage drehte, wie man den Lebensunterhalt verdienen kann, und daß Erfolg und Glück mit Geld auf eine Stufe gestellt wurde.

Aber ich muß sagen, daß sie die Dinge auf eine Weise sahen, die von der Wahrheit nicht weit entfernt war. Sie hatten eine erstaunlich ähnliche Einstellung gegenüber dem Leben, wie in früheren Zeiten der *Haushaltsvorstand*, wie er genannt wurde, der Mann oder die Frau, der oder die intuitiv weiß, worauf es im Leben wirklich ankommt, der oder die Leute belächelt, die der Meinung sind, daß sie in einer Welt, die von überwältigend großen materiellen Kräften beherrscht wird, irgend etwas Bedeutendes *tun* können.

Was diesen von Geld getriebenen Menschen meiner Kindheit fehlte, war eine Vision der anderen Realität, jener anderen Realität, die diese materielle Welt durchdringen kann. Ihnen fehlte diese Vision, und daher waren sie alle tot. Aber wenn sie mit dieser großen Vision in Berührung gekommen wären, wenn auch nur durch einen kurzen Blick, dann wären sie wirkliche, lebendige, vernünftige, suchende Menschen gewesen.

Und wieso komme ich dazu, zu sagen, daß sie nicht den Wunsch nach dieser Vision in sich getragen haben, ohne sich ausdrücken zu können, unbemerkt von der Gesellschaft, in der sie überleben mußten? Nein, zeigen Sie mir einen überzeugten Materialisten, mit einer heimlichen Vision Gottes unter den

Phantasten, Fanatikern, Träumern und überintellektuellen Vagabunden, die unser mühseliges Leben zu einem wahrhaft desolaten Leben auf einem buntbemalten Karussell machen, auf dem wir uns, wie Salomo dem Autor des Bibelbuchs erzählt, immer rundherum drehen, auf dem Karussell des Lebens von einem ›Pferd‹ aufs nächste umsteigen, und vom Fortschritt träumen, während das elektrische Klavier immer weiterspielt, während wir uns im Grunde bis zu dem Tag, an dem wir sterben, immer nur im Kreis bewegen!«

Ich trank einen Schluck aus dem Wasserglas, das jemand freundlicherweise neben das Lesepult gestellt hatte. War ich, wo ich in meinem Vortrag sein wollte? Vermittelte ich den Studenten etwas, das ihnen nützlich sein würde? Daß es für mich selbst sehr wertvoll gewesen war, daran bestand kein Zweifel. Ich begann die Bedeutung der Frage des Geldes im menschlichen Leben zu *fühlen*, anstatt nur mit Emotionen oder dem albernen abstrakten Intellektualismus eines gelernten Philosophen oder Ökonomen darauf zu reagieren. Und ich war sicher, daß es in der Klasse Studenten gab, die ebenfalls zu diesem Schluß kamen. Die Geldfrage ist für den, der nach dem Sinn sucht, nur deshalb so schwer zu fassen, weil man ihre Verbindung zu den großen Fragen des Lebens und zu den Gedanken, die von visionären Männern und Frauen über die Jahrhunderte weitergereicht wurden, niemals begreifen und fühlen kann.

Alyssas Stimme brach das Schweigen. »Was passierte mit Salomo?«

Ich beschloß, die Geschichte jetzt schnell zu Ende zu bringen. Ich hatte mit ihr erreicht, was ich erreichen wollte.

Salomo erwacht

Ich fuhr fort:

»Die Legenden geben uns viele Bilder von den Jahren, in denen Salomo in der Verbannung herumgewandert ist, von seinen Erniedrigungen und Demütigungen. Aber genauso wie in den Märchen unserer Kindheit verliebt er sich in eine Prinzessin, in Naamah, die wunderbarerweise seine Liebe erwidert. Der König, der Vater der Prinzessin, verbannt die beiden, und sie müssen zusammen in demütigender Armut in einer kahlen Wildnis leben. An diesem Punkt wird uns deutlich, daß Salomo in jeder Hinsicht erniedrigt wurde – er erlebt, in der Sprache der Legende, sein Nichtsein.

An einem bestimmten Tag, nach drei Jahren in Verbannung – die Zahl drei deutet immer auf einen vollendeten Prozeß hin –, stehen er und seine Frau in ihrer Armut an der Grenze des Verhungerns, was bedeutet, daß Salomo völlig leer, völlig offen war. Auf seiner Suche nach etwas Nahrung für seine Frau und sich wandert er weit herum und gelangt auf einen Weg, der ihn zu einem Ort am Meer bringt, in dem die Fischer ihre Netze einholen. Mit seinem allerletzten Geldstück kauft er einen Fisch und bringt ihn Naamah. Als sie den Fisch zubereitet und seinen Bauch zerteilt, stößt sie einen Schrei aus: ›Komm her, sieh, was ich in dem Bauch des Fischs gefunden habe!‹ Salomo läuft zu ihr, und dort, in den Eingeweiden des Fischs, liegt der heilige Ring, den Asmodi in die Tiefen des Meeres geschleudert hatte.

Die Legende fordert uns nun auf, uns vorzustellen, wie Salomo seinen Finger auf den Ring mit dem heiligen Siegel und dem heiligen Namen Gottes legt. Plötzlich steht er hoch aufgerichtet in all seiner früheren Majestät da. Sein Gesicht erstrahlt im königlichen Schein, die Kerbe der Krone erscheint auf seiner Stirn. Er stand wie eine große und blühende Zeder vor Naamah, wie es in der Geschichte heißt. Er ist wieder König Salomo.

Naamah sieht voller Staunen, wie er auf die Knie fällt und stammelnd Dankesgebete zu Gott schickt. Jetzt ist er fähig, die Erhabenheit in sich aufzunehmen, die bis dahin noch nicht in ihn eingegangen war. Jahre der Verbannung unter Bedingungen, die seiner Natur nicht angemessen waren, Jahre, in denen die Anmut, die Energie Gottes weit von ihm entfernt waren.

Jahre, die er als bedauernswerter, sterblicher Bettler erlebt hatte, in denen er seine Identität als König aber nie vergessen hatte, Jahre, in denen er Strategien und Methoden entwickelt hatte, um sein Ziel, wieder zu Gott zurückzukehren, weiterzuverfolgen, all diese Jahre haben ihre Spuren in ihm zurückgelassen und ihn zu der wahren königlichen Haltung des Menschen befähigt, bei der das *Ich-bin-da* des Individuums zu einem bewußten Teil des ICH-BIN-DA der gesamten Schöpfung wird, die Bedeutung des heimlichen Namens Gottes. Denn wie es in blassen Buchstaben geschrieben steht und mit leiser Stimme flüsternd durch alle Glaubenslehren der Welt getragen wird, ist der heimliche Name Gottes der heimliche Name des Menschen.

Naamah sieht Salomo auf den Knien und sieht die Kerbe von der königlichen Krone, die plötzlich an seiner Stirn erschienen ist. Und Salomo sagt ihr, wer er ist.«

Die Rückkehr von König Salomo

»Wie Odysseus nach Ithaka, so kehrt auch Salomo in den Kleidern eines Bettlers nach Jerusalem zurück. Nach und nach erkennen ihn die Menschen von Jerusalem – unser geringeres Selbst – und die Rabbis vom Ältestenrat, und sie begreifen, wem sie gedient haben. Salomo bricht in den Palast ein und stellt sich vor Asmodi, den obersten Dämon, der Salomos Gesicht und seine Funktion als König übernommen hat.

Die Legende hält sich bei dieser Begegnung nicht weiter auf. Kein Dichter hat versucht, die dramatische zweite Begegnung zwischen Salomo und Asmodi in die Mären einzubringen, die zweite Begegnung des inneren Königs mit dem falschen König, das Zusammentreffen von dem *Ich-bin-da* und dem falschen Ich, das alle Triebe unserer gefallenen Natur beherrscht. Worum ich Sie bitte, ist, sich diese Szene bildlich vorzustellen. Der wahre König Salomo, noch in seinen Bettlerkleidern, aber in erhabener Größe, seine Haltung erstrahlt im Licht des Ruhms, als er vor dem König der Dämonen steht, dessen Gesicht seinem eigenen gleicht und der die königlichen Gewänder trägt.

Die Legende erzählt uns nur, ohne es besonders auszuführen, daß Salomo Asmodi den heiligen Ring zeigte und Asmodi augenblicklich flüchtete und den Thron seinem rechtmäßigen Besitzer überließ. Es gibt keinen langwierigen Kampf, es werden keine Worte gewechselt, es findet, wie wir heute sagen würden, keine Auseinandersetzung statt. Das falsche Ich verschwindet einfach, augenblicklich und ohne den geringsten Widerspruch, wenn ihm das wahre Selbst gegenübertritt. Die Auseinandersetzung, der Kampf, hat schon all die Jahre stattgefunden. Aber jetzt, nachdem das wahre Selbst völlig wach ist, verliert das falsche Selbst sofort all seine Macht. Die Legende sagt uns, daß wir uns bemühen müssen, dieses wahre Selbst zu wecken. Dann wird es ohne unser weiteres Zutun den Kampf gewinnen.

Die Legenden sind weiser als wir. Wir würden wahrscheinlich einen sich zuspitzenden Kampf beschreiben. Aber es gibt keinen sich zuspitzenden Kampf. Es gibt nur den Sieg, ohne Gewalt und ohne Zeitverlust, auf der Stelle und vollständig, wenn *Ich-bin-da* in unser Dasein tritt.

Aber die Weisheit der Legende hört hier noch nicht auf. Sie schließt, indem sie uns berichtet, daß König Salomo, nachdem er seinen rechtmäßigen Platz auf dem Thron wieder eingenommen hat, in Angst vor Asmodis Macht, seiner größten Schwäche, weiterlebte. Von nun an ließ sich Salomo jede Nacht vor Asmodi von seinen stärksten Kriegern bewachen, während er schlief. Kein Mensch kann sicher sein, daß er nicht von seiner Schwäche überwältigt wird, ganz gleich, wie groß sein innerer Ruhm ist. Egal, wer oder was wir sind, wir müssen immer wachsam sein, auf der Hut. Wir werden schlafen, das liegt in unserer Natur. Wir werden nicht immer gegenwärtig sein. Wie es im Hohelied Salomos heißt:

›Sieh da, das ist Salomos Sänfte;
sechzig Helden geleiten sie,
Israels Helden,
alle vertraut mit dem Schwert,
geschult für den Kampf;
jeder trägt sein Schwert an der Hüfte
gegen die Schrecken der Nacht.‹«*

11. Die Religion des Geldes

In der Kaffeepause am Nachmittag zog ich mich zurück. Sosehr ich mir auch wünschte, mit den Studenten zu reden, besonders mit Alyssa und Bill, mußte ich mich losreißen und einen Plan für die restliche Zeit machen. Die Salomo-Legende hatte mir dazu gedient, den Gedanken von einem Weg im Leben darzulegen; aber jetzt mußte ich wenigstens einige der losen Enden befestigen, die durch die Max-Weber-These entstanden waren.

Als ich in das kleine Fakultätsbüro kam, lehnte ich mich einen Augenblick gegen die Tür. Ich hatte nicht erwartet, daß diese Geschichte ein so starkes Gefühl in mir wecken und mir so deutlich zeigen würde, was unsere Bestimmung ist und wie weit wir davon entfernt sind und wie unvorstellbar schwer der Kampf ist, dem wir uns stellen müssen!

Ein merkwürdiger, anscheinend unzusammenhängender Gedanke fuhr mir durch den Kopf. Ich hatte, als ich noch jünger war, viel Zeit damit verbracht, die Arbeiten großer Denker wie die von Max Weber zu studieren – damit meine ich vor allem die intellektuellen Größen aus dem moderen Europa: Freud, Hegel, Nietzsche, Heidegger. Lange Zeit hatte ich ihre Einstellung zur Religion so verstanden, wie die meisten Menschen sie verstanden haben. Ich hatte ihre negative Kritik an der Religion als eine Abwendung von der spirituellen Dimension des Lebens angesehen. Hatte sie am Ende nicht doch

* Hohelied 3.7-8

die Zurückweisung religiöser Werte in der heutigen Zeit gekennzeichnet?

Aber als ich dort im Büro der Fakultät stand, mit der Legende von Salomo im Kopf, und mir die brillanten Theorien von Max Weber über die Wurzeln des modernen Kapitalismus ins Gedächtnis rief, spürte ich mit absoluter Gewißheit, daß Weber ein Mann mit einem großen spirituellen Gefühl gewesen war. ›Spirituell‹ hat nicht unbedingt etwas mit *Religion* zu tun. Ein spiritueller Impuls führt einen Menschen hin zur inneren Bedeutung, zum nicht Greifbaren, zur Erweiterung des Bewußtseins und der Suche, der Würde der Menschheit zu dienen.

Ich war sicher, daß Weber, wie Freud, wie Nietzsche, ein außergewöhnliches Empfindungsvermögen für das Göttliche im Menschen gehabt hat, eine tiefe, metaphysische Bewunderung für die Möglichkeiten, die in der menschlichen Struktur vorhanden sind. Freuds spirituelle Sensibilität war durch das Leid, die Überheblichkeit und Selbsttäuschung der modernen Zivilisation betäubt, und er hatte in der tierischen, sexuellen Natur des Menschen eine der großen Wurzeln für dieses Leid gesehen, das in großem Maße durch repressive soziale Konventionen und eine religiöse Moral heraufbeschworen wurde, die jeden Kontakt zu der wahren biologischen Natur des Menschen verloren hatte. Freud war über das, was die Religion dem Menschen angetan hatte, traurig und erschrokken. Und er hatte sicherlich recht damit. Die Religion, die er sah und kannte, war von ihrem Weg abgekommen.

Was Weber sah

Aber war es für Weber nicht ganz genauso gewesen? Bestimmt hatte er die Zivilisation, in der er lebte, mit der gleichen Mischung aus Kummer und Entsetzen betrachtet, wie ein Freud oder ein Nietzsche sie erlebt hatte – wie es jeder von uns in tieferen, empfindsameren Augenblicken tut, wenn wir die

Welt um uns herum mit offenen Augen betrachten. Wer ist dieses Wesen, das auf der Oberfläche des Planeten herumkriecht, ausgerüstet mit einer unvorstellbaren Macht namens Bewußtsein, einem unvorstellbaren Gefühl von freier Entscheidung, ein Wesen, das nach einem völlig anderen Plan geschaffen ist als jedes andere auf der Erde, als käme es von einer anderen Welt, das aber die ganze Zeit lügt, die ganze Zeit totschlägt, die ganze Zeit unter den dümmsten, schmerzhaftesten Wachträumen voller Angst, Eifersucht, Neid und Haß leidet – das in der Hölle lebt, Tag und Nacht von inneren Dämonen getrieben wird; was ist das für ein Wesen –, und hier sind wir ganz sicher bei Max Weber –, das die ganze Zeit und seine ganze Energie, kurz, seine ganze Substanz, darauf verwendet, *Geld zu beschaffen*? Der Mensch! Die edelste Schöpfung Gottes! Der Mensch! Sein Leben auf der Erde wem – oder was – gewidmet? Dem Produzieren, dem Vermarkten, dem Investieren! Der Mensch! Besessen von einer Macht des Geistes, die ihn dazu verleitet, rational über die Schöpfung und Gottes Ordnung nachzudenken, der die Gesetze des Lebens und der Materie begreifen kann, der aufgerufen ist, über das Göttliche selbst nachzudenken und daran teilzuhaben, und dessen besondere menschliche Geisteskräfte letztlich doch nur darauf gerichtet sind: *Geld anzuhäufen*!

»Nein«, sagte ich zu meiner Klasse, als die Pause zu Ende war, »weder Weber noch Freud noch Nietzsche, nein, nicht einmal Marx, hätte ein solcher kühler, ›superwissenschaftlicher‹ aufgeblasener Egoist sein können, der sich an seiner Überzeugung von der Überlegenheit des modernen Menschen berauscht, die sie, – ich würde nicht einmal sagen, in ihren Werken ausdrücken, sondern die wir beim Lesen ihrer Schriften in sie hineinlegen. Sie besaßen nur die Wissenschaft und Gelehrsamkeit, um sich auszudrücken. Dieser wissenschaftliche Rationalismus war die Sprache unseres Zeitalters, und die meisten visionären Denker waren gezwungen, sich ihrer zu bedienen, um ihre intuitiven Vorstellungen vom Zustand des menschlichen Lebens auf der Erde zum Ausdruck zu bringen.

Freud sah den Menschen in einer sexuellen Hölle; Marx sah den Menschen in einer Hölle des Klassenkampfs und der bedeutungslosen Arbeit; Weber sah den Menschen in einer Hölle, die vom Dämon des Geldes beherrscht wurde. Er muß, vielleicht sogar unbewußt – obwohl ich nicht glaube, daß es für ihn so unbewußt war – gespürt haben, daß die Energie und die Hingabe, die blinde Leidenschaft, Geld zu erwerben, seinen Geist der Beschaffung dieses nur zu greifbaren Phantoms namens Geld zu unterwerfen, die Energie, das gesamte kommunale Leben auf der Erde auf den ständigen Erwerb von Geld einzustellen. Weber hat erkannt, da bin ich mir ganz sicher, daß diese unglaubliche psychische Energie nur aus dem einen essentiellen Bedürfnis heraus entstehen konnte, dem jede menschliche Energie unterworfen ist – der Suche nach Gott. Er erkannte, daß für diese unglaubliche Perversion der inneren Struktur des Menschen nur religiöse Energie verantwortlich sein konnte.

Was Weber sah, war nicht nur der Kapitalismus. Er wußte, daß der ›Kapitalismus‹ auf die eine oder andere Art in vielen Kulturen vorgekommen war, überall dort, wo man das Instrument des Geldes erfunden oder entdeckt hatte. Er sah zu Religion gemachten Kapitalismus, eine Religion, in deren Dienst der Mensch all seine Talente des Geistes und des Herzens stellte. Er sah die kapitalistische Religion, und er nannte sie den *Geist des Kapitalismus.* Und er sagte, das käme zustande, weil der innere Geist einer Form der christlichen Religion, dem Protestantismus nämlich, insbesondere dem calvinistischen Protestantismus, in das äußere Leben geströmt sei!

Kaum fähig, seine Verwunderung hinter der Fassade sogenannter wissenschaftlicher ›Objektivität‹ zu verbergen, zitiert Weber immer wieder Sätze aus den Texten Benjamin Franklins, um zu zeigen, wie die Hölle des modernen Menschen aussieht, die er, Weber, als die ›Philosophie der Habgier‹ bezeichnet.«

Ich trank einen Schluck von dem lauwarmen Kaffee und zog aus dem Bücherstapel *Die protestantische Ethik und der Geist des Kapitalismus*. Und dann las ich der Klasse fast jede Stelle vor, die Weber aus *Poor Richard's Almanach* zitiert, zum Beispiel:

»Bedenke, daß die Zeit Geld ist; wer täglich zehn Schillinge durch seine Arbeit erwerben könnte und den halben Tag spazierengeht, oder auf seinem Zimmer faulenzt, der darf, auch wenn er nur sechs Pence für sein Vergnügen ausgibt, nicht dies allein berechnen, er hat nebendem noch fünf Schillinge ausgegeben oder vielmehr weggeworfen.«*

Und:

»Bedenke, daß Geld von einer zeugungskräftigen und fruchtbaren Natur ist. Geld kann Geld erzeugen, und die Sprößlinge können noch mehr erzeugen und so fort ... je mehr davon vorhanden ist, desto mehr erzeugt das Geld beim Umschlag, so daß der Nutzen schneller und immer schneller steigt ... Wer ein Fünfschillingstück umbringt, mordet (!) alles, was damit hätte produziert werden können: ganze Kolonnen von Pfunden Sterling.«**

Und:

»Bedenke, daß, – nach dem Sprichwort –, *ein guter Zahler* der Herr von jedermanns Beutel ist. Wer dafür bekannt ist, pünktlich zur versprochenen Zeit zu zahlen, der kann zu jeder Zeit alles Geld entlehnen, was seine Freunde gerade nicht brauchen ... Neben Fleiß und Müßigkeit trägt nichts so sehr dazu bei, einen jungen Mann in der Welt vorwärts zu bringen, als Pünktlichkeit und Gerechtigkeit bei allen seinen Geschäften. Deshalb behalte niemals erborgtes Geld eine Stunde länger, als du versprachst ... Die unbedeutendsten Handlungen, die den Kredit eines Mannes beeinflussen, müssen von ihm beachtet

* Max Weber: *Die protestantische Ethik I*. Hrsg. Johannes Winckelmann. Gütersloh (Gütersloher Verlagshaus Gerd Mohn) 1991. 8. Auflage. S. 40-41

** Max Weber: *Die protestantische Ethik I*. Hrsg. Johannes Winckelmann. Gütersloh (Gütersloher Verlagshaus Gerd Mohn) 1991. 8. Auflage. S. 40-41 werden. Der Schlag deines Hammers, den dein Gläubiger um 5 Uhr morgens oder um 8 Uhr abends vernimmt, stellt ihn auf sechs Monate zufrieden ... Außerdem zeigt dies, daß du ein Gedächtnis für deine Schulden hast, es läßt dich als einen ebenso sorgfältigen wie *ehrlichen Mann erscheinen*, und das vermehrt deinen Kredit.«*

Diesen Zitaten von Franklin aus Webers Werk fügte ich noch ein anderes aus *Poor Richard* hinzu, das ich der Ausgabe entnommen habe, die in meinem Besitz ist, um der Klasse die Behauptung Webers zu verdeutlichen, daß der ›Geist des Kapitalismus‹ nicht nur grobe materielle Habgier ist, sondern daß er auch aufrichtige Pietät enthält – allerdings eine Pietät, die heute zum Ansporn für eine Welt geworden ist, die *nur* von Geld betrieben wird. Das war kein krasser Materialist, der schrieb:

›Diese Doktrin, meine Freunde, ist *Vernunft und Weisheit*; aber verlaßt euch nicht allzusehr auf ihren *Fleiß* und ihre *Genügsamkeit* und *Besonnenheit*, obwohl das alles vorzügliche Dinge sind, denn ohne den Segen des Himmels könnten sie alle umsonst sein; und deshalb bittet demütig um diese Gnade und seid nicht unbarmherzig gegenüber denen, die sie anscheinend haben wollen, sondern tröstet sie und helft ihnen.‹**

Mit den Texten von Benjamin Franklin und dem protestantischen Ethos, das Franklin, laut Weber, verkürzt wiedergibt, haben wir eine Lehre, die die Werte und das Wissen in das gesamte irdische Leben des Menschen zu tragen sucht, die den Menschen auch in den ›Himmel‹ in ihm selbst bringen, diesen Innenbereich des menschlichen Bewußtseins, in dem Gott auf der Erde sprechen und handeln kann. Daß das Streben nach diesem Himmel zur Hölle der zeitgenössischen Zivilisation geworden ist, ist die qualvolle paradoxe Tatsache, die Weber so tief gefühlt zu haben scheint und der wir uns jetzt alle gegen-

* Max Weber: *Die protestantische Ethik I.* Hrsg. Johannes Winckelmann. Gütersloh (Gütersloher Verlagshaus Gerd Mohn) 1991. 8. Auflage. S. 40-41

** *The Way to Wealth and Words of Wisdom from Benjamin Franklin's Poor Richard's Almanach.* hrsg. Nathan G. Goodman. Philadelphia (The Franklin Institute) 1958, S. 24

übersehen, wenn wir uns auf die Suche nach dem wahren Sinn in unserem täglichen Leben begeben.

Eine Welt, die wir nicht geschaffen haben

Und so schreibt Weber, wobei er sich auf Franklin, auf Amerika, auf die ganze moderne Welt bezieht:

›. . . so fällt als das Eigentümliche in dieser ›Philosophie des Geizes‹ das Ideal des kreditwürdigen Ehrenmannes und vor allem: der Gedanke der Verpflichtung des Einzelnen gegenüber dem als Selbstzweck vorausgesetzten Interesse an der Vergrößerung seines Kapitals auf. In der Tat, daß hier nicht einfach Lebenstechnik, sondern eine eigentümliche Ethik gepredigt wird, deren Verletzung nicht nur als Torheit, sondern als eine Art von Pflichtvergessenheit behandelt wird: dies vor allem gehört zum Wesen der Sache. Es ist nicht nur ›Geschäftsklugheit‹, was da gelehrt wird – dergleichen findet sich auch sonst oft genug –: es ist ein *Ethos*, welches sich äußert, und in eben dieser Qualität interessiert es uns . . . Der Mensch ist auf das Erwerben als Zweck seines Lebens . . . bezogen. . . . Aber sie enthält zugleich eine Empfindungreihe, welche sich mit gewissen religiösen Vorstellungen eng berührt.‹*

Das ist der Ursprung der Welt des Geldes, der Welt, in die wir alle hineingeboren werden. Es war eine Welt, die durch religiöse Passion erzeugt wurde, die mit der Welt des materiellen Lebens nicht ins reine kam – eine allzu enthusiastische Abkehr von der klösterlichen Abkapselung. Aber dieser Wechsel, – und das haben Weber und auch seine Kritiker nicht erkannt –, von einer einseitigen ›Spiritualität‹ zu einem einseitigen Materialismus, vom falschen Himmel der ›Mönche‹ zur Hölle unseres modernen Lebens, hat, wenigstens zum Teil, stattgefunden, weil viele unserer leidenschaftlichen religiösen Vorfahren im 17. und 18. Jahrhundert einen Schritt ausgelassen haben, der mit dem gewöhnlichen Auge nicht leicht zu erken-

* Weber, a.a.O., S. 42-44

nen ist. Es ist der Schritt, der in der Lehre vom Weg im Leben enthalten ist. Was Weber und andere als die ›protestantische Ethik‹ bezeichnen, weil es mit dem Geist des Kapitalismus verbunden ist, ist das Bemühen, Gott im materiellen Leben der Menschen ohne die spirituellen Methoden des Wegs im Leben zu finden, von dem ich in der Legende von Salomo gesprochen habe und von dem in jeder großen Glaubenslehre verhalten gesprochen wird.

Wir sind in eine Welt hineingeboren, die durch die mechanische Explosion religiöser Energie geschaffen wurde. Diejenigen, die diese Welt geschaffen haben, haben gespürt, wie lebendig diese Explosion war. Aber wir werden in einer Welt geboren, die bereits automatisch von dieser Energie gelenkt wurde. Wir können nicht einmal mehr die (wenn vielleicht auch falsch gelenkte) Religiosität dieser ursprünglichen Energie fühlen.

Dazu Weber:

»Die heutige kapitalistische Wirtschaftsordnung ist ein ungeheurer Kosmos, in den das Einzelne hineingeboren wird und der für ihn ... als faktisch unabänderliches Gehäuse gegeben ist, in dem er zu leben hat.«*

Aber Weber sagt auch:

»Der Mensch will ›von Natur‹ nicht Geld und mehr Geld verdienen, sondern einfach leben, so leben, wie er zu leben gewohnt ist, und so viel erwerben, wie dazu erforderlich ist.«**

Daher müssen große Gedankenkraft und gemeinsame Energie der zentrale Grund für die Tatsache gewesen sein, daß in unserer Gesellschaft »ein Mann für sein Geschäft lebt, anstatt umgekehrt«.*** Eine solche motivierende Kraft könnte, nach Weber, nur aus religiösen Gedanken kommen. Oder wie es ein scharfsinniger Kommentator ausgedrückt hat:

* Weber, a.a.O., S. 45
** Weber, a.a.O., S. 50
*** Weber, a.a.O., S. 70

»Denn wie blind die Ökonomen gegenüber der Tatsache auch immer sein mögen, besitzen einzig und allein metaphysische Überzeugungen die Macht, das Leben der Menschen völlig zu beherrschen. Ökonomische Gründe allein können nicht der Grund für die außergewöhnliche Macht sein, die das Geld in der westlichen Zivilisation unserer Tage ausübt ... Die Lust auf Arbeit in ... einem ›asketischen‹ Protestantismus, obwohl aus religiösen Erwägungen, kann leicht in ein rein ökonomisches Interesse umschlagen, wenn der Standpunkt der anderen Welt erst einmal fallengelassen wird.«*

Auf der Suche nach einer zentralen Frage

Ich hatte eine Stunde gebraucht, um meine Schlußfolgerungen vor den Studenten auszubreiten, und es wurde Zeit, den Unterricht zu beenden. Manche brannten darauf, zu erfahren, was diese Schule oder was dieser Weg im Leben war, der in der Zeit des Übergangs vom Mittelalter zum Beginn der modernen Zeit existiert hatte und von dem weder Weber noch andere Historiker etwas gewußt hatten.** Sie wollten wissen, was der Protestantismus versäumt hatte, als er sich von den Klöstern zur Welt hingewandt hatte. Unter den Studenten befanden sich viele, die selbst Protestanten der einen oder anderen Art waren, und es herrschte eine gesunde Skepsis, wie auch der verständliche Wunsch, eine Schule zu finden, auf der man etwas über den Weg im Leben lernte.

Aber von den anderen Studenten, der großen Mehrheit, kam ein wahrhaftiges Sperrfeuer von Fragen, wie sich in die Praxis umsetzen ließe, worüber ich auf einer allgemein theoretischen Ebene gesprochen hatte. Es waren Fragen über Geld und Sexualität, Geld und Kinder, Geld und Selbstachtung, Geld und Karriere, Geld und Gesundheit, Geld und Ehe, Geld und Kunst; es waren Fragen über das Geld und globale Fragen

* Kemper Fullerton: ›Calvinism and Capitalism‹, in Robert W. Green, Hrsg. *Protestantism and Capitalism: The Weber Thesis and its Critics*. Boston (D. C. Heath and Co.) 1959, S. 16-17

** vgl. Anhang I

über den Krieg, die Umwelt, Drogen, Verbrechen; es waren Fragen über Geld und die Organisation des persönlichen Lebens, über Geschäftsethik, über Führungskräfte, über die Regierung und das Militär, über internationale Finanzen.

Schließlich hob ich die Hände und bat um Ruhe. Selten in meinem Leben habe ich mir mehr gewünscht, mit einer Gruppe Studenten noch weiter einen Gedankenaustausch führen zu können. Wir hatten alle ein Gefühl für die Ebene, von der wir uns den zentralen Fragen unseres Lebens nähern konnten. Wir fühlten alle gemeinsam und im selben Augenblick zwei Notwendigkeiten: erstens, unbedingt darüber nachzudenken, warum wir Menschen auf der Erde sind, warum wir leben und sterben; und zweitens, in dem rauhen Alltagsleben klug und ehrenhaft unseren Weg zu finden.

Als die Klasse endlich still wurde, wußte ich, was ich tun sollte:

»Es tut mir leid, daß wir an dieser Stelle aufhören müssen. Wie Sie sehen, steht für diesen Raum eine andere Klasse auf dem Plan (wir hörten sie schon draußen auf dem Gang), und die meisten von Ihnen werden auch schon andere Termine haben. Aber ich möchte Ihnen folgenden Vorschlag machen. Ich werde die nachfolgende Gruppe und ihren Lehrer bitten, sich noch fünfzehn Minuten zu gedulden und draußen zu warten. Wer von Ihnen noch etwas bleiben kann, möge es, bitte, tun. Bleiben Sie und schreiben Sie auf, was Sie unbedingt über das Geld wissen möchten. Versuchen Sie Ihre Fragen so vollständig und genau zu formulieren, wie es Ihnen möglich ist, ziehen Sie noch einmal in Betracht, worüber wir heute gesprochen haben. Schreiben Sie nicht einfach nur ein oder zwei Wörter hin. Sagen Sie nicht einfach nur so etwas wie ›Ich möchte gern etwas über Liebe und Geld wissen‹. Versuchen Sie Ihren besten Gedanken in Ihrer Frage auszudrücken.

Wenn Sie es auf diese Weise versuchen, wenn Sie Ihr persönliches Geldproblem mit den metaphysischen Gedanken in Verbindung bringen, die wir untersucht haben, dann verspreche ich, Ihnen zu antworten. Ich verspreche nicht, Ihnen

Antworten zu liefern – ganz bestimmt nicht; mich versetzt die Frage des Geldes genauso in Erstaunen wie alle anderen auch. Aber ich verspreche, mich zu bemühen, die Frage noch weiter zu öffnen. Mehr kann ich nicht tun und weniger auch nicht. Und jetzt versuchen Sie es, bitte.«

Ungefähr zwei Drittel der Klasse – fünfzig – blieb . . . und harrte aus. Ah, diese Stille der erwachsenen Männer und Frauen, die sich Mühe gaben, eine grundlegende Frage zu finden und zu formulieren! Eine wunderbare Stille.

Ich bemühte mich, so gut ich konnte, die Klasse nach uns hinzuhalten. Aber nach einer weiteren halben Stunde mußte ich Schluß machen. Ich sammelte die Zettel ein, steckte sie in meinen Beutel und verließ das Gebäude. Alyssa und Bill Cordell folgten mir.

12. *Fragen*

Ich hatte um gut durchdachte Fragen gebeten, aber ich erhielt etwas völlig anderes. Es kamen Schreie in der Nacht, Fragen, die die Menschheit seit Beginn der Zeit heimgesucht haben. In einem anderen Zeitalter oder in einer anderen Kultur wären diese Fragen in anderen Begriffen gestellt worden – mit Bezug auf den Tod vielleicht, oder Schmerzen oder den Leiden Unschuldiger oder dem Verrat von Vertrauen. Daß diese Fragen nun in Begriffen Ausdruck fanden, die das Problem des Geldes betrafen, bewies mir, daß ich recht gehabt hatte, mich auf diesen Punkt zu konzentrieren, obwohl gewöhnlich immer so getan wird, als gäbe es hier keine Berührungspunkte zur akademisch abgehandelten Philosophie.

Hier sind einige dieser Fragen, genauso, wie sie aufgeschrieben wurden:

Wieviel von mir selbst muß ich für Geld verkaufen, um später ein ausgefüllteres Leben führen zu können, und ist es möglich, zurückzubekommen, was ich verkauft habe?

Geld an sich ist für mich etwas sehr Erschreckendes. Ich verstehe es nicht. Es ist also nicht nur eine materielle Größe, sondern es ist an innere psychische Kräfte gebunden. Was kann ich tun, um zu erfahren, was Geld wirklich bedeutet?

Warum bin ich so wütend, daß der Reichtum so polarisiert ist? Warum gibt es mir das Gefühl, so bloßgestellt zu sein, so hilflos?

Warum zahlen sich Jobs, die den Menschen am meisten zu geben scheinen, am wenigsten aus? Muß man sich zwischen materiellem Wohlergehen und dem Dienst für die Menschheit entscheiden?

Wie kann ich Zugang zum Bewußtsein in mir finden, während ich in relativem Überfluß und schrecklicher Anspannung wegen des Geldes lebe, daß ich mich manchmal wie tot fühle und manchmal gar nichts mit mir zu tun zu haben scheine?

Wie können wir uns ökonomisch und emotional steigern, ohne anderen dadurch zu schaden?

Wie kann ich es rechtfertigen, Geld zu wollen und zu haben, während andere Menschen verhungern?

Wie kann ich meine Angst vor dem Geld verlieren – sie nimmt mich völlig gefangen. Ich habe Angst, daß ich im Alter obdachlos sein werde.

Ich arbeite für eine Gesellschaft, die keinen Gewinn macht, und habe mit den Ärmsten der Armen wie auch mit den ganz Reichen zu tun. Ich möchte dabei mithelfen, daß alles gerechter wird, ohne Zorn auf die Reichen oder Mitleid mit den Armen oder Schuldgefühle gegenüber mir selbst zu haben.

Ich möchte das Gefühl haben, daß ich es verdiene, Geld zu haben, und möchte kein schlechtes Gewissen haben, weil ich Geld verdiene. Ich möchte, daß ein Gleichgewicht besteht zwischen der Selbstachtung, die mir das Geld gibt, und meiner Suche, herauszufinden, wer ich wirklich bin, nach meinem inneren Selbst. Wie kann ich verhindern, daß mein Selbstwertgefühl davon abhängt, wieviel Geld ich verdiene?

Wofür ist das Geld ein Ersatz in meiner wahren Natur? Warum hänge ich daran, als wäre es für mein Leben notwendig? Womit verwechsle ich es?

Warum will ich noch mehr haben, wenn ich schon genug habe?

Warum sollte ich mich schuldig fühlen, wenn ich Geld habe? Welches Recht habe ich, zu nehmen, wenn ich nicht gegeben habe? Ist Geld nicht ein soziales Produkt? Wenn dieses soziale Produkt nicht gerecht verteilt wird, nicht richtig aufgeteilt wird gemäß der getanen Arbeit, ist dann nicht das ganze Geld die Verkörperung von Leid – *schmutzig* in diesem Sinn?

Gibt es wirklich etwas so Reales wie Geld, das im menschlichen Leben aber keine so materialistische Rolle spielt? Meine moralischen und spirituellen Ideale kommen mir blaß und schwach vor, wann immer ich mit Geld zu tun habe. Bitte, beweisen Sie mir, daß die Welt der Gedanken genauso stark ist wie das Saldo.

Warum bereitet mir das Geldausgeben soviel Schmerzen?

Die menschliche Leistungsfähigkeit fördert das Konzept des ›richtigen Unterhalts‹ oder ›Tu, was du willst, das Geld kommt später‹. Nach meiner Erfahrung würde ich, wenn ich meinen stärksten Vorlieben folge – Kunst, Musik, Theater, Philosophie –, kaum genug verdienen, um die Miete zu bezahlen. Wenn ich mich aber nach den Bedürfnissen anderer Leute richte, für das, was für mich eine unbedeutende, langweilige Sache ist, dann kann ich damit meinen Lebensunterhalt verdienen. Meine Frage lautet: Gibt es in unserer Gesellschaft nur ein paar wenige Glückliche, die ihren Lebensunterhalt mit dem verdienen können, was für sie einen Sinn hat? Können wir das ändern? Wie denn?

Geld scheint wie eine objektive Realität zu sein, über die man in Form von Zahlen diskutieren kann. Aber wenn ich seiner emotionalen Komponente begegne, die seine anscheinende Objektivität zu zersetzen scheint, gerate ich schrecklich durcheinander. Ist Geld real – wie Steine und Bäume? Und wenn nicht, warum erscheint das Geld so real?

13. Warum erscheint Geld so real?

»Die Geschichte des Geldes ist wie der Mythos vom Heiligen Gral eine Geschichte des Zerfalls alter Werte, die langsam vom Bösen zersetzt werden ... Die erste Form des Geldes war geteilte Nahrung, die es viele Jahrhunderte vor der Entwicklung der Münzen gab. Münzen ... besaßen die gleiche Bedeutung wie der Gral – die eines heiligen Relikts, das ein heiliges Mahl mit loyalen Freunden verkörperte ... In unserer Kultur entstand das Geld auf die gleiche Weise wie der Heilige Gral, aus einem rituellen gemeinsamen Mahl, bei dem die geteilte Nahrung die gegenseitige Zuneigung der Beteiligten verkörperte. Unser Geld war zuerst ein religiöses Symbol ...

Was die ethischen Ideale des Menschen betrifft, wie barbarisch und grausam die Realität auch gewesen sein mag, betrachtete man die wirtschaftlichen Beziehungen in früheren Zeiten zu einem gewissen Grad als religiöse Beziehungen ... In diesem erhabenen Sinn verkörperte das Geld, trotz Sklaverei, Unterdrückung und Kriegen, das gegenseitige liebende Geben und Nehmen zwischen Individuen, was den Menschen das Gefühl vermittelte, in ihrer Gemeinschaft emotional verwurzelt zu sein. Die Gemeinschaft war eine religiöse Gemeinde, und alle Mitglieder fühlten sich als Brüder in einer heiligen Glaubensgemeinschaft ... Das Geld war ursprünglich ein Symbol der menschlichen Seele.«*

Die Bedeutung des Materialismus

Seit Beginn der geschriebenen Geschichte wurde der Mensch von der Ankündigung verfolgt, daß er in einer Welt bloßer Erscheinungen lebt. In jeder Glaubenslehre und jeder spirituellen Philosophie der Vergangenheit findet sich der Gedanke, daß alles, was immer mit uns geschieht, zum Guten oder zum Bösen, von tieferen Kräften herbeigeführt wird, die hinter der Welt, die uns so real erscheint, existieren. Weiter erfahren wir, daß diese reale Welt den Sinnen nicht zugänglich sei und daß sie der gewöhnliche Geist nicht verstehen kann.

Aber – und das ist ein Punkt, der normalerweise nicht verstanden wird – wir leben auch in einer Welt innerer Erscheinungen. Wir sind nicht, wie wir uns wahrnehmen. Es gibt

* William H. Desmonde: *Magic, Myth and Money*. New York (The Free Press) 1962, S. 20-25

noch eine andere Identität, unser wahres Selbst, das hinter dem Selbst verborgen ist, das wir zu sein glauben.

Nur wenn wir uns dieses tieferen Selbst in uns bewußt werden, können wir zu den verborgenen Erscheinungen vordringen und den Kontakt zu einer wahreren Welt außerhalb von uns aufnehmen. Weil wir an *unserer eigenen* Oberfläche leben, leben wir auch an der Oberfläche der größeren Welt, ohne je daran teilzuhaben, außer in ganz seltenen Augenblicken, die nicht von großer Dauer sind und – in der Gesamtheit der Realität – nicht verstanden werden.

Es ist dieser überaus wichtige zweite Aspekt der alten Weisheit, der Aspekt, der von unserer inneren Welt spricht, der für unsere modernen Gedanken nicht erkennbar ist. Und die Frage nach dem Sinn des Lebens ist unlösbar mit der Notwendigkeit verbunden, mit dem wahren Selbst unter der Oberfläche unserer alltäglichen Gedanken, Gefühle und Empfindungen Verbindung aufzunehmen.

Ohne diese Verbindung nimmt für uns die äußere Welt der Erscheinungen die Proportionen einer überwältigenden zwingenden Kraft an. Wir können die wahre Welt nicht sehen, weil wir zu den tieferen Kräften der Gedanken und Gefühle in uns, die sie wahrnehmen könnten, keinen Kontakt haben. Aus diesem Grund ist es unvermeidlich, daß wir die äußere Welt als die stärkste Kraft in unserem Leben erfahren. Das ist die Bedeutung und der Ursprung des *Materialismus*.

Der Irrtum oder, in der christlichen Sprache, die ›Sünde‹ des Materialismus hat an ihrer Wurzel nichts mit Habsucht oder Besitzgier zu tun. Und sie hat an ihrer Wurzel auch nichts mit irgendeiner philosophischen Einstellung zu der Materie und dem Geist in ihren üblichen Bedeutungen zu tun. Nein, der Irrtum des Materialismus ist ein Irrtum in der Wahrnehmung der Realität, die auf den Mangel an Berührungen mit der inneren Welt zurückgeht. Was wir als Habsucht und Besitzgier kennen, mit der sie begleitenden Grausamkeit und menschlichen Ausbeutung, sind die *Folgen* dieser Unkenntnis der inneren Welt. Wir wenden uns an die oberflächlich wahrgenommene äußere Welt, um zu bekommen, was wir nur durch den Zugang zum inneren Selbst erhalten können. Der Materialismus ist keine ›Sünde‹, er ist ein Fehler.

Aber ein Fehler von ungeheuer großem Ausmaß und mit tödlichen Konsequenzen. Nach Bedeutung in der äußeren Welt zu suchen ist genauso, als würde man an der Oberfläche des Mondes nach Wasser suchen. Als würde man ein Bild mit Speisen darauf nehmen, um es zu essen. Nicht nur Bedeutung, sondern auch Gesundheit, Sicherheit, Hilfe, Liebe und Macht können nur errungen werden, indem man sich der Realität zuwendet. Die unreale Welt kann dem Menschen diese Dinge niemals geben.

Die beiden Ziele der Kultur

Die Formen der sozialen und kulturellen Ordnung, die in den großen Glaubenslehren der Welt begründet sind, basieren auf dem Erkennen der Realität der inneren Welt und der höheren Kraft, die durch die innere Welt in das menschliche Leben eingehen kann. Wie in dem zu Beginn dieses Kapitels zitierten Ausschnitt könnte das Geld in diesem Zusammenhang als ein heiliges Instrument entstanden sein.

Diese Institutionen und Formen, wie auch die der Familie, das Sammeln und Herstellen von Nahrung und andere praktische Dinge, die zum Überleben notwendig sind – Schutzräume, Kleidung, Behandlung von Krankheiten – all diese Lebensmuster waren ursprünglich dazu da, dem Menschen Gelegenheit zu geben, inmitten der Herausforderungen der äußeren Welt den Kontakt zum inneren Selbst zu suchen.*

* »In traditionellen Kulturen ... waren die Handlungen des Individuums, selbst in den ›profansten‹ Augenblicken seines Lebens, stets auf die transhumane Realität gerichtet ... Als solche hatte jede menschliche Handlung neben ihrer eigentlichen Notwendigkeit eine symbolische Bedeutung, die sie verklärte. Zum Beispiel war eine Handlung, die so unbedeutend, so zufällig war wie das Gehen – und ist es noch immer in bestimmten asiatischen Kulturen – ein ›Ritual‹; das heißt, das Streben nach Reintegration in eine supraindividu-

Diese Rituale, Bräuche und Verhaltensweisen wurden nicht nur geschaffen, um diesen inneren Kontakt als einen Gedanken oder als ein momentanes Gefühl zu fördern, sondern auch organisch, in den Sinneswahrnehmungen des Körpers. An einer anhaltenden und tiefen Verbindung mit den höheren Kräften müssen unbedingt auch die Gedanken, das Gefühl und die physischen Sinneswahrnehmungen beteiligt sein, weil jede dieser Funktionen für die Wahrnehmung der Realität unerläßlich ist. Ohne diese vollständige Wahrnehmung wird das innere Selbst nicht so stark erlebt, und die äußere Welt beherrscht das menschliche Leben. *Die innere Welt ist nicht mehr so lebendig wie die äußere Welt.* Die äußere Welt wird realer, zwingender, vordringlicher. Das Leben in der Außenwelt scheint für das Individuum und die Gesellschaft von größerem *Wert* zu sein. Die Ideale der Innenwelt können als religiöse Doktrin erhalten bleiben, als Gedanken allein oder als Gefühle allein oder als automatische Rituale der Bewegung oder des Verhaltens, die nicht mehr verstanden werden. Aber der organische, erlebte Kontakt zu einer höheren Macht wird schwächer und weniger zwingend und kann völlig verlorengehen.

Um nach den höheren Idealen der Menschheit moralisch zu leben, ist ein ununterbrochener Kontakt zu den höheren inneren Kräften erforderlich. Da der tatsächliche Kontakt zur Innenwelt immer geringer wird, geraten das Individuum und die Gemeinschaft in immer größere Verwirrung.

elle, suprabiologische Realität ... Diese Integration kommt in unserem ersten Beispiel, in Einheit mit den kosmischen Rhythmen (Indien, China, austro-asiatische Kulturen) durch rhythmisches Gehen zustande. Oder, mit Bezug auf unser anderes Beispiel, das Essen: Durch die Identifikation der menschlichen Organe mit bestimmten ›Kräften‹ (in Indien Götter des Körpers), die den Menschen in einen Mikrokosmos verwandeln, mit der gleichen Struktur und Substanz wie das große All, dem Makrokosmos.« (Mircea Eliade: ›Barabudur, the Symbolic Temple‹ in *Symbolism, the Sacred and the Arts*. Crossroad. New York 1988, S. 130-131

Um es zu wiederholen: Moralische Kraft, die Kraft, um nach den Idealen der inneren Welt zu leben, kommt nur durch den direkten Kontakt zu den höheren Kräften zustande, die aus den tieferen Winkeln der universellen Welt in das innere Selbst vordringen können.

Wir dürfen nicht vergessen, wie stark die Anforderungen sind, die den Männern und Frauen auferlegt werden, um in der physischen und sozialen Welt überleben zu können. Diese Anforderungen sind so groß, daß sie das menschliche Leben ohne direkten Kontakt zur inneren Welt völlig beherrschen. Die traditionellen sozialen Formen sollten das menschliche Überleben gewährleisten und den Kampf um die Verbindung mit der inneren Welt unterstützen.

Aber wozu soll denn eigentlich physisches Überleben ohne diese innere Verbindung gut sein? Wozu eigentlich essen, schlafen, sich fortpflanzen, ohne uns unserer selbst bewußt zu sein? Wenn wir nur unbewußt überleben wollen, bedeutet das, daß wir nur Tiere oder Computer sein wollen, Wesen, die ohne Selbstbewußtsein essen, sich fortpflanzen, reagieren oder denken.

Was wir verloren haben

Die bestimmende charakteristische Eigenschaft unseres modernen Zeitalters ist das unvorhergesehene Ausmaß gewesen, in dem die inneren Ideale, die sich in den traditionellen Mustern menschlicher Beziehungen ausdrücken – zum Beispiel, familiäre Verpflichtungen, die Sorge um das Wohlergehen und die Würde des Nachbarn und Achtung vor dem Leben, mit all den subtilen verfeinerten Verhaltensweisen und Wahrnehmungen, die über die Jahrhunderte mit diesen Werten in Verbindung gebracht wurden –, innerlich nicht mehr intensiv und lebendig zu sein scheinen. Im Gegenteil, die meisten Menschen erleben die größte innere Intensität im instinktiven und emotionalen Bereich, zum Beispiel, Hunger, sexuelles Verlangen, der Wunsch nach Sicherheit und das Vermeiden von Schmerzen. Deshalb wurden ehemals geachtete Verhaltensformen und Gebräuche, die das innere Leben unterstützten, geändert und aufgegeben, neue Formen und Gebräuche gefunden, mit dem Ergebnis, daß zahllose subtilere, feinere Aspekte der menschlichen Psyche verschwunden sind. Die Lebensmuster, die diese subtileren Aspekte menschlicher Beziehungen einmal genährt haben, wurden als niederdrückend oder überholt angesehen, während es noch keine neuen Formen des Zusammenlebens gab, die dem ganzen Spektrum möglicher innerer Erfahrungen förderlich sein konnten.

Die beiden Richtungen

Der Gedanke, daß es zwei grundlegende Aspekte der Realität gibt, zwei entgegengesetzte Bewegungen, ist eine universelle Lehre, die älter ist, als man sich vorstellen kann, älter als das Christentum, der Judaismus, der Buddhismus und der Hinduismus, vielleicht sogar älter als Ägypten, Sumer und Babylon. Alle Energie und alles Leben übt zwei Bewegungen aus – zur Einheit hin und von ihr weg, zur universellen Ganzheit hin und von ihr weg. Der ›Materialismus‹ erkennt nur eine dieser Bewegungen an – die Bewegung nach außen, zur Vielzahl und zur Vielfältigkeit hin.

Andererseits öffnen traditionelle Lebensmuster das menschliche Bewußtsein für beide Bewegungen – die Bewegung nach außen, die durch die Teilnahme des Menschen an einer sich ausweitenden sozialen und physischen Welt verkörpert wird, und die Bewegung nach innen, zur Einheit hin, die sich in seinem Verlangen spiegelt, an der Intelligenz beteiligt zu sein, die das Universum geschaffen hat und die als reine Energie, Bewußtsein und Freude existiert. Viele dieser Emotionen, Sinneswahrnehmungen und Gedanken, die von diesen Riten und ethischen Praktiken geweckt wurden, sollten das menschliche Bewußtsein auf die universelle Quelle mitten im Rhythmus des Lebens lenken.

Die Tyrannei des Äußeren

Wenn sich dieser innere Kontakt aber abschwächt, halten sich die Gefühle, die den Menschen zum Höheren hinführen könnten, an der anderen, äußeren Bewegung fest. Wenn, zum Beispiel, Impulse der Liebe das Bewußtsein nicht mehr mit der Quelle der universellen Welt verbinden, werden sie es unweigerlich auf die Vielfalt der sensorisch wahrgenommenen Welt lenken. In der religiösen Sprache des Westens hieße das: »Ein Mensch bewegt sich entweder auf Gott oder auf den Teufel zu.«*

In der Kultur, in der wir leben, tragen die Formen unseres gemeinschaftlichen Lebens – Familie, Religion, Erziehung, Kunst, das Streben nach Wissen – nicht dazu bei, uns zu einer wirklichen und lebendigen Begegnung mit einer höheren Macht zu verhelfen. Die Bedingungen des modernen Lebens bringen verschiedenartige Emotionen, verschiedenartige Gedanken hervor; aber nichts davon kann uns erfüllen, weil es uns nicht mit der Welt in uns verbindet. Unsere Gefühle und Gedanken über Wahrheiten und Werte sind schwach, wenn man sie mit den Bedürfnissen und Sinneswahrnehmungen vergleicht, die uns die äußere Welt liefert. *Wir erleben die innere Welt nicht so stark wie die äußere Welt.*

All unsere lebhaften Gefühle sind an Wünsche und Ängste geknüpft, die mit der äußeren Welt zu tun haben.** Unsere

* Aber damit wir nicht vergessen, wohin uns unsere Diskussion am Ende führt, müssen wir hinzufügen: »Ein wahrhaftiger Mensch erlebt bewußt beide Bewegungen.« Das ist das Wunderbare und das Paradoxe am Menschen.

** Manchmal sind diese Wünsche und Ängste in der Kindheit begründet, und die Psychotherapie hilft uns dabei, uns diesen Bereich der inneren Welt zu öffnen. Aber das ist noch immer nur die Oberfläche der inneren Welt, die Oberfläche dessen, was hinter unserem Bewußtsein liegt.

Gefühle für Gott, für das Sein, für die Wahrheit – wie immer wir die ultimative Einheit der Realität nennen – verblassen, im Vergleich zu dem Reiz des Überlebens und Funktionierens in der äußeren Welt. *Somit scheint Geld das wichtigste Mittel beim Kampf ums Überleben in der äußeren Welt, die realistischste Sache in unserem Leben zu sein.*

Wir müssen uns zur Wahrheit oder Erscheinung hinbewegen, zum Sein oder Nichtsein. Nichts ›unter der Sonne‹ steht still. Alles ist in Bewegung – und es bewegt sich nach oben oder nach unten, nach innen oder nach außen. Wenn wir Gott nicht lieben, werden wir unweigerlich das Geld lieben; etwas anderes gibt es nicht!

Der Preis des Fortschritts

Was bedeutet es, daß unsere inneren Werte gegenüber der Macht des Geldes fast immer so schwach und gebrechlich sind? Wie oft haben wir nicht schon erlebt, daß die Faktoren des Geldes Liebe und Freundschaft, Vertrauen, guten Glauben, künstlerische Integrität, Mitleid, Gerechtigkeit und Wahrheit besiegen? Liegt das nicht ganz offensichtlich daran, daß wir Freundschaft, gegenseitige Fürsorge, künstlerische Schönheit, innere Wahrheit, Achtung vor dem Leben, das Gefühl von Gerechtigkeit, nicht genauso lebhaft und intensiv erleben wie Hunger oder Hitze oder Kälte oder die Sehnsüchte und Ängste, die mit diesen und allen anderen äußeren Elementen unseres Lebens verbunden sind?

Es geht gar nicht darum, diesen oder jenen alten Brauch oder diesen oder jenen Ritus oder dieses oder jenes ethische Gesetz wieder zurückzubringen. Es geht einfach nur darum, zu verstehen, daß der Fortschritt in der modernen Welt auf Kosten bestimmter Erfahrungen, die uns zur Verfügung standen, erreicht wurde. Bräuche und Regeln, die uns absurd oder abergläubisch vorkommen, haben vielleicht einem Zweck gedient, den wir heute nicht verstehen – und haben für uns die Verbindung zu einer anderen Kraft in uns und im Universum hergestellt.*

Ein Mann zahlt für seine Braut

Nehmen wir ein Beispiel von vielen: In fast jeder Stammeskultur der Geschichte war die Institution der Ehe die Antwort auf äußere biosoziale Bedürfnisse – wirtschaftliches Überleben, Überleben der Spezies, die Befriedigung sexueller Bedürfnisse –, sowohl für das Individuum als auch für die Gemeinschaft.

Gleichzeitig verfügt in fast jedem Fall das spirituelle Gesetz der Ehe, daß sich Mann und Frau achten sollen. Die Frau nimmt eine spirituelle Rolle ein – bei den Kindern (in Indien ist sie der ›erste Guru‹ des Kindes) und in der Beziehung zu ihrem Ehemann. Manchmal wird diese Rolle nicht offen dargelegt; sie wird oft im ›verborgenen‹ gepflegt – im Privaten, und ohne Worte, und manchmal wird sie und ihre wahre Bedeutung erst lange nach der Hochzeit von dem Mann und der Frau entdeckt, obwohl sie von der Zeremonie oder den religiösen Schriften verkörpert wird. Die sozialen und Überlebensaspekte der Beziehungen sind von der spirituellen Verbindung des Paares durchdrungen, aber niemals miteinander vermischt. Für jeden, der den spirituellen inneren Aspekt der Beziehung nicht sehen kann, scheint die Ehe nur ein sozialer Brauch zum Zweck des Überlebens zu sein. Aber das Paar und die Tradition wissen es besser.

Aber ein Mann *zahlt* für seine Braut. Er zahlt nicht für ihren Geist, das kann er auch gar nicht. Aber ein Mann zahlt für seine Braut. Er muß sich fortpflanzen und das soziale Ganze körperlich unterstützen und erhält dafür – materielle und psy-

* Ein Brauch oder ein Verhaltensmuster allein hätte das wahrscheinlich nicht gekonnt. Dazu war schon das ganze System mit seinen Bräuchen und ethischen Mustern und Gesetzen nötig, das, was wir eine Kultur oder eine Glaubenslehre nennen.

chische – Belohnungen, die der äußeren Welt und den nach außen gerichteten Erfahrungen des Menschen angehören. Zur gleichen Zeit kann in ihm etwas anderes vor sich gehen. Mit seiner Zahlung hat er sich die Bedingungen erkauft, die es ihm ermöglichen, in beide Richtungen seines Lebens zu gehen, denn nur jemand, der im Leben beide Richtungen verfolgt – die inneren und die äußeren –, wird nicht nur seinen Platz in der sozialen Gemeinschaft, sondern auch im kosmischen Universum finden. Und *all das* wurde durch Geld versinnbildlicht und erleichtert, das Geld, das sowohl für das soziale Überleben als auch zur Beschaffung von ›Raum und Zeit‹ ein wichtiges Instrument ist, damit die Menschen auch innerlich wachsen können.

Stellen wir uns das Geld also als eine Einrichtung vor, die dazu erfunden wurde, die äußeren Bedürfnisse der Menschheit zu befriedigen – innerhalb eines kulturellen Kontexts, in dem die meisten Leitformen dazu dienten, Eindrücke vom inneren Selbst zu wecken. So verstanden, ist Geld eigentlich ein *Widerspruch in sich*!

Der Beginn eines inneren Lebens

Geld ist eigentlich ein Widerspruch, weil der Mensch eigentlich ein Widerspruch ist. Es erscheint nicht nur so real, weil es keine genügend starken Erfahrungen mit der Innenwelt gibt, sondern auch, *weil es keine bewußten Erfahrungen mit beiden Welten zusammen gibt*. Dieser Widerspruch kann in unserem modernen Leben zur Quelle innerer Intensität werden. Das ist der wichtigste Punkt, zu dem unsere Diskussion geführt hat. Wir müssen ihn uns näher ansehen.

Am Ende müssen sich die Menschen zwischen der inneren und der äußeren Welt entscheiden, zwischen Gott und dem Teufel – ja, das ist wahr, das haben uns unsere religiösen Lehrer immer unmißverständlich gesagt. Was uns die großen Glaubenslehren aber immer nur ganz leise sagen – in Symbolen und Legenden, indirekt, ›verborgen‹ –, ist die Tatsache, die deutlich wird, wenn wir sie erst bewußt erlebt haben, daß sich der Mensch, um sich zu entscheiden, um sich entweder dem ›Guten‹ oder dem ›Bösen‹ zuzuwenden, beider Bewegungen, beider Richtungen, bewußt sein muß; daß er in sich birgt, was mit Gott *und* Geld, Gut *und* Böse, Sein *und* Nichtsein verbunden sein kann.

14. Den Widerspruch sehen

In jedem menschlichen Leben gibt es kurze Einblicke in die innere Welt, die zur Suche nach dem wahren inneren Selbst führen könnten. Vielleicht sind es nur elementare Erfahrungen, isoliert, zufällig, flüchtig, aber es gibt sie bestimmt. Was aber nicht verstanden und auch nicht erlebt wird – nicht willentlich oder bewußt erlitten wird, –, ist der Widerspruch, der Kontrast zwischen der Bewegung nach innen, zum tiefen Selbst, und der Bewegung nach außen, zur äußeren Welt, die von den Sinnen ausgeht und vom logischen Geist durchgeführt wird.

Etwas, das der Erfahrung dieses Widerspruchs gleicht, ist uns allen sehr vertraut. Wir kommen ihm nahe, wann immer uns klar wird, daß unser Handeln im Widerspruch dazu steht, was wir für unsere tiefsten Werte halten. Aber wir akzeptieren diese Erfahrungen nicht als Tor zum Bewußtsein oder zu unserer wahren Natur. Unsere ›Moral‹ zwingt uns dazu, sie zu leugnen, sie mit Rechtfertigungen oder dem Versprechen, es das nächste Mal besser zu machen, zu versehen. Aber gerade diese Ungleichheit zwischen unseren Werten und unserem Verhalten könnte vielleicht genauso stark zu fühlen sein wie alles, was uns die äußere Welt zu bieten hat. Wenn wir eine Realität suchten, die stärker als Geld ist, fänden wir vielleicht Zugang zu einer neuen Einstellung gegenüber diesen gemeinschaftlichen Erfahrungen des inneren Widerspruchs. Die alten Riten und Bräuche lieferten die Grundlage für Erfahrungen mit der inneren Welt, manchmal sehr tiefe Erfahrungen, während sie die Bedürfnisse der äußeren Welt befriedigten, des äußeren Lebens in der physisch wahrgenommenen Natur und der menschlichen Gesellschaft. Aber von der Widersprüchlichkeit der beiden Welten, der spirituellen Welt und der äußeren Welt, hat gewöhnlich nur der verborgene Pfad berichtet. Die Lebensweise in zwei entgegengesetzten Welten und die bewußte Verbindung mit beiden war schon immer schwierig herauszufinden, genauso wie wir sie in unserem eigenen Leben immer wieder von neuem herausfinden müssen.

Die Intensität des Geldes

Kehren wir zu der Frage zurück, warum Geld so real erscheint. Die Lebensbedingungen in unserer Kultur unterstützen nicht gerade die inneren Erfahrungen der Bewegung zu einem höheren Teil von uns selbst, die so stark sind wie die Erfahrungen der äußeren Welt und dem Teil von uns, der zur äußeren Welt hingezogen wird. Und da das Geld das wichtigste Mittel geworden ist, das den Kontakt zur äußeren Welt organisiert, gibt es – für die meisten von uns – keine vordringlichere Frage als die, wie man zu Geld kommen kann, wie man es verdienen und ansammeln kann. Für viele von uns gibt es keine größere Angst als die, kein Geld zu haben.

Deshalb geht es gar nicht darum, diese Wünsche und Ängste loszuwerden. Was haben die meisten von uns denn an ihre Stelle zu setzen? Nichts, das so stark wäre, außer vielleicht physische Schmerzen oder der Anblick des Todes. Im Leben der meisten Menschen gibt es nichts, das auf Dauer so intensiv ist wie die Geldfrage. Daher scheint nichts sonst so real zu sein wie das Geld. Die Frage des Geldes ist nicht deshalb so vorherrschend, weil das Geld real *ist*, sondern weil die Erfahrungen mit dem Geld – für die meisten von uns – die stärksten und intensivsten Erfahrungen unseres Lebens sind.

Es gibt viele Gedanken, Ideen, Gewohnheiten, Bedingtheiten von Ideen, die aus der Kindheit stammen und die diese fundamentale Illusion vom Geld unterstützen. Aber der wichtigste und grundlegende Faktor hat mit der Intensität der Erfahrung zu tun.

Daher ist der Kampf gegen die Tyrannei der anscheinend elementaren Realität des Geldes vor allem die Suche nach der Qualität der inneren Erfahrung, die mindestens so lebhaft und intensiv ist wie unser Interesse am Geld. Das ist nicht leicht oder offensichtlich und ist unmöglich zu erreichen, indem man sich religiösen Gedanken oder der Liebe oder der Kunst oder dem Erwerb von Wissen zuwendet. Und der Grund, warum es auf diese Weise nicht gelingen kann, liegt an der Tatsache, daß all diese Handlungen bereits vom Problem des Geldes absorbiert sind.

Das wahre Verbrechen unserer Kultur

Das wahre Verbrechen unserer Kultur ist – nicht, daß wir Gott und die Wahrheit und die Moral verkaufen, jedenfalls nicht auf die Art, wie dieser Vorwurf gewöhnlich gemeint ist. Das Verbrechen ist, daß Kaufen und Verkaufen intensiver und innerlich stärker ist als alles andere. Aber wir dürfen nicht vergessen, daß der wahre Grund dafür, warum wir Gott, die Wahrheit und die Moral gekauft und verkauft haben, in den Formen liegt, die wir verwendet haben, um uns mit diesen Idealen zu verbinden, und die uns nun nicht länger die direkte Erfahrung mit diesen Idealen liefern, die für uns möglich und notwendig wären. Wenn jemand wegen des Geldes heiratet, anstatt aus Liebe oder Pflichtbewußtsein, dann tut er das nicht unbedingt, weil er das Geld der Liebe oder der Pflicht vorzieht, sondern weil er die wahre Kraft der Liebe oder der Pflicht noch nicht erfahren hat. So einfach und so tiefgründig ist das. Liebe und Pflicht als Beispiel für Aspekte der inneren Welt können wir nicht wirklich erfahren, solange wir nicht mit beiden Energieströmen in uns eine Verbindung hergestellt haben. Es gibt keine Liebe nur in der äußeren Welt, jedenfalls nicht für die Menschen. Es gibt keine Pflicht nur in der äußeren Welt. Und auch nicht Schönheit oder Kreativität oder Verständnis, genausowenig wie alles andere, was wir für wahrhaft menschlich halten. Die äußere Welt allein, die Welt ›unter der Sonne‹, ist, wie Salomo sagt: ›Windhauch, Windhauch‹.

Die wahre menschliche Existenz fordert das Miteinander zweier Welten, der inneren und der äußeren. In einer Welt allein zu existieren heißt, gar nicht zu existieren. Das ist Scheol, Hölle, Tod, das Verschwinden der Seele, ihre endgültige Verarmung.

Und was aus dem Geld geworden ist, läßt sich an der Tatsache erkennen, daß es, genauso wie unser Leben, zu einem Instrument verkommen ist, das nur noch in der äußeren Welt funktioniert. *Ursprünglich eine Einrichtung, die dazu da war, den Menschen dabei zu helfen, in zwei entgegengesetzten Welten zu leben, ist das Geld heute nur noch eine Technik, um unser Leben in der Hölle zu organisieren.*

Die äußere Welt kann einem Wesen, das dazu geschaffen ist, in beiden, der inneren und der äußeren Welt, gleichzeitig zu leben, keinen Sinn geben. Wir leben in einer äußeren Welt, die so tut, als wäre sie die innere Welt. Die Elemente des menschlichen Lebens, deren Wurzeln vor allem im Innern sind, die dem Höheren dienen – das heißt, dem Bereich der Beziehungen, der Liebe, des Wissens, der Kreativität, alles Elemente, die sich in der Familie, der Gemeinschaft, der Verfeinerung und der Vervollkommnung der Natur (Wissenschaft und Kunst) widerspiegeln –, all diese Elemente sind jetzt im Geld verankert. Geld scheint der realste Faktor des Lebens zu sein, weil unsere kurzen Einblicke in die innere Welt sofort von der Art des Handelns und Denkens und Fühlens widerrufen werden, die darauf eingestellt sind, mit Geld umzugehen. Wir werden niemals durch das, was wir jetzt Liebe, Ethik oder Wissenschaft und Kunst nennen, von dem Dämon des Geldes frei sein. Das moderne Verhalten in diesen Bereichen hat sich geändert und ist nur noch Teil der irreführenden äußeren Welt.

Und es wird uns nicht guttun, nur starken Erfahrungen der inneren Welt nachzugehen, wenn wir nicht genauso starke Erfahrungen anstreben, die uns befähigen, mit beiden Welten gleichzeitig Verbindung aufzunehmen. Das heißt, wir müssen ein Bewußtsein entwickeln, das mit den beiden Welten in Verbindung stehen kann. Und dieses Bewußtsein scheint auf den ersten Blick diese Widersprüchlichkeit dieser beiden Welten hinzunehmen. Wir müssen aber eine lange Zeit durchstehen, während der wir diese Widersprüchlichkeit akzeptieren, bevor sich diese beiden Welten vereinigen und eins werden und miteinander in Einklang stehen.

Es wird nichts helfen, wenn wir unsere Kultur in Mystiker und tatkräftige Männer und Frauen, spirituelle Denker und praktische ›Macher‹ teilen. Der Traum vom Mystizismus hat an sich keinen größeren Wert als der Traum von Taten und Werken. Das heißt, wenn ein Mensch von Gott träumt, ohne mit Gott Verbindung aufzunehmen, hat sein Leben keine größere Bedeutung als das Leben eines Menschen, der sich in quälende materialistische Illusionen stürzt.

Als das Mönchtum Ende des Mittelalters verfiel, lag das gewiß auch an der Illusion, daß der Mensch mit Gott in Verbindung treten kann, ohne der Erde zu dienen, ohne sich um die materiellen und sozialen Bedürfnisse seines Nachbarn zu kümmern; denn wenn ein Individuum eine höhere Macht erfährt und sich nicht bewußt ist, welche Aspekte seiner selbst ihn von dieser Macht fernhalten, werden diese Aspekte unweigerlich noch schwerer für ihn zu erkennen sein. Es ist unvermeidlich, daß die Illusionen vom eigenen Wert und von der eigenen Göttlichkeit den Egoismus, den Zorn und die Angst verhüllen, die neben dem spirituellen Wunsch in der menschlichen Natur vorhanden sind. *Es ist unvermeidlich, daß die Religion unter dem Vorwand, das weltliche Leben religiös zu machen, weltlich wird.* Psychisch werden die biologischen Triebe im Menschen unterdrückt und am Ende destruktiv. Zwischen den beiden Naturen im Menschen bildet sich so etwas wie ein großer Prellbock, und die höheren, feineren Einflüsse, die im menschlichen Organismus vorhanden sein sollten, dringen nicht bis zur biosozialen Seite des Menschen vor, selbst wenn der Geist, der Teil des biosozialen Selbst ist, die Erinnerung an spirituelle Erfahrungen widerspiegelt. Es gibt nur wenige Dinge, die tyrannischer sind als ein verkümmerter Mystizismus. »Lilien, die verwesen, riechen viel übler als Unkraut.«

Im späten Mittelalter, lange vor der Reformation, tauchte in Westeuropa eine Doktrin vom ›gemischten Leben‹ auf, mit der Absicht, die Fehlschläge des Mönchtums nicht zu korrigieren, indem seine grundlegende Disziplin aus der Welt geschafft wurde, sondern indem sie mitten im äußeren Leben wiederbelebt wurde – inmitten der Triebe und Wünsche, die in der animalischen/sozialen Natur des Menschen enthalten sind. Der Gedanke vom ›gemischten Leben‹ hatte seine Wurzeln in der alten Glaubenslehre, von der wir schon gesprochen haben, der Lehre, daß der Mensch sowohl dem Guten als auch dem Bösen, das in ihm ist, mit einer solchen Intensität innerer Akzeptanz begegnen muß, die es dem ›Bösen‹ (den ›Dämonen‹) erlaubt, Gott zu dienen. Das einzig wahre Böse ist nur, was diese Gegenüberstellung und ihre mögliche Aussöhnung verhindert.

Wir sprechen vom Christentum, einem Christentum, das sich in allen großen Mythen offenbart, zweifellos auch bei den Gründern und Erneuerern der protestantischen Glaubenslehre. Sie gewähren uns einen kurzen Blick auf etwas unermeßlich Reales: eine versöhnende Energie, die in allen Dingen ist, eine unvorstellbare Zartheit und Versöhnlichkeit, eine erlösende Umarmung, in der die gesamte Schöpfung liegt.

Der heilige Augustinus sagt uns, daß »Gott den Wind gibt, aber der Mensch die Segel hochziehen muß«. Das Entscheidende ist aber, daß der Mensch nur unter ganz bestimmten Bedingungen des äußeren und inneren Lebens diese Macht der versöhnenden Liebe annehmen kann. Diese Bedingungen können Grundsätze des Lebens betreffen – wie man mit seinem Nachbarn umgeht, mit dem eigenen Körper, mit Freude und Schmerz, mit allem und jedem in der materiellen Welt. Vor allem aber muß eine ganz bestimmte innere Einstellung von Geist und Gefühlen vorhanden sein sowie körperliche Offenheit. Die genauen Bedingungen und das präzise Wissen, das für dieses Leben nötig ist, machen den Gedanken von Anspruch und Verpflichtung in der Religion deutlich. Gott ist gnädig und unnachgiebig. Für das unaufhörliche Herausströmen Seiner Liebe und Seiner Gnade stellt Er strenge Regeln auf. Liebe und Gnade können nur strömen, wenn sie überall hinkönnen. Der religiöse Kern ist Unnachgiebigkeit, die zuläßt, daß die Liebe überallhin und in alles hineinströmen kann. Wir erinnern uns an die Worte des heiligen Paulus, daß Christus nicht zu uns gekommen ist, um das Gesetz aufzuheben, sondern um es zu erfüllen.

Die Anhänger des ›gemischten Lebens‹ im Spätmittelalter scheinen verstanden zu haben, daß es nötig war, das gesamte Leben in die spirituelle Arbeit einzubringen, alles dem Mönchtum zu überantworten, um dem Geistigen Zugang zum ganzen Leben zu verschaffen. Damit der disziplinierte wahre Mönch alle Triebe und Sinneswahrnehmungen im menschlichen Organismus in sich aufnehmen konnte.

Darüber hinaus scheinen sie verstanden zu haben, daß man sich nicht einfach, nur von einem Gefühl oder einem Gedanken geleitet, nur mit einem Gebet oder, noch unwirksamer, nur mit einer Theologie, nur mit einem Glaubenssystem, ins Leben, in materielle Tauschgeschäfte und in biosoziale Handlungen stürzen kann. Man kann sich nicht einfach als Reaktion auf ein korruptes Mönchtum oder eine korrupte kirchliche Verwaltung ins Leben stürzen. Das war der Irrtum des Protestantismus. Es ist nicht so einfach, die ganze Welt zu seinem Kloster zu machen. Das ist ein herrliches Ideal, aber es auch zu praktizieren ist sehr, sehr schwierig, viel schwieriger, und auf eine ganz andere Art schwierig, als wir uns vielleicht vorstellen können. Die Welt wurde kein Kloster, das dem Ideal des Protestantismus entsprach, statt dessen wurde das Kloster zur

Welt – für Max Weber der Ursprung unserer heutigen Krise in bezug auf Sinn und Werte. Er sah, daß der Kapitalismus fehlgeschlagen ist, weil er das Geistige und das Weltliche auf eine Weise vermischte, daß ihre Grenzen verschwammen, daß sie nicht gleichzeitig voneinander getrennt und miteinander verbunden waren. Er hat die beiden Welten nicht nur vermischt, er hat sie durcheinandergebracht!

Ein unerwarteter Schluß

Wenn wir die Interpretation der Geschichte beiseite lassen, läuft die Frage, warum Geld so real erscheint, warum das, was unter dem Strich steht, der realste Faktor in unserem Leben zu sein scheint, auf folgendes hinaus: Warum haben wir die Fähigkeit verloren, die innere Welt so lebhaft und intensiv zu erleben wie die äußere Welt? Warum erleben wir die Liebe zur Wahrheit, zum Beispiel, nicht so stark, wie wir Hunger oder Verlangen oder den Trieb, unsere Kinder zu beschützen, erleben?

Die überraschende Antwort darauf ist, daß die Möglichkeit, zur realen inneren Welt zu gelangen, in der Erfahrung einer noch größeren Intensität des Gefühls für die Triebe und Impulse liegt, die uns zur äußeren Welt hinziehen! Um Gott genauso intensiv zu erfahren, wie, zum Beispiel, unsere Wünsche, müssen wir unsere Wünsche bewußter erfahren und dürfen uns nicht von ihnen abwenden, um irgendeinem höheren, aber blutlosen und letztlich illusorischen religiösen Idealbild zu folgen!

Um Liebe so intensiv zu erfahren, wie wir Angst erfahren, ist es nötig, die Angst bewußter zu erfahren. Auf das wahre Bewußtsein der Angst folgt unweigerlich Liebe. Warum? Nicht etwa, weil Liebe und Angst so dicht beieinanderliegen, sondern *weil Liebe und Bewußtsein so dicht beieinanderliegen.* Für eine solche Intensität der Selbsterfahrung, für eine solche Intensität der Selbsterkenntnis, sind sorgfältig gelenkte Lebensbedingungen im gewöhnlichen Leben erforderlich. Es ist die Hilfe und Kameradschaft anderer Menschen erforderlich; es ist die Kenntnis der Struktur des Menschen und seiner Möglichkeiten erforderlich. Kurz, es ist ein wahrer spiritueller Pfad erforderlich, der Weg im Leben.

Wenn ein Mensch diesen Weg einschlagen will, muß er lernen, sich selbst genauso ernst zu nehmen wie das Geld. Es ist vor allem das Geld, das dem modernen Menschen Zugang verschafft zu der intensiven Welt der Wünsche, der Angst, des Vergnügens und der Schmerzen, der Leistungen und Fehlschläge, der Sexualität, Freundschaft, Loyalität, des Muts und Verrats, des Betrugs, des Philosophierens, des Sammelns von Wissen, der Herstellung von Waren, der Kunst, des Vergnügens, der Unterhaltung, des Wettbewerbs – all die Triebe und Handlungsweisen, aus denen sich das Leben in der *Welt*, wie es in den westlichen, und *samsara*, wie es in den östlichen Glaubenslehren genannt wird, zusammensetzt. Der anderen Welt, der geistigen Welt, nähert man sich durch erhöhte Aufmerksamkeit in sich selbst, durch Selbstbewußtsein inmitten der Hölle. Die Hölle bewußt wahrzunehmen ist die Flucht vor der Hölle oder der Beginn der Flucht.

Der erste praktische Schritt, den ein Individuum machen kann, um sich von der Knechtschaft des Geldes zu befreien, ist die Abwendung vom Geld, und indem man *es noch ernster nimmt*, um sich mitten in der Welt des Geldes selbst zu beobachten, sich mit Sorgfalt und Interesse zu beobachten, so daß der Akt der Selbsterforschung so lebhaft und intensiv wird wie die Wünsche und Ängste, die es zu erforschen gilt. »Die Wahrheit wird euch befreien«, nicht weil sie Erklärungen gibt, sondern weil die bewußte Erfahrung der Wahrheit, auch wenn sie noch so höllisch ist, Raum und Licht und Verbindung mit einer höheren Welt darstellt.

Und was fühlt ein Mensch, wenn er damit begonnen hat, sich in der Welt des Geldes selbst zu erforschen? Wenn er beharrlich mit Fleiß und Anleitung und Unterstützung von Gefährten vorgeht, wird er ein Gefühl erleben, das intensiver ist als alles, was die äußere Welt zu bieten hat. Er wird den unglaublichen Widerspruch zwischen dem Verlangen nach Gott und der Anziehung des materiellen äußeren Lebens, den er in sich hat, mit einer solchen Kraft und Autorität erleben, wie er es noch nie zuvor in seinem Leben erfahren hat. Diese Erfahrung wurde in der alten hebräischen Glaubenslehre *ein gebrochenes Herz* und später *der Wendepunkt* genannt. Die großen monastischen Gemeinden der Christen nannten sie *Tränen* und *Schmerzen*. Es war dasselbe, was Salomo in der Legende in seinen Jahren der Verbannung erlebt hat. In der heutigen Zeit könnten wir es *Gewissen* nennen und diesem Begriff eine völlig neue Dimension der Macht geben.

Durch das Gewissen offenbart sich in uns das wahre Selbst zuerst. Das ist Salomos Rückkehr aus der Verbannung, wie er mit wahrer Autorität die Stufen zum Thron erklimmt, zwischen dem Wolf und dem Lamm, dem Adler und dem Sperling – zwischen all den Tierpaaren, die die beiden gegensätzlichen Welten symbolisieren, in deren Mitte der Mensch aufgerufen ist, seiner Bestimmung zu folgen.

Dieses Reich zwischen den beiden gegensätzlichen Welten ist, so lange oder so kurz die Erfahrung anhält, die *wirkliche* einzigartige menschliche Welt. Und die Bedingungen des Lebens, die Grundsätze der Ethik und gemeinsamen Verbindung, die eine spirituelle Gemeinschaft bietet, sollen dem Individuum helfen, diesen Platz zwischen den Welten zu finden und es dorthin begleiten. Nur dann kann ein Mann oder eine Frau auch tatsächlich mit Sicherheit wissen, daß es im Leben etwas gibt, das realer ist als die Welt des Geldes.

Unsere Rituale, Verhaltensweisen und Gebräuche erfüllen diese Funktion schon längst nicht mehr. Wen wundert es da, daß viele von uns noch immer in sich hineinlächeln, wenn von Liebe und Glück als etwas geredet wird, das man mit Geld nicht kaufen kann?

In der Tat sind die Dinge, die Geld nicht kaufen kann, nur in einem anderen Bewußtseinszustand zu erkennen!

Mit der Post trafen immer neue Fragen ein, einschließlich einiger erschütternder Erklärungen über Besitzgier und die Macht der materiellen Dinge in unserem Leben. Ich schickte diese Fragen an Bill Cordell und Alyssa und schlug vor, daß sie in der Bibliothek Nachforschungen über die Rolle der materiellen Dinge in anderen Kulturen anstellten. Es war schon einige Zeit her, seit ich die Frage des Materialismus aus einer Perspektive behandelt gesehen hatte, die davon ausging, welche Einstellung eine traditionellere Gesellschaft gegenüber *Dingen* hatte, obwohl es in meiner Zeit, und später wieder in den sechziger Jahren, eine ganze Reihe Diskussionen über die handwerklichen Fertigkeiten in anderen Gesellschaften gegeben hatte, und ein beträchtliches Interesse daran, welche Beziehung andere Kulturen zum materiellen Objekt gehabt hatten. In den letzten Jahren hatte ich weniger darüber gehört.

Unter den Briefen war einer – den ich sehr ergreifend fand – und der vom *Einkaufen* handelte! Die Verfasserin schrieb, daß sie sich kurz nach dem Seminar in einem Einkaufszentrum beobachtet hatte, und wie schockiert sie gewesen war:

»Ich übertreibe nicht, wenn ich sage, daß ich einen Menschen unter dem Einfluß von Drogen sah. Ich sah ein hungriges Tier. Ich sah eine Person in einem hypnotischen Trancezustand. Nicht etwa, daß ich besonders viel gekauft hätte – nein, es war die *Art und Weise*, *wie* ich war. In der Klasse haben wir von der Hölle als Nichtsein gesprochen. Ich erkannte, daß ich genauso werde, wenn ich einkaufen gehe. Ich verschwinde buchstäblich! Als ich mit einem Dutzend Päckchen nach Hause kam und sie mit meinem Mann aufmachte, war ich entsetzt. Wir fingen an, uns wegen des Geldes zu streiten, das ich für Kleidungsstücke ausgegeben hatte, aber selbst während ich mich verteidigte, stellte ich etwas Außergewöhnliches fest – ich erkannte, daß jedes Kleidungsstück wie ein kleiner Traum war. Ich kam mir vor wie jemand, der aus dem Schlaf erwacht. Die Kleider, der Gürtel, die Schuhe, sogar der Pulli, den ich für meinen Mann gekauft hatte, sogar das Kochbuch, waren in einem Traum gekauft, einem kleinen Traum.

Ich träumte die Schuhe und Kleider. Genauer gesagt, träumten sie mich. Ich träumte, daß die Kleider mich glücklich, schön, sexy machen würden. Ich träumte, daß mich der Gürtel gefährlich machen würde. Der Pullover würde meinen Mann glücklich machen. Aber das Interessanteste daran, jedenfalls für mich, war: Jeder kleine Traum war von körperlichen Glücksgefühlen begleitet. Wie sollte ich das verstehen? In jedem kleinen Traum spürte mein Körper Wohlbehagen, und ich, wer immer ich in diesem Traum war, empfand es als Glück und zukünftiges Glück! All das wurde mir bei dem Streit mit meinem Mann wegen des Geldes klar – es war die Frage des Geldes, die es mir bewußt machte, weil ich mich an das Seminar und die Fragen, die wir uns dort alle gestellt haben, erinnerte.

Sie haben uns aufgefordert, eine Frage über das Geld aufzuschreiben. Hier ist meine: Warum denken wir von Glück im Zusammenhang mit materiellen Dingen, wenn wir doch täglich erfahren, daß sie wie eine Droge sind? Sie können niemals dauerndes Glück bringen. Woher sollen wir wissen, was wir wirklich *brauchen* – Nahrung, Kleider, Wohnung? Könnten wir der Geldfalle entkommen, indem wir irgendwie lernen, weniger haben zu wollen, mit weniger auszukommen, uns weniger zu wünschen? Und hier ist die Frage, die sich daraus ergibt, und, bitte, helfen Sie mir, folgendes zu verstehen: Nehmen wir einmal an, wir würden irgendwie lernen, weniger haben zu wollen, uns weniger zu wünschen, unserem Streben nach materiellen Dingen nicht nachzugeben – was wird dann ihren Platz einnehmen? Was wird die Leere ausfüllen, die dann unweigerlich auftreten wird? Vor einem Jahr habe ich das Rauchen aufgegeben. Und am Ende aß ich zuviel. Das Essen nahm den Platz der Zigaretten ein. Was kann den Platz von materieller Ware einnehmen? Ich hoffe, daß Sie nun nicht Liebe sagen, oder gesunde Betätigungen oder tiefgründige Gespräche oder gute Zwecke oder solche Dinge. Ich habe mir Kassetten angehört und mit anderen Leuten über ›mit weniger besser auskommen‹, sorgenfrei leben und all diese Dinge geredet. Zeigen Sie mir doch bloß jemanden, der es getan hat, ohne dafür etwas anderes aufgegriffen zu haben, das genauso schlimm oder schlimmer ist und das seinen Platz eingenommen hat!«

Am nächsten Tag hörte ich von Alyssa, und bei einer Tasse Kaffee erklärte ich ihr, was ich vorhatte.

»Es waren nicht nur die ersten Münzen, auf deren einer Seite oft religiöse Symbole und auf deren anderer Seite weltliche Symbole waren. Es gibt Kulturen, in denen jeder Gegenstand, und wenn er noch so weltlich war, ein Ritual darstellte und heilige Symbole trug. Jeder Gegenstand, den die Menschen verwendeten – jedes Gerät, jede Waffe –, war so gemacht, daß sie den Menschen an seine beiden Naturen und seine beiden Welten erinnerte. Man aß aus einer Schale. Die Schale erlaubte es einem, den physischen Körper zu ernähren, aber die Schale war auf eine Weise gemacht und mußte auf eine Weise verwendet werden, die einem dabei half, auch an die innere Welt zu denken.

Außerdem«, fuhr ich fort, »war in diesen anderen Kulturen auch der Sinn für das Physische von Dingen und für das Physische des Körpers mit seinen Bedürfnissen und Fähigkeiten viel ausgeprägter als bei uns. Hier haben wir es also offensichtlich mit einem Paradox zu tun: Sind wir als Kultur mehr oder weniger materialistisch als andere Kulturen? Kommt unser Problem mit dem Geld – auf irgendeine seltsame Art – durch die Tatsache zustande, daß wir *nicht materialistisch genug* sind?«

Alyssa sah mich erstaunt an, sollte sie ruhig.

»Ich meine, wenn wir den Dingen, als *Dingen*, mehr Aufmerksamkeit *schenken* würden, dann würden sie uns weniger Aufmerksamkeit *stehlen*.«

Das half Alyssa nicht besonders. Ich drückte mich nicht absichtlich verschwommen aus. Ich versuchte, mit ihr zusammen zu denken. Ich benötigte ihre mentale Unabhängigkeit in bezug auf das Geld, eine Fähigkeit, die ich noch bei niemandem sonst angetroffen hatte.

Nach einer Weile des Schweigens sagte sie:

»Beziehen Sie sich auf das Zitat von John Kenneth Galbraith, das Sie uns in der Klasse vorgelesen haben – daß sich der moderne Kapitalismus auf die Produktion von immer mehr Dingen stützt, die für die natürlichen menschlichen Bedürfnisse gar nicht gebraucht werden? Ich war bestimmt nicht die einzige, die von dem Gedanken beeindruckt war, daß unser Wirtschaftssystem die Bedürfnisse, die es befriedigt, selbst *erfindet*.«

Ich dachte einen Augenblick nach. Gab es zwischen dem modernen Kapitalismus und unserem mangelnden Verhältnis zur physischen Welt eine Verbindung? Plötzlich kam mir ein neuer Gedanke zu unseren Überlegungen über Dinge und Besitztümer. Ich war mir nicht sicher, wohin er führen würde.

Die Mentalisierung der Welt

»Erinnern Sie sich«, sagte ich, »wir haben darüber gesprochen, das Geld *ernster* zu nehmen, und nicht weniger ernst? Glauben Sie nicht, daß es sich mit den Dingen genauso verhält, mit der ganzen Welt der Materie? Geld ist ein Modus, um unser Leben in der materiellen Welt zu ordnen. Geld ist eine Erfindung, eine mentale Vorrichtung, sehr notwendig, sehr scharfsinnig, aber am Ende doch ein geistiges Produkt. Der Körper allein würde niemals Geld erfinden oder benötigen. Die Gefühle allein haben kein Interesse daran. Könnten wir nicht sagen, daß unsere hochentwickelte finanzielle Struktur den globalen Versuch des modernen Menschen verkörpert, die Welt um sich herum zu mentalisieren, zu dematerialisieren?«

Zuerst zog Alyssa die Stirn in Falten, aber dann ging in ihren Augen ein Licht an.

»Alle großen Meister«, fuhr ich fort, »haben uns gelehrt, daß sich unser Geist automatisch in die Erfahrung einmischt, die uns das Leben bringt. Bei den einfachsten Freuden kommt uns der Kopf in den Weg und beginnt zu etikettieren, zu erklären, und versucht, die Dinge zu ordnen. Und nachdem das Geld eine so komplizierte mentale Erfindung geworden ist, daß es unser Verhältnis zu den Dingen beherrscht, heißt das auch, daß sich der Gedanke in die direkte Erfahrung einmischt.«

»Das bedeutet«, sagte Alyssa und griff den Gedanken auf, »daß wir der Materie mehr Aufmerksamkeit schenken müssen, wenn wir gegen den Materialismus ankämpfen wollen!« Sie brach in schallendes Gelächter aus, als ihr die Ironie dieses Gedankens bewußt wurde.

Und ich auch. »Ist das nicht die Wahrheit, die sich in tausend Klischees von Habsucht und Besitzgier verbirgt? Haben uns unsere Mütter und Großmütter nicht schon immer gesagt, daß wir mit dem, was wir haben, zufrieden sein sollen, anstatt uns immer zu wünschen, was wir nicht haben?«

»Ja«, erwiderte Alyssa, »aber sie haben uns nicht gesagt, *wie* wir das anstellen sollen.«

»Genau«, sagte ich. »Aber haben uns die Dichter nicht manchmal gezeigt, wie es ist, Schönheit und Sinn in den kleinsten Dingen zu sehen? Und hat es nicht immer Märchen gegeben, die uns von der Schönheit der kleinen Dinge des Lebens erzählt haben, egal, wie die äußeren Umstände waren, in denen wir gelebt haben?«

»Aber auch sie haben uns nicht gesagt, wie«, sagte Alyssa.

»Das stimmt«, sagte ich. »Sie haben uns ein Ideal gegeben, eine Philosophie. Und wir haben sie falsch interpretiert. Wir sind in dem Glauben aufgewachsen, daß es irgendwie reiner oder edler ist, sich von den Dingen und von der Materie abzuwenden. Und so haben wir die Beziehung zur Materie unseren ungebildeten Körpern und unserem automatischen Geist überlassen. Unsere Körper wußten es nicht besser. Sie holten sich ihr Vergnügen, wo immer es zu finden war. Unser unterwürfiger logischer Geist ging nur hinterher und versuchte, das Leben zu ordnen, um zu wiederholen oder zu verlängern oder zu gewährleisten, woran der bewußtlose Körper Gefallen fand. Und unsere anderen mentalen Funktionen wandten sich von der Materie ab, hin zu moralischen und religiösen Phantasien. Wir haben uns nie die Aufgabe gestellt, uns der materiellen Welt wirklich hinzugeben. Wir haben nie begriffen, daß die bewußte Hinwendung zur materiellen Welt genau das ist, was uns von ihr befreit, was uns von ihr trennt, uns den Raum und die Zeit gibt, nach der wir uns sehnen.

Gleichzeitig enthüllt das bewußte Hinwenden zur materiellen Welt dem Menschen die wahren Eigenschaften der Dinge, der Natur, der Schöpfung, oder etwa nicht? Ist es nicht genau das, was die Dichter wissen – auf ihre Weise, auf ihre unpraktische, aber wunderschöne Weise?«

An diesem Punkt des Gesprächs begannen Alyssa und ich uns in verschiedene Richtungen zu bewegen. Jedenfalls sah es anfangs so aus.

»Kann man wirklich sagen, daß der moderne Mensch der materiellen Welt nicht sein Bestes gegeben hat? Man denke nur an die Entwicklung der Wissenschaft! Ich habe immer geglaubt, daß das ganze Problem der Modernität daher rührt, daß die Aufmerksamkeit der Menschen zu sehr auf die materielle und zu wenig auf die innere Welt gerichtet ist.«

»Ja«, erwiderte ich, »das wird heutzutage allgemein kritisiert, aber ich glaube nicht, daß es fundiert ist. *Modernität ist Mentalismus, nicht Materialismus.* Das ist der automatische Geist, der Computergeist in der Knechtschaft des bewußtlosen Körpers. Sehen Sie: Hätte der Kapitalismus je derartige Auswüchse annehmen können, eine derart überwältigende Kraft werden können, wenn es nicht das oberste Motiv der modernen Kultur gewesen wäre, für das physische Wohlergehen der Menschen zu sorgen? Ich garantiere Ihnen, daß die Wissenschaft am Anfang eine Suche nach der Wahrheit Gottes im geschaffenen Universum war, aber schon bald begann sie sich der Technologie zu widmen, und die Technologie widmete sich der menschlichen Bequemlichkeit und Sicherheit. Imaginärer Komfort und paranoische Sicherheit. Mental ersonnene Freuden und mental systematisierte paranoische Sicherheit. Paranoia und hemmungsloses Vergnügen – oder vielmehr, um Schmerzen zu verhindern – das besorgt der Kopf für den bewußtlosen, kindlichen Körper.«

Die Träume eines bewußtlosen Körpers

Plötzlich sah ich einen ganzen Strom von Verbindungen. Die Worte sprudelten nur so aus mir heraus.

Ich verstand, warum Platon, wie auch die großen spirituellen Meister der alten Glaubenslehren, sagte, daß das einzige Vergnügen, das ein Mensch haben kann, in der Betätigung des höheren bewußten Geistes liegt, was auf griechisch *nous* heißt. Warum haben sie uns alle gelehrt, daß der nichterweckte Mensch eigentlich nicht glücklich sein kann. Ich verstand jetzt deutlicher, warum der Körper verdammt wurde – daß es in Wirklichkeit gar nicht um den Körper ging, sondern darum, daß zwischen Körper und Geist eine falsche Verbindung bestand. Das war das Problem. Der Geist, der einem kindlichen Körper diente, erfand alle möglichen Vorrichtungen und Techniken, die dem Körper aber in Wirklichkeit nur sehr wenig wahre Befriedigung verschafften. Ich begriff, daß ab einer gewissen Grenze die Technologie selbst eine Mentalisierung der materiellen Welt war. Daß unsere Erfindungen, unsere Technologien, den Dingen glichen, die Frau X beim Einkaufen erstand. Daß unsere Technologien, wenn sie weiter gingen, als nötig war, Produkte eines teuflisch klugen, aber unterwürfigen logischen Geists waren, die die Träume eines unbewußten Körpers erfüllten.

Die Erfahrung des Widerspruchs

»Aber wie soll das Frau X helfen?« fragte Alyssa. »Die Leute schreiben Ihnen doch nicht diese Briefe, weil sie nur noch mehr neue Ideen wollen. Sie wollen einen praktischen Rat!« Sie wurde schon ungeduldig mit mir.

»Was meinen Sie mit – praktisch?«

Ohne einen Augenblick zu zögern, erwiderte Alyssa: »Sie wollen etwas gegen ihre Situation tun können, etwas ändern.«

»Glauben Sie nicht, daß es sehr praktisch wäre, ein neues

Verständnis für das Geld zu haben, eine neue Einstellung zu finden?«

Alyssa blieb hartnäckig. »Nur wenn es etwas ändert«, sagte sie.

»Und was haben Sie gegen Ideen?«

»Sie sind nicht genug! Sie sind wunderbar, aber sie führen zu nichts!«

Mir ging ein Licht auf. Nicht im Kopf, sondern im Bauch.

»Alyssa, merken Sie nicht, was wir gerade gesagt haben? Hier haben wir den gesamten menschlichen Zustand direkt vor uns. Es gibt so etwas wie die Welt der Ideen – ich meine große Ideen über die innere Welt und den Zweck unseres Lebens. Wir werden zu solchen Ideen nicht nur hingezogen, sondern erleben ihretwegen – wenn auch nur für einen Augenblick – auch die Verbindung zu etwas, das außerhalb unserer kleinen Egos und all unserer sozialen Regeln und Erfordernisse liegt . . .«

Sie nickte.

Ich sprach – für uns beide weiter. »Aber wir sehen, daß diese Ideen und diese besondere Bewegung in uns an unserem Leben *nichts verändert*! Das ist nicht nur so eine Idee – es ist eine Tatsache. Es ist eine Erfahrung, ein Eindruck. Und wir können es nicht akzeptieren, wir können es nicht schlucken. Wir wollen es wegschieben. Aber, wissen Sie: Genau das bedeutet es doch, zwischen zwei Welten zu sein. Wenn wir diese Tatsache nicht ertragen können, diese einzigartige Erfahrung der Machtlosigkeit, dann werden wir niemals fähig sein, in zwei Welten zu leben.

Und sehen Sie«, sagte ich, »sehen Sie sich doch nur dieses Leid an, achten Sie darauf, wie es ›schmeckt‹: es ist nicht das Leid der Hölle, es ist nicht das Dahinschwinden unseres Bewußtseins. Im Gegenteil. Es ist eine andere Qualität des Leidens und es ist darin ein seltsamer Rest Würde. Echte Selbstachtung beginnt sich auszubreiten. Das ist das Leiden des Fegefeuers, nicht der Hölle.«

»Soll das heißen, daß wir immer weiter von Habsucht und

Besitzgier verschlungen werden?« fragte Alyssa. »Werden wir auch weiterhin immer nur Sklaven von Dingen sein, von Dingen und immer mehr Dingen? Und tun nichts?«

»Das habe ich nicht direkt gesagt. Das ist nicht ganz der Punkt. Das Entscheidende ist doch, daß wir hier eine Erfahrung von uns selbst haben, von unserer inneren Welt, die noch intensiver und lebhafter sein könnte als die Freuden und Befriedigungen, die uns Geld und materielle Dinge verschaffen. Unser Ziel sollte es aber sein, die Wahrheit auf eine Weise zu erfahren, die genauso lebhaft – oder sogar noch lebhafter – ist wie die Erfahrung, daß die Wünsche erfüllt werden, die uns unser kindlicher Körper in den Kopf setzt oder die durch die Werbung auf unterschiedlichste Art in unseren Kopf gelangt.

Folglich gibt es eine Menge zu tun, gibt es viele Dinge, die wir ausprobieren müssen. Nur sieht unser Ziel jetzt völlig anders aus. Es beschränkt sich nicht mehr nur darauf, uns zu vervollkommnen, einer starren Moral zu gehorchen. Es geht viel weiter, als nur noch mehr ›Vorrichtungen‹ zu erfinden – noch mehr Verhaltensregeln. Eine völlig neue Moral wird daraus hervorgehen, die Moral des Wegs im Leben, jedenfalls in ihren ersten Stadien. Ich bin sicher, daß die Bruderschaften gemeinsamen Lebens es so verstanden haben, als sie das korrupte heuchlerische Mönchtum verwarfen.

Frau X schreibt sehr klug von der Gefahr, die ›Dinge‹ einfach nur aufzugeben – uns vorzustellen, plötzlich unser Leben zu ändern, das Geld oder sonst etwas aufzugeben. Das ist der Irrtum des Reformismus. Die Hölle ist voll von Erneuerern, Selbstverbesserern, Moralisten. Sie fragt, was anstelle der Dinge kommen wird, die wir uns wünschen.«

»Und was werden Sie ihr antworten?« fragte Alyssa.

Ich schwieg und stellte mir selbst diese Frage. Ich sagte mir: Unsere Kultur steht zwischen Moralitäten. Wir glauben nicht an den Moralismus von früher, mit seiner ganzen Heuchelei, und wir wollen ihm auch nicht wieder blind vertrauen. Und doch haben wir noch keine neue authentische Kraft des Gewissens, die in uns wirkt. Was könnte in uns den Platz wirklicher Moral einnehmen, bis zu dem glücklichen Tag, an dem wir die Stimme des Gewissens, die so seltsam und unfaßbar im Menschen ertönt wie die Propheten des Alten Testaments, hören und ihr folgen können.

Plötzlich wußte ich, was ich Frau X antworten mußte.

»Ich werde ihr vorschlagen, sich mit großen Ideen zu befassen – ich weiß ganz gut, welche Bücher und Kunstwerke in den Menschen ein starkes Gefühl für die innere Welt wecken. Ich werde ihr vorschlagen, dieses Gefühl immer stärker in sich zu wecken.«

Alyssa unterbrach mich. »Aber wie soll ihr das helfen?«

»Hören Sie mich zu Ende an. Ich werde ihr als eine praktische Maßnahme vorschlagen, ruhig weiter einkaufen zu gehen, oder was immer sie dazu bringt, sich solche Fragen zu stellen. Und dann, heimlich, still, so aufrichtig wie möglich, soll sie sich den Zustand ins Bewußtsein rufen, in dem sie sich befindet, wenn die *Dinge* sie in ihrer Gewalt haben. Und damit sie sich schärfer sieht und erkennt, und nicht weniger scharf, werde ich ihr vorschlagen, daß sie sich mit Büchern und Kunstwerken beschäftigt, die etwas über die höhere Natur des Menschen und über ultimative Realitäten aussagen.«

Alyssa widersprach. »Aber das ist doch nur eine andere Form des Puritanismus! Sie wollen, daß sie sich schuldiger fühlt, verstörter, mehr im unreinen mit sich selbst.«

»Bitte, lassen Sie mich zu Ende führen, was ich vorschlage, und dann sagen Sie mir, was Sie davon halten. Dies ist das genaue Gegenteil der ›puritanischen‹ Einstellung! Das Ziel ist, daß die Erfahrung der Wahrheit genauso interessant wird wie Geld und Dinge. Noch interessanter! Nichts könnte praktischer sein, als die Erfahrung von Wahrheit zu vertiefen. Sie hat gespürt, wie fruchtlos der Mythos der Selbstverbesserung und der Mythos des Fortschritts sind, die zum Opiat unserer Zivilisation geworden sind. Deshalb fragt sie intelligenterweise danach, was an die Stelle von materiellen Dingen treten wird, wenn wir uns bemühen, unsere Schwäche für sie aufzugeben. Die Sklaverei der Bindung, das ist die Hölle, nicht die Dinge selbst, an die wir gebunden sind. Es ist ein grober Irrtum, zu glauben, daß wir uns von der Bindung selbst befreien, wenn wir das Objekt unserer Bindung aufgeben. Ich bin überzeugt, daß das einer der Gründe für die Degeneration einer religiösen Disziplin ist. Die Menschen glauben, der Körper sei böse, oder Besitz sei böse oder das Geld sei böse. Nein, das Versunkensein in diese Gegenstände, die tödliche Faszination, die sie auf uns ausüben, das ist das Böse, und zwar einfach deshalb, weil wir dadurch von der anderen Bewegung, zum Höheren nämlich, das wir in uns wahrnehmen könnten, abgehalten werden.«

»Die Liebe zum Geld ist die Wurzel allen Übels«, flüsterte Alyssa.

»Das muß es wohl sein«, stimmte ich ihr bei. »Nicht das Geld, sondern die Liebe ist das Problem. Trotzdem bleibt die Frage: Warum? Was hat es mit dieser Liebe auf sich? Hier liegt das Mißverständnis! Also wäre es die praktischste Sache der Welt, Lebensbedingungen zu schaffen, in denen wir nach einer anderen Art ›Liebe‹ in uns forschen können, einer Liebe, die unser Bewußtsein nicht verringert, die unsere Bewußtheit nicht verschlingt. Und es ist die praktischste Sache der Welt, die Erfahrung der Wahrheit zu intensivieren, bis sie so stark und interessant ist wie die Erfahrung der Befriedigung des Ego oder die Erfahrung momentanen physischen Wohlbefindens oder die Erfahrung, ein Verlangen zu stillen, das durch den Automatismus eines Geists konstruiert wurde, der einem kindlichen Körper gehorcht.«

»Glauben Sie wirklich, daß die Erfahrung unserer eigenen Widersprüche genauso zwingend sein kann, wie die Erfüllung unserer Wünsche?«

»Davon bin ich überzeugt«, sagte ich.

»Daß wir uns nicht gewaltsam zu moralischen oder religiösen Wesen machen müssen? Daß die ganze Sache irgendwie ganz *leicht* ist!?«

Ich unterbrach sie. »Das habe ich nicht gesagt. Ganz und gar nicht. Sie ist schwierig, diese Suche. Erinnern Sie sich an Salomo, und wie sehr er leiden mußte, um es zu verstehen. Ich sage nur, daß die Leiden der Suche etwas völlig anderes sind als die sich selbst auferlegten Leiden der ›Puritaner‹. Und die Freude bei der Begegnung mit der Wahrheit ist etwas völlig anderes als das Vergnügen des zügellosen Materialisten, der alle moralischen Bedenken in den Wind schlägt. Es gibt einen Kampf, der *interessanter* ist als das Vergnügen oder die Befriedigung des Ego. Ich behaupte, daß es etwas viel *Interessanteres* gibt, als man mit Geld kaufen kann.«

16. Hypnotische Realitäten

Als Bill Cordell ein paar Tage später auf der Bildfläche erschien, sah es zuerst so aus, als würde uns seine neu entdeckte Begeisterung für das Geld alle in eine völlig andere Richtung führen als der, die Alyssa und ich zu untersuchen begonnen hatten. Aber schon bald stellte sich heraus, daß er für unsere Nachforschungen eine wertvolle Hilfe war. Wie es schien, war er unmittelbar nach unserem Workshop in die Bibliothek der Stanford University gegangen und hatte dort jedes Buch über Geld mitgenommen. Seither hatte er wie ein Wahnsinniger gelesen. Offenbar hatte er während seines Jurastudiums die Fähigkeit erworben, mit größter Geschwindigkeit riesige Mengen Informationen aufzunehmen und im Gedächtnis zu behalten. Das heißt, er merkte sich alles, ohne darüber nachzudenken. Die Kopie des Briefes von Frau X, die ich ihm gegeben hatte, brachte die gewaltigen Gewitterwolken gelehrter Theorien und Informationen über Geld, die sich in seinem Kopf auftürmten, zur Entladung, so daß sie in einer Flut von Wissen aus zweiter Hand alles überschwemmten. Aber das war genau das Richtige für uns, um der Geldfrage wieder einen Schritt näherzukommen.

Eines Abends trafen wir uns alle drei nach dem Essen bei mir zu Hause. Bill mußte mehrmals zu seinem Wagen gehen, um die vielen Bücher, Journale und Fotokopien ins Haus zu tragen. Nachdem er alles auf dem Kaffeetisch aufgestapelt hatte, beging ich den ›Fehler‹, ihn zu fragen, was er in den Wochen, die seit dem Seminar vergangen waren, herausgefunden hatte. Während er sich mit hin und her wanderndem Blick und durch die Luft herumfuchtelnden Händen von seinen Worten mitreißen ließ, wurde der Kaffee in seiner Tasse kalt. Ich werde an dieser Stelle nur das Wesentliche seiner langatmigen Rede und unserer Reaktion darauf wiedergeben und seine endlosen Abschweifungen, Widersprüchlichkeiten, Fußnoten und wilden, unlogischen Moralpredigten weglassen. Aber einige seiner interessantesten übertriebenen Ausführungen will ich trotzdem wiedergeben.

»Ich weiß, es ist unglaublich«, begann er, »aber als ich all die klugen Bücher über Geld gelesen habe, erfaßten mich ganz komische Gefühle. Ich kann gar nicht glauben, daß ich mir eigentlich noch nie irgendwelche *Gedanken* über Geld gemacht habe! Ich komme mir vor wie jemand, der sein ganzes Leben lang geatmet und gegessen hat, ohne je ernsthaft über das Vorhandensein und das Wesen von Luft und Nahrung nachgedacht zu haben! Und ich habe auch die *Geschichte* entdeckt! Ich habe mein ganzes Leben lang in der *Geschichte* gelebt! Und was ist Geschichte? Es sind Kräfte, nichts als Kräfte. Es gibt keine Menschen! Es gibt keine *Dinge*! Es gibt nur Kräfte!«

An dieser Stelle schossen Bills große Hände nach vorn, und er zog mit der einen seine Brieftasche heraus, während er gleichzeitig mit der anderen zwei Bücher aus dem Stapel auf dem Kaffeetisch zog und dabei mehrere andere auf den Boden stieß.

Alyssa und ich ließen sie dort liegen.

Bill zögerte kurz. Dann legte er die Bücher, die er in der Hand hielt, wieder hin und zog ein Bündel Papiergeld aus seiner Brieftasche, mit dem er vor uns in der Luft wedelte.

»Wissen Sie, was das ist? Das sind Artikel des Glaubens! Blinden Glaubens! Wissen Sie, wer John Law war?«

John Law

Ich wußte, wer John Law war. Anfang des 18. Jahrhunderts, nach dem Tod von Ludwig XIV., als die französische Regierung am Rande eines finanziellen Zusammenbruchs stand, tauchte in Paris ein charmanter und höchst brillanter Schotte auf, der einen Plan hatte, um die Nation vor dem Ruin zu retten. Law, der Sohn eines Goldschmieds aus Edinburgh, war aus seinem Heimatland geflohen, wo er des Mordes angeklagt war (ein ›Liebes‹-Duell), und mit phänomenalem Erfolg und großen Prahlereien durch die Spielbanken und Königshöfe Europas und die Finanzkreise der amerikanischen Kolonien und Hollands gezogen. Er hatte die Idee entwickelt, daß die Geldverleiher ihre Darlehen mit Bodenbesitz der Regierung absichern könnten, zu ihrem geschätzten künftigen Wert anstatt mit Gold. Außerdem trug er einen Gedanken vor, dem man bis dahin in Europa noch nicht nachgegangen war, daß eine finanzielle Institution mehr Geldnoten ausgeben könnte, als sie Gold besaß, um es zu stützen. Natürlich war das die Grundlage des modernen *Bankwesens*: Die übermäßige Verteilung von Geldnoten, die die vorhandenen Mittel überschreitet, damit sie wieder zu Wert kommen. Der französische Regent, der Duc d'Orléans, begrüßte Laws Ideen aufs Wärmste und gründete am Ende die Banque Royale mit Law an ihrer Spitze. Einige wenige Federstriche hatten aus dem armen Frankreich einen ›solventen‹ Staat gemacht.

Die Währung des Glaubens

»Die Regierung hat dieses Geld einfach erfunden!« sprudelte Bill heraus. »Die Regierung hat ihren eigenen Reichtum erfunden! Und die Leute haben es geglaubt!« Bill stieß noch mehr Bücher vom Tisch, als er nach Galbraith's *Geld: Woher es kommt, wohin es geht* griff. Er fuhr fort:

»Law redete dem französischen Regenten ein, daß niemand

versuchen würde, die Geldnoten einzulösen, wenn nur alle glaubten, daß sie einlösbar wären. Und er hatte recht! Es funktionierte wie eine Zauberformel. Es *war* eine Zauberformel. Die Leute wollten glauben, daß man für nichts etwas bekam. Wie alle Betrüger mußte die französische Regierung ihre Opfer dazu bringen, an Märchen zu glauben. Sie mußte sie dazu bringen, habgierig, unersättlich und durch und durch unehrlich und unmoralisch zu sein . . . und . . . und . . .«

Alyssa unterbrach ihn mit kühler Stimme: »Also wirklich, Bill. Sie wollen uns doch nicht erzählen, daß Sie das alles nicht schon vorher gewußt haben!«

»Ich habe mich vorher nie mit der französischen Geschichte befaßt«, beteuerte er.

»Ich rede nicht von Geschichte«, sagte Alyssa. »Ich rede von Geld. Geld! Das Geld, das Sie haben, das Geld, das wir alle haben oder auch nicht haben. Wollen Sie tatsächlich behaupten, daß Sie von dieser Sache mit dem Geld nichts gewußt haben? Sie sind – sagen wir, sechs Millionen Dollar? – schwer und haben noch nie etwas von diesen Währungs- und Bankgeschäften gehört? Das ist doch wesentlich!«

Wieder wedelte Bill mit seinem Geldbündel in der Luft. »Nein, habe ich nicht! Ich meine, gehört habe ich es schon, aber nicht wirklich gewußt!«

Ich sagte: »Sie haben davon gewußt, aber jetzt fühlen Sie es. Das ist schon etwas völlig anderes – oder jedenfalls könnte es das sein, wenn Sie sich ein bißchen beruhigen würden.«

Aber Bill war nicht in der Stimmung, sich zu beruhigen und zu erkennen, daß er an der Schwelle zu einem großen Geheimnis stand – nicht nur von Geld, sondern von Wissen, von zwei Arten des Wissens –, und ich merkte, daß Alyssa ganz plötzlich gerade daran sehr interessiert war. Sie warf mir einen Blick zu, der mir zeigte, daß sie mehr darüber hören wollte.

Mit seiner freien Hand griff Bill nach einem dicken schwarzen Buch aus dem Stapel auf dem Tisch, und wieder fielen ein paar andere herunter. Das Buch William Greider's *Secrets of the Temple*, eine Analyse der Bundesbank. Mit dramatischer Geste warf Bill sein Geldbündel auf den Tisch und fing an, aufgeregt in dem Buch zu blättern. (Ich konnte nicht widerstehen, in Gedanken schnell das Geld zu zählen, das dort lag – ein gutes Dutzend Hundertdollarscheine und einige Fünfziger, Zwanziger und Zehner, zusammen ungefähr zweitausend Dollar.) Er las laut vor:

»Aber die Bundesbank ist auch im Bereich der Religion tätig ... Ihre mysteriösen Kräfte der Geldherstellung, von priesterlichen Vorfahren ererbt, deckten ein komplexes Bündel sozialer und psychologischer Inhalte ... Vor allem aber war Geld eine Funktion des Glaubens. Es erforderte unbedingte und universelle soziale Zustimmung, die in der Tat mysteriös war. Um Geld herstellen und verwenden zu können, mußten jeder und alle glauben. Nur dann bekamen wertlose Papierscheine einen Wert ...«

Bill sah uns einen Augenblick an und las dann ein Zitat, das Greider einem Statement von Henry Ford, Sr., entnommen hatte:

»Es ist gut, daß die Menschen in unserem Land unser Bank- und Geldsystem nicht verstehen, denn ich glaube, wenn sie es verstehen würden, hätten wir morgen früh eine Revolution.«*

Alyssa lachte, ihre blauen Augen funkelten.

»Warum lachen Sie?« fragte Bill erstaunt.

»Ich muß daran denken, als ich es erfuhr«, sagte sie. »Geld, das durch Ermächtigung von Regierung und Banken geschaffen wird. Die Regierung verkündet einfach wie Gott: *Es werde Geld*! Und so geschah es. Es wurde Geld. Und sie sah, daß es gut war.«

»Aber das ist kein Witz«, meinte Bill. »Es ist alles eine Täuschung. Es steckt nichts hinter unserm Geld!« Bills Hand schnellte wieder vor, diesmal zu einem anderen Stapel Bücher, und zog zwei Taschenbücher heraus. *The Triumph of Gold* von Dr. Franz Pick und *How You Can Find Happiness During the*

* William Greider: *Secrets of the Temple: How the Federal Reserve System Runs the Country*. New York (Simon and Schuster) 1987, S. 53-55

Collapse of Western Civilization von Robert J. Ringer. Zwei Hundertdollarnoten flatterten vom Tisch auf den Boden. Ich hob sie auf und legte sie wieder auf den Tisch.

Bill blätterte fieberhaft in den beiden Büchern und las – anscheinend zufällige Passagen – aus dem Ringer-Buch vor (aus dem dutzendweise kleine Papierlesezeichen fielen, während er darin blätterte):

»Theoretisch ist Papiergeld gut und schön, vorausgesetzt, daß es nur Leute bekommen, die Produkte herstellen und Dienste leisten, die andere Leute kaufen wollen. Solange die meisten Menschen glauben, daß es das ist, wofür Papiergeld benutzt wird, *glauben* sie daran. Glauben ist der Schlüssel zur Stabilität *jeder* Art des Geldes.«*

»Das ›Geld‹, das aus den Druckmaschinen kommt, ist in Wirklichkeit gar kein Geld. Es ist nur Papier ... Und je mehr Leute es herausfinden, um so mehr wollen das Papier haben – in Form von höheren Preisen – als Ausgleich für den fehlenden Wert. Und das führt dann zu dem eigentlichen Problem, daß die Leute am Ende herausfinden, daß das Papier in Wirklichkeit *keinen* Wert besitzt ...«**

Bill sah uns einen Augenblick lang an. Alyssa lächelte ihm freundlich zu. Dann beugte er sich wieder über das Buch.

»Obwohl die subtile Zerstörung der Papierwährung täglich voranschreitet, dauert es bis zur offiziellen Beerdigung wahrscheinlich noch mehrere Jahre ...«***

»Und jetzt kommt der Teil über das Gold«, sagte Alyssa.

Gold

»Richtig!« sagte Bill gereizt, blätterte aber eifrig weiter die Seiten um. Dann las er wieder:

* Robert J. Ringer: *How You Can Find Happiness During the Collapse of Western Civilization*, New York (QED, distributed by Harper & Row) 1983, S. 164

** Ringer: a.a.O., S. 139-140

*** Ringer: a.a.O., S. 140

»Obwohl man für einen Papierdollar heute nur ungefähr fünf Prozent von dem bekommt, was man 1940 damit kaufen konnte, erhält man für eine Unze Gold heute noch etwa die gleiche Menge Waren und Dienstleistungen wie vor vierzig, fünfzig oder auch hundert Jahren . . . Die Leute *wissen*, daß Gold Geld ist . . . Gold übertrifft die Preise für Papiergeld; tatsächlich *legt es den Wert des Papiergeldes fest*, und nicht umgekehrt.«*

»Wir haben es also mit einem Goldanhänger zu tun«, sagte Alyssa.

Obwohl sich Bills Gesicht rot färbte, bemühte er sich tapfer, nicht nervös zu werden. »Warum machen Sie sich über mich lustig? Vielleicht wissen Sie ja schon alles, aber für mich ist es neu. Unsere ganze Welt beruht auf Regierungsbeamten, die den Vorrat an Papiergeld regeln. Gold ist ein natürlicher Stoff. Es macht ziemliche Mühe, es zu schürfen, es zu verfeinern. Natürlich ist es knapp. Es kann nicht einfach von Regierungsbeamten erfunden werden. Es ist natürlicher.«

»Es ist Gottes Reichtum. Gott hat das Gold als Geld vorgesehen«, sagte Alyssa ironisch.

»Na schön, aber ich traue ihm mehr als den Regierungsbeamten.«

»Sie trauen dem Phantasiebild, das die Menschheit von Gold hat, mehr als Ihrer Angst vor Gewehren?«

Wieder war Bill erstaunt. »Was meinen Sie damit?«

Alyssa kritisierte kräftig weiter, während ich auf eine Öffnung in dem Abtausch wartete.

»Zufällig ist Gold knapp«, sagte Alyssa, »formbar und teilbar, schön und schwer zu bekommen. Und Sie wollen das gesamte materielle Wohlergehen der Menschheit auf diesem Zufall der Natur aufbauen? Und all die Habgier und Gewalt und den Wahnsinn der menschlichen Natur auf das Gold konzentrieren? Im übrigen ist es nicht einmal das, was heutzutage passieren wird. Dasselbe Regierungsgehirn – wenn man es so nennen will –, das das Papiergeld verwaltet, wird auch das

* Ringer: a.a.O., S. 162-166

Gold verwalten. Vielleicht gäbe es eine vorübergehende Umschichtung der Machtverhältnisse unter den einzelnen Nationen, aber wie Dr. Needleman schon sagte, wird das alles noch immer durch die mentale Funktion geschehen – teils durch moderne Technologie und Elektronik. Die Menschen haben Angst vor Gewehren und vertrauen dem Geist. Das ist, glaube ich, die Grundlage des Geldes, ich glaube wirklich, daß es so ist . . .«

Zyklen

Bill beugte sich nach vorn, um ein anderes Buch vom Tisch zu nehmen – jedenfalls glaubte ich das. Während er in seiner Aktentasche wühlte, versuchte ich etwas zur Diskussion beizutragen, indem ich den Gedanken der Zyklen im menschlichen Leben einführte. Ich hatte schon viele von den Büchern gelesen, die Bill mitgebracht hatte, und es ging deutlich daraus hervor, daß es seit hellenischen Zeiten, wenigstens in der westlichen Geschichte, nie eine längere Periode monetärer Stabilität in einer der großen Kulturen gegeben hatte! Mir war klar geworden, daß die ganze Idee von einer monetären Stabilität ein Hirngespinst war.

Und wenn es noch nie eine solche Periode gegeben hatte, würde es vielleicht auch nie eine geben können. Hatte ich nicht in all den Jahren harten Studierens, intellektuell und auch sonstwie, und zwar auf Kosten meiner liebgewonnenen Meinungen, gelernt, daß das menschliche Leben auf der Erde niemals beständig sein kann und niemals beständig sein wird? Hatten nicht die großen Visionäre der Vergangenheit unseren Planeten ›die Welt der gemischten Kräfte‹ genannt? Allerdings erhält man durch den Gedanken der Zyklen und Rhythmen eine weite Sicht und wird vor Zynismus bewahrt. Das Leben des Menschen und alles Leben ist ein rhythmisches und gesetzmäßiges Spiel von Kräften. Das Traurige war nur, daß diese Kräfte sich im ökonomischen Bereich anscheinend durch menschliche Phantasien und Träume selbst ins Spiel bringen mußten – der Traum von Gold und Silber, der Traum von mentaler Verwaltung, der Traum vom kommunistisch-sozialen Altruismus, der Traum vom Laissez-faire-Kapitalismus.

Während ich sprach, holte Bill aus seiner Aktentasche ein Päckchen von Schuhkartongröße hervor, das mit Tesafilm beklebt und mit einem braunen Bindfaden zusammengebunden war. Mit gesenktem Kopf und großer Konzentration löste er langsam und sorgfältig die Knoten und zog das Klebeband ab. Ich beobachtete ihn aus den Augenwinkeln, während ich weitersprach.

Zwei Arten Wissen

»Vielleicht kann ich mit einer gewissen Autorität sprechen«, sagte ich. »Nicht über die Wirtschaftswissenschaft, sondern über das Wissen selbst. Wie Sie beide wissen, war ich, seit ich erwachsen bin, Akademiker für ein Spezialgebiet. Aber ich hatte auch Gelegenheit und das Privileg, andere Wissenschaftsdisziplinen zu studieren, etwa Medizin und Psychiatrie, und zwar nicht nur theoretisch, sondern auch praktisch. Ich kann Ihnen mit voller Überzeugung folgendes sagen: Akademisches Wissen allein, Wissen aus Büchern und aus dem, was wir ›Information‹ nennen, ist gut und schön, ist aber für sich allein nur eine Abstraktion. Die Ökonomie ist eine Abstraktion, nur ein winziger Aspekt des Menschen und seiner Natur und Bestimmung. Unsere Wissenschaft der Psychologie ist auch eine Abstraktion, genauso wie unsere Wissenschaft der Physik und Chemie und Anthropologie. Sie alle sind eine Abstraktion. Sie sondern ab, sie abstrahieren nur einen Aspekt, ein winziges Stück der ganzen Realität.

Aber das Entscheidende daran ist, daß ein solches Wissen nicht böse oder irreführend sein würde, wenn der Mensch nicht selbst zu einer Abstraktion würde, während er es erwirbt. Die Tragödie ist doch, daß wir selbst beim Erwerb eines solchen Wissens nur zu einem Teil aktiv sind, nämlich im Kopf. Unser Gefühl von Individualität kommt nur aus diesem Geist. Aber als Ganzes siechen wir dahin. Der Rest von uns löst sich im selben Augenblick auf, in dem wir unsere Fakten und unser Gefühl von Identität zusammenbringen, indem wir nur im Geist aktiv sind, unterstützt natürlich von den automatischen Funktionen der äußeren Sinne.

Wenn abstraktes Wissen von einem Menschen bewußt verwendet wird, kann es ein wahres Instrument menschlicher Macht und menschlicher Tugend sein, was es auch ist. Aber abstraktes Wissen, das von einem abstrakten Menschen, einem Menschen, der nur im Kopf lebt, verwendet wird, ist tödlich. Es ist ein höllisches Wissen, das Platon ›Höhlenwissen‹ nannte. Aus all diesen Büchern über die Ökonomie, mit all den Informationen und Theorien, die sie enthalten, müssen wir die wenigen Nuggets aus konkretem Wissen, die ihre Autoren vielleicht als Ganzes für sich gefunden haben, herauslösen.«

Bill Cordells Überraschung

Ironischerweise fiel im selben Augenblick, als ich ›Nugget‹ sagte, ein helles Licht in meine Augenwinkel, wie Sonnenlicht, das plötzlich am dunklen Himmel erstrahlt. Bill hatte sein Päckchen geöffnet und legte einen zwanzig Pfund schweren Goldbarren auf den Tisch. Dann griff er noch einmal in den Kasten aus dunklem Mahagoniholz, in dem der Goldbarren gewesen war, und legte eine Handvoll nach der anderen – südafrikanische Krügerrands, kanadische Ahornblätter und chinesische Goldpandas auf den Tisch. Es war wie eine Szene aus Tausendundeiner Nacht – ein Berg aus Gold wuchs aus der Erde, Münzen quollen aus dem Haufen und rollten auf den Boden.

Als die letzte Goldmünze klirrend auf die Marmortischplatte gefallen war, wurde es völlig still im Raum.

Wir hörten alle den Nachtvögeln zu, die draußen sangen.

Offenbar verstand niemand, auch Bill nicht, was genau geschehen war. Ich verstand es jedenfalls nicht. Es hatte einen Augenblick gegeben, in dem alle meine Gedanken aufgehört hatten – nur, wie ich gestehen muß, das Zählen nicht. Ich hatte ganz schnell an die fünfhundert Münzen geschätzt, die, zusammen mit dem Goldbarren, gut tausend Unzen schwer waren – fast eine halbe Million Dollar in Gold!

Es verging eine lange Zeit. Niemand sagte etwas, niemand bewegte sich. Ich fühlte mich seltsam entspannt.

17. Die Bedeutung von Gold

Eine ferne Erinnerung

Bei dem Berg aus Gold, der seine Macht in das stille Zimmer strahlte, zog eine ferne Erinnerung durch mein Gedächtnis.

Ich bin wieder acht Jahre alt. Damals gab es Tausenddollarscheine, und ich halte einen in der Hand. Wie vom Donner gerührt, starre ich darauf, während meine Mutter meine dicke Winterjacke zuknöpft. Aus den Augenwinkeln sehe ich die dunkle Gestalt meines Onkels. Wie ein Phantom, wie ein Bewohner des Hades, steht er in seinem schwarzen Mantel am anderen Ende des Wohnzimmers, bewegungslos, neben der trüben Glimmerlampe, die in dem kalten und düsteren Haus meiner Großmutter immer brennt.

Der Tausenddollarschein gehört ihm. Aber ich werde ihn in die Schule tragen, mit einem Streich die Anstrengungen meiner sämtlichen Klassenkameraden aus der dritten Klasse der großen Birney School War Bond Drive von 1942 weit hinter mir lassen. Ruhm und Ehre erwarten mich, aber selbst diese Aussicht wird von dem geheimnisvollen grünen Rechteck, das ich zwischen Daumen und Zeigefinger halte, in den Schatten gestellt.

Bis dahin war der größte Geldschein, den ich je gesehen hatte, ein Zwanziger gewesen, und der größte, den ich tatsächlich in den Händen gehalten hatte, ein Eindollarschein. Ein einfacher Penny hatte für mich Bedeutung und war real. Ein Nickel war stark und freundlich – ich mochte den Büffel, ich mochte ihn wegen seiner Dicke. Es gab wenig Wünsche im Leben, die sich nicht mit einem Nickel befriedigen ließen.

Ein Zehncentstück war schön und so paradox wie ein ständig erklingender Mollton. Wie konnte etwas, das kleiner war als ein Penny und ein Nickel, soviel wichtiger sein – so leicht und feminin, wie ein ferner Mond, der in einem rätselhaften Licht erglüht? Zehncentstücke bereiteten mir Unbehagen.

Vierteldollar waren für mich die Grenze dessen, was ich begreifen konnte. Ein Vierteldollar war *alles*: groß, klangvoll, schwer, maskulin, eine unglaubliche Konzentration der Macht. Ich erinnere mich daran, wie ich einmal zehn Pennies und drei Nickels neben einem Vierteldollar aufstapelte und voller Ehrfurcht und Staunen überlegte, daß sie alle irgendwie in dem Vierteldollar enthalten waren.

Und dann noch der ›halbe Dollar‹. Mein Lieblingsonkel (nicht mein Onkel Jack, der jetzt wie ein dunkler Monolith am anderen Ende des Zimmers stand) hatte mir einmal einen von diesen ›halben Dollars‹ gegeben. Von diesem Lieblingsonkel, der Benn hieß, habe ich in meiner Kindheit und in meiner Jugend von der möglichen Existenz einer unbegreiflichen Großzügigkeit im Menschen erfahren. Die Erfahrung dieser unbegreiflichen Großzügigkeit, die meinem Onkel Benn anhaftete, übte einen ständigen Druck auf meine geistige und emotionale Entwicklung aus, die mich, wie mir inzwischen klar geworden ist, am Ende davon überzeugt hat, daß es, allen anderen Beweisen zum Trotz, im Universum tatsächlich so etwas wie einen Gott geben mußte.

Ich kann noch auf eine andere Art erklären, was mir der halbe Dollar meines Onkels Benn bedeutet, indem ich auf meine Leidenschaft für die Astronomie hinweise, von der ich in meiner Kindheit besessen war. Im zarten Alter von sechs Jahren wußte ich schon alles über die Planeten, ihre Größe und ihre Entfernung von der Sonne, ihre Temperatur und ihre chemische Zusammensetzung. Ich wußte auch erstaunlich viel über die Sonne, die Sterne und die Galaxien. Die Astronomie war meine Religion. Die Größen und Entfernungen gaben mir manchmal eine tiefe innere Ruhe.

Als ich den halben Dollar von Onkel Benn zum ersten Mal in der Hand hielt, ging in mir ein Licht an. Es war, als würde ich die Sonne in den Händen halten. Sobald ich konnte, ging ich in mein Zimmer und legte den halben Dollar neben die anderen Münzen. Ein Vierteldollar war Jupiter. Ein Nickel war die Erde. Das Zehncentstück war der Mond. Und ein Penny – das war *ich*. Halb bewußt, halb unbewußt verband ich Onkel Benns Großzügigkeit, die Größe und den Wert des halben Dollars, die ungeheure Größe der Sonne und die wissenschaftliche Tatsache, daß die Sonne unaufhörlich unbegreiflich große Mengen ihrer Energie für das Leben auf der Erde opfert, miteinander.

Jetzt marschiere ich zur Schule, halte noch immer den Tausenddollarschein in der bloßen Hand, die vor Kälte rot ist. Die Dezemberluft ist eisig, der Schein flattert, und die Sonne ist von stahlgrauen Wolken verdunkelt. Vorsichtig gehe ich über die eisbedeckten Gehwege, versuche mir vorzustellen, daß ich allein bin, während zehn Schritte hinter mir meine Mutter und mein Onkel schweigend folgen. Ich spüre seine Augen, die auf den Geldschein gerichtet sind, ich höre seine Schritte, die auf dem eisverkrusteten Schnee knistern.

Mein Onkel Jack hatte mir in meinem ganzen Leben noch nie wirklich etwas gegeben. Wahrscheinlich hat er nie irgend jemandem irgend etwas gegeben. Er hat nie geheiratet. Er hat immer in dem großen dunklen Haus meiner Großmutter gelebt, wo ich mit meiner Mutter und meinem Vater in den vergangenen sechs Monaten gewohnt hatte, weil wir nicht genügend Geld hatten, um irgendwo anders zu wohnen. Mein Onkel Jack und mein Onkel Benn sind wie die Nacht zum Tag, eisig kalt neben strahlender Wärme.

Der Tausenddollarschein gerät aus dem Blickfeld und kommt wieder zurück. In dem einen Augenblick macht es mich schwindlig, wenn ich daran denke – sein gewaltiger Wert, ungeheuer viele Pennies, Nickels, Vierteldollar wert, ungeheuer viele halbe Dollar wert, die Milchstraße mit unendlich vielen unendlichen Sonnen. Im nächsten Augenblick ist es nur ein totes Stück Papier, das Instrument der kalkulierten Eitelkeit eines Geizhalses, ein Papiergeschenk, eine bedeutungslose Unendlichkeit.

Gold und das Heilige

Alyssas Stimme brachte mich zurück in die Gegenwart.

»Bill, was willst du damit beweisen?« Aber ihrer Stimme fehlte das alte Selbstvertrauen. Der Haufen Gold hatte auch sie stark beeinflußt.

»Daß *das*«, sagte er und deutete auf das Gold, »*wahres Geld* ist! Es ist *das Wahre*!«

Ich fühlte mich noch immer merkwürdig entspannt und ruhig, wie schon seit einer Weile. Aber meine Gedanken drehten sich im Kreis, und ich mußte mich beherrschen, um meine Hände davon abzuhalten, in dem Berg aus goldenen Münzen zu wühlen.

»Bill«, sagte ich, »Sie haben mir also bewiesen, daß Gold ein *Symbol* ist. Ich verstehe jetzt, warum es die Macht besitzt, die es zu allen Zeiten besessen hat. Ich glaube, ich weiß, warum es die alten Priester ausgewählt haben.« Dann erzählte ich ihnen von der Erinnerung aus meiner Kindheit, die eben zu mir zurückgekehrt war. »Die gelehrten Weisen sagen«, fuhr ich fort, »daß Gold die Sonne verkörpert, wegen seiner Farbe, und sie sprechen von den materiellen Eigenschaften des Goldes. Aber was sie uns nicht sagen, das ist das Gefühl von einer anderen Dimension, die es in uns weckt. Gold ist heilig, weil es die beiden Welten in uns gleichzeitig weckt. Das tut ein heiliges Symbol. Es ist real, weil es Macht besitzt, die Macht, das Gefühl für beide Welten auf geheimnisvolle Weise zusammenzubringen – die irdische und die göttliche, die unberechenbare und die berechenbare. Genau das *ist* Realität. Und die Kraft, die dieses Zwei-in-Einem erfahren kann, ist das Bewußtsein!«

Vielleicht redete ich jetzt zuviel, aber was mir in diesem Augenblick klar wurde, schien für das ganze Problem des Geldes von fundamentaler Bedeutung zu sein – und das erscheint mir auch jetzt noch so, während ich schreibe. Selbst jetzt kann ich mich noch an dieses seltsame Nebeneinander von Stille und Bewegung erinnern, das von dem Gold in mir hervorgerufen wurde, und das von großen Summen Geld hervorgerufen werden kann, und auch von riesigen Größen, wie Dimensionen der Sternenwelt. Stille und Bewegung: die innere Welt und die äußere Welt, die unsichtbare und die sichtbare – »Das *ist* Realität!« wiederholte ich mit großem Nachdruck. »Nehmen Sie irgendein wahrhaft großes Kunstwerk – seine Größe liegt in der Art, wie es unbegreiflicherweise die beiden Welten zusammenbringt und das einzigartige Bewußtsein in uns weckt, das einen Augenblick lang, wenn auch nur in unserem Gefühl, diese beiden grundlegend verschiedenen Richtungen enthält.«

Tod eines Symbols

»Aber genau dasselbe sagt Coomaraswamy über die Artefakte in den alten Kulturen«, sagte Bill und wandte sich mit erstaunlicher Leichtigkeit von dem Berg Gold vor ihm, seinem eigenen Gold, ab. »Nach ihm tragen alle Dinge, sogar das Geld, das Zeichen Gottes, oder so etwas ähnliches.«

»So etwas ähnliches«, erwiderte ich. »Ich weiß noch, wie wir in meiner Jugend immer gezwungen wurden, ins Museum zu gehen, wenn wir Geschichte hatten, aber ich habe diese Artefakte der alten Zivilisation nie besonders zu schätzen gewußt. Diese armen Menschen von damals, die sich soviel Mühe gegeben hatten, auf Löffel und Becher religiöse Symbole zu schnitzen, während wir in unserer modernen Zeit alles so leicht, so zweckdienlich herstellen können.«

»Wollen Sie sagen«, fragte Alyssa, »daß das Geld, als es nicht mehr symbolisch war, nur noch materielle Funktionen besaß, zu etwas Bösem wurde?«

»Ja«, sagte ich, »wenn sich das Geistige und das Materielle zu weit voneinander entfernen, bricht die Hölle los.«

»Aber Sie sagten doch auch, daß es genauso schlecht ist, wenn der Unterschied zwischen ihnen verschwimmt.«

»Das ist ein und dasselbe Problem«, sagte ich. »Sie *sind* getrennt, aber sie müssen aufeinander einwirken, sie müssen sich gegenüberstehen. Alles, was existiert, ist durch die Wechselwirkung dieser beiden Kräfte zustande gekommen, die aber trotzdem getrennt bleiben. Auf der menschlichen Ebene muß diese Wechselwirkung bewußt ausgeübt werden. Bewußte Existenz ist die bewußte Gegenüberstellung dieser beiden Kräfte.«

»Sie meinen damit doch nicht, daß wir anstelle von Papiergeld Gold verwenden sollten?« sagte Bill.

»Ich glaube nicht, daß das irgend etwas damit zu tun hat«, erwiderte Alyssa ungeduldig.

»Überhaupt nichts«, sagte ich. »Es liegt nicht am Gold, es liegt am Bewußtsein. Nur besitzt das Gold einige natürliche materielle Eigenschaften, die den Menschen an eine andere Dimension im Leben erinnern. Aber kein Symbol übt automatisch über einen bestimmten Punkt hinaus eine Wirkung aus. Wenn das freiwillige Bemühen um Bewußtsein nicht auch bei unserem Umgang mit Gold gilt, wird es uns genauso verschlingen wie alles andere auch.

Für den modernen Menschen ist das Gold nur eines von vielen Metallen. Die Wissenschaft hat den Menschen über dieses Symbol hinausgebracht. Das ist gut so. Nichts, worüber man sich aufregen sollte. Die Welt ist voll von Symbolen. Alles ist ein Symbol, wenn man nach der Wahrheit sucht. Das mittelalterliche Christentum hatte eine wundervolle symbolische Vorstellung von der Natur. Alle Dinge die Handschrift Gottes und so. Herrlich. Das alte Ägypten hatte ebenfalls eine wundervolle symbolische Vision. Auch Tibet. Die Sufis im Bagdad des 11. Jahrhunderts. Fein. Ausgezeichnet. Aber vorbei. Macht nichts. Die Menschheit bewegt sich weiter. Jetzt haben wir die Wissenschaft, und es gibt unendlich viele neue Symbole, die darauf warten, gesehen und gefühlt zu werden. Wenn es die Suche nach einer Verbindung zu einer höheren Ebene im Menschen gibt und ein Gefühl von der Natur des Menschen, die beide Welten in sich einschließt, beide Richtungen, wird die ganze Welt, die die moderne Wissenschaft enthüllt, symbolische Bedeutung bekommen. Die ganze Welt der Dinge wird zu einer Welt der Erinnerungen werden. Denn Dinge sind an sich symbolisch; dem kann man sich einfach nicht entziehen. Dinge sind die Schöpfung zweier Kräfte, die einander unter sich verändernden Bedingungen der universellen Natur gegenüberstehen. Und genau das ist ein Symbol – die Verkörperung des Aufeinandertreffens zweier Kräfte unter der Ägide einer dynamischen dritten Kraft, einer geheimnisvollen Brücke oder eines Katalysators.

Gold ist also nicht länger ein gültiges Symbol der beiden Unendlichkeiten, der beiden Welten. Nichts, worüber man sich aufregen müßte. Zufälligerweise, glücklicherweise, spürte ich den alten Symbolismus des Goldes, als Sie« (ich sah Bill an) »das viele Gold auf den Tisch geschüttet haben. Aber für mich und alle modernen Menschen ist Gold wirklich, wissenschaftlich, nur eines von vielen Metallen. Vergessen Sie's. Im Augenblick ist Gold nicht wirkliches Geld – und es ist mir gleich, was die Verfechter des Goldes sagen. Selbst wenn die Welt zum Goldstandard zurückkehren sollte, dann nur als einem Instrument politischer und militärischer Macht – das heißt, einem Instrument des Verlangens und der Angst, einer Zählvorrichtung, um die Verteilung von Wünschen und Ängsten zu errechnen.

Nein, unser Geld sind jetzt die Papiernoten, oder elektronische Impulse, die aufzeichnen, was wir Kredit nennen. Unsere Aufgabe besteht darin, den Symbolgehalt von Geld und Kredit zu begreifen und zu fühlen . . .«

Natürlich wußte ich, daß ich einen Sturm heraufbeschwor, aber ich verspürte nicht wirklich den Wunsch, aufzuhören, bis Bill anfing, seine Brieftasche zu leeren, und eine endlose Reihe Kreditkarten zum Vorschein kam – die er trotzig, eine nach der anderen, neben die halbe Million Dollar in Gold auf den Tisch warf. Ich sah Visa Cards, Mastercards, Kreditkarten von American Express (in Gold), Diner's (auch in Gold), Chevron, Discover, Shell, Macy's – alles in allem über dreißig Karten. Jedesmal, wenn eine der Karten auf das Gold oder auf die Tischplatte fiel, war ein hohles leises Klirren zu hören.

Bills Geste übte auf mich ihre Wirkung aus. ›Nur weiter‹, besagte diese Geste, ›zeigen Sie uns, daß diese Plastikteile genauso eine menschliche Bedeutung haben wie das Gold!‹

Was geht hier vor?

Dann griff Bill wieder nach einem Buch, eine New Age-Version der altbekannten ›Macht des positiven Denkens‹. Er begann laut vorzulesen:

»Das Gegenteil von Armutsbewußtsein ist Wohlstandsbewußtsein: Der Glaube an ein überreiches Universum und deine Fähigkeit, daran teilzuhaben. Dazu gehört das Vertrauen, daß es immer genügend Geld geben wird, damit du deine Bedürfnisse befriedigen kannst, und das Vertrauen, daß du leicht mehr schaffen kannst, wenn du es benötigst. In der Vergangenheit mag dieser Gedanke vielleicht schwer zu akzeptieren gewesen sein, da der meiste Wohlstand durch persönlichen Willen entstanden ist, angewandt auf die Fertigung von Waren und den Abbau einer begrenzten Menge natürlicher Ressourcen. Heute kommt viel Wohlstand von der Information, die eine Kombination von Intelligenz, Kreativität und persönlichem Willen ist – die alle unbegrenzt sind.«*

* David Gerhson und Gail Straub: *Empowerment: The Art of Creating Your Life as You Want It.* New York (Dell) 1989, S. 149-150

Bill hörte zu lesen auf und sah zuerst mich und dann Alyssa an. »Das ist Unsinn«, sagte er, und nach einer Pause, ». . . oder?«

Mir war nicht entgangen, daß sich Alyssas Einstellung gegenüber Bill gewandelt hatte. Es war in dem Augenblick geschehen, als er das viele Gold auf den Tisch geschüttet hatte. Die Kühnheit dieser Geste schien sie für ihn eingenommen zu haben. »Ich halte es für Unsinn«, sagte sie. »Und doch werde ich von den Leuten für die Informationen bezahlt, die sie von mir erhalten. Aber es sind nicht nur die Informationen; ich helfe ihnen, ich tue etwas für sie. Ich leiste ihnen einen Dienst. Und es stimmt auch, daß es in unserer Gesellschaft mehr Leute gibt, die Dienstleistungen erbringen, anstatt materielle Waren zu produzieren. Vielleicht müssen wir Information als eine Dienstleistungsindustrie betrachten.«

»Aber ist Kredit nicht auch – eine Dienstleistung?« sagte ich.

Bill seufzte und klappte das Buch auf seinem Schoß zu. »Das ist alles viel zu kompliziert. Dieser Absatz, den ich gerade vorgelesen habe, ist Unsinn. Ich weiß es, und Sie wissen es auch. Armutsbewußtsein, Wohlstandsbewußtsein, grenzenloser Überfluß – das ist doch New Age-Gefasel – oder? Gold ist real. Knappheit ist real. Information, Dienstleistung, Kredit – nichts davon ist real. Nahrung ist real, Behausung ist real, Gesundheit und Krankheit sind real. Was, zum Teufel, geht hier eigentlich vor, in dieser dummen Welt?«

18. Die Währung der Illusion

»Gottes Gnade ist grenzenlos und weit und wird in ihrer Größe nur von der Treulosigkeit und Ignoranz des Menschen erreicht.«

Nach einigen Gläschen Wein neige ich manchmal dazu, meist ziemlich lahme Aphorismen von mir zu geben. Aber dieser war keine so schlechte Zusammenfassung unserer Diskussion, die noch immer in Gang war. Ich war aufgestanden und hatte eine Flasche guten Côtes du Rhône geholt. Während ich nicht im Zimmer war, hatte sich Alyssa von ihrem Stuhl neben Bill auf die Couch gesetzt und tat jetzt so, als würde sie sich die Bücher auf dem Kaffeetisch ansehen.

In Erwiderung auf Bills Vorhaltungen wegen der stupiden Komplexität moderner Geldkonzepte trank ich von dem Wein und machte mich daran, eines meiner eigenen Lieblingsthemen anzuschneiden, die zeitgenössische Vorstellung von Wissen und Information. Ich hatte nicht vergessen, daß ich ganz zu Anfang an diesem Abend die Frage nach verschiedenen Arten und Ebenen des Wissens gestellt hatte, vor allem auch im Zusammenhang mit den vielen Büchern, die Bill mitgebracht hatte und die sich alle mit Ökonomie befaßten. Bill war dabei, für sich selbst eine grundsätzliche Wahrheit über das Geld zu entdecken. Eine einfache Wahrheit – vielleicht. Elementar. Aber er entdeckte sie ganz für sich, in seinen Gefühlen und seinem Instinkt. Nicht alles Wissen aus zweiter Hand war es das wert.

Mentale Information und menschliches Wissen

Wenn ein Mensch etwas für sich allein entdeckt, versteht er es wahrhaftig. Nichts kann es ihm wegnehmen. Es bedeutet, daß er einen Teil von *sich selbst* entdeckt hat – oder vielmehr wurde er *von* einem Teil von sich selbst ›entdeckt‹! Und das war voll und ganz die Bedeutung der Geldfrage im modernen Leben. Das Geld dringt so tief in unsere Persönlichkeit und in unseren psychophysikalischen Organismus ein, daß die persönliche Erforschung des Geldes unerläßlich ist, um sich selbst zu entdecken, um jene verborgenen Teile der menschlichen Natur zu entdecken, die gefangene Energien enthalten, die mit unserem Bewußtsein in Verbindung stehen müssen.

Diese Energien müssen uns entdecken!

Aber wie diese Wahrheit ausdrücken? Der ›Sinn des Lebens‹ – was für eine vage Formulierung! Das Entscheidende ist, daß

Sinn ein Attribut des authentischen vollen Bewußtseins ist; ein authentischer vollständiger Geist, der mit sich in Verbindung steht, der sich seiner selbst bewußt ist. Hat nicht Aristoteles auf seine abstrakte Art gesagt, daß Gott der sich seiner selbst bewußte Geist ist. Der Teil des Geistes, in dem wir gewöhnlich leben, ist strukturell unfähig, Bedeutung zu erfahren – kein Wunder, daß der Gedanke vom ›Sinn des Lebens‹ fast zu einem Witz geworden ist! Es gibt in uns andere Aspekte des Geistes, die uns nicht bewußt sind – und wir sind ihnen nicht bewußt. Warum nicht meine Karten auf den Tisch legen und diese anderen Aspekte nicht einfach ›Aspekte‹ nennen, sondern – wie Gurdjieff – *Geister*: Der denkende Geist, der fühlende Geist und der empfindende Geist. Wenn eine Person wirklich damit anfängt, wenn auch nur für einen Augenblick, das, was sie weiß, zu fühlen, dann bedeutet das, daß sich zwei ihrer Geister gegenseitig bewußt geworden sind. Und schon das allein erzeugt einen völlig neuen Sinn für Individualität. Es ergibt sich daraus nicht nur eine objektivere und vollständigere Vorstellung von der äußeren Welt, viel vollständiger und zuverlässiger als alle sogenannten ›Informationen‹ in der Welt, sondern es ergibt sich daraus auch eine Erfahrung von Dasein-für-sich-selbst, die auf das mögliche Erscheinen von *Ich-bin-da* im eigenen Leben hindeutet. Mythisch, metaphysisch ist es die Flucht aus der Hölle, die Flucht aus Scheol, die als der Bereich des sich ständig verkleinernden menschlichen Wesens definiert wird.

Schon ein schwaches Echo dieses Zustands verleiht dem Individuum eine gewisse Aura von Gleichgewicht und Gewicht. War es das, wodurch sich Alyssa zu Bill hingezogen fühlte?

Auf jeden Fall begann ich mit einem Glas Wein im Bauch meine Ansichten über das, was heute *Information* genannt wird, darzulegen. Was für eine Art ›Ware‹ ist sie? Und stimmt es wirklich, wie manche Beobachter jetzt behaupten, daß in unserer zeitgenössischen Kultur die wirkliche Währung Information ist, die wirkliche Grundlage von Reichtum?

Durch lebenslanges Bücherlesen, das Lehren von Ideen und den Versuch, die Suche nach mir selbst aufrechtzuerhalten, hatte ich eine ziemlich trübe Perspektive davon, was in der Welt als Information und Wissen durchgeht.

»Wir werden von Informationen zugeschüttet«, erklärte ich das Offensichtliche. »In jeder Stunde des Tages werden ständig neue Informationen produziert, neue Daten aufgezeichnet, neue Fakten registriert, neue Theorien angeboten, mehr als in irgendeiner früheren Zivilisation vielleicht im ganzen Leben verfügbar waren. Es gibt tonnenweise Daten und Konzepte, die aus unserer Kultur herausströmen. In diesem Augenblick drucken Computer überall auf dem Planeten milliardenmal mehr ›Informationen‹ aus, als, sagen wir, in der gesamten mittelalterlichen Welt oder in den fünftausend Jahren der alten ägyptischen Zivilisation existiert haben.

Gehen Sie jedes Studienfach durch, jede Wissenschaft, jedes menschliche Unternehmen, und was werden Sie finden? Zahllose Bücher, Magazine, Artikel, Berichte, die von einem einzelnen Menschen weder verarbeitet noch überhaupt alle gelesen noch zur Kenntnis genommen werden können. In jedem Zweig der Wissenschaft – nein, in jedem Fachbereich, jeder Unterabteilung des Fachbereichs – gibt es mehr Daten und mehr Informationen, als ein menschlicher Geist aufnehmen kann.«

Ich hob mein jetzt leeres Weinglas hoch. »Sehen Sie sich dieses Glas an«, sagte ich. »Wissen Sie, wieviel Daten es über diesen Gegenstand gibt? Seine chemische Zusammensetzung? Seine Geschichte, seine Beziehung zu anderen Gegenständen, seine mathematischen Eigenschaften, seine soziologischen, psychologischen, technologischen Aspekte, die Anwendung, denen solche Gegenstände unterworfen werden, ihre Herstellung, ihre Verbreitung und ihr Verkauf, das Material, aus dem sie gemacht sind? Es gibt unendlich viele Daten über alles und jedes in der Welt. Daten sind nicht Wissen, Information ist nicht Wissen, Theorie ist nicht Wissen. Und das alles nennen die Menschen bereitwillig die Grundlage des Wohlstands?«

Alyssa füllte mein Glas nach und lächelte mich an. Ich fuhr fort:

»Und das alles nur wegen relativ genauer Informationen – die an sich bedeutungslos, aber genau sind. Die Situation wird noch viel schlimmer, wenn man all die irreführenden und falschen Informationen hinzufügt, die die Welt hervorbringt – die unwesentlichen Daten, die Informationen, die sorglos gesammelt werden, die voreiligen Meinungen, die aufgezeichnet und als verifizierte Beobachtungen hingenommen werden, die zahllosen Bücher, Artikel und Berichte, die aus den oberflächlichen Gedanken anderer Leute zusammengeflickt und als eigene präsentiert werden, die Anordnung und Neuanordnung entstellter Informationen zum Zweck der Verführung, des Profits, der Überredung – oder unter dem Einfluß von Angst, Gewalt, Haß –, oder einfach nur aus Hast und Eile und mangelnder Aufmerksamkeit. All das zusammengetragen in sogenannten gelehrten Schriften oder in Zeitungen oder in den Medien.«

Ich trank einen Schluck und fuhr fort: »Aber das ist noch nicht das Schlimmste. Fügen Sie dazu noch die riesige, ungeheuer große Menge reiner Spekulationen und Phantasievorstellungen an, die als ernsthafte Gedanken oder Wissensvermittlung durchgehen. Fügen Sie die Propaganda und die Lügen hinzu, manche absichtlich, aber die meisten unbewußt. Und fügen Sie dann zu all dem noch das hinzu, was ohne Bedenken als *Ideen* und Konzepte bezeichnet wird. Überlegen Sie einmal, was passiert, wenn Leute mit gut funktionierendem Geist – aber unfähig, was sie wissen, wahrzunehmen oder wirklich zu fühlen – all diese Informationen zu Theorien zusammenfügen. Wie viele unserer Konzepte sind klug zusammengefügte schlechte Informationen? Brillante Konzepte, die bedeutungslose Daten kunstfertig zu unsachlichen, entstellten Bedeutungen arrangieren. Unsere Konzepte – *ha!* Wie viele von ihnen sind nichts als kluge Ablagen für illusorische Informationen!«

Ich wußte, daß ich ein abendliches Gespräch zu einer Vorlesung, einem Seminar, machte, und beobachtete auch mit Interesse, wie Bill und Alyssa auf der Couch näher zusammenrückten.

»Natürlich ist mir bewußt, daß sich die Leute heutzutage immer mehr Dienste und Informationen wünschen. Immer mehr Leute arbeiten mit Gedanken, anstatt mit Materialien wie Holz oder Stein. Die Leute sitzen vor Computern, sie gehen mit Wörtern um, mit Logik, Systemen, Vorschlägen, Plänen, Programmen, und nicht mit Holz oder Stein oder Metall. Die Wissenschaftler sehen sich viel öfter Ausdrucke an, anstatt sich die Sterne oder Tiere oder Pflanzen direkt anzusehen. Unsere Kultur schwimmt in einem Meer mentaler Information. Wir leben und atmen mentale Information.

Na gut, sagen wir also, Information ist die Währung unserer Gesellschaft. Aber es ist eine falsche Münze, nicht wahr? Was Galbraith über den industriellen Kapitalismus sagte, daß er die Wünsche erzeugt, die er befriedigt, ließe sich jetzt auf eine andere Art sagen. Der informationelle Kapitalismus erzeugt immer neue Wünsche nach mentaler Information – illusorische Information. Es gibt in den Glaubenslehren keine Darstellung der Hölle mit Menschen, die Daten und Vorschläge und Pläne erflehen. Aber es ist keine neue Erkenntnis, daß sich Männer und Frauen Illusionen ersehnen – das haben uns die Weisen der Vergangenheit schon tausendmal gesagt. Es ist nicht so, daß Gold eine Illusion wäre. Sondern die Illusion hat den Platz des Goldes eingenommen! Die Illusion ist unsere Währung!«

Die Bedeutung von Kredit

Ich füllte Bills und Alyssas Gläser und ging nach draußen, um eine neue Flasche zu holen. Als ich zurückkam, erwarteten sie mich mit einer Frage.

»Wie sollen wir aus dieser Situation wieder herauskommen? Wie sehen das die alten Weisen?« fragte Bill.

»Ich will Ihnen sagen, was ich glaube«, sagte ich und nahm eine Visa Card und ein goldenes Ahornblatt. »Was Gold verkörpert, was wertvolle Metalle verkörpern, ist eine reale Erfahrung – eine solide, authentische Erfahrung, Verbindung mit der Natur oder sogar mit Gott. Die Leute haben das Gefühl, daß Gold richtiges Geld ist, weil es in ihren Köpfen das Ideal einer realen umfassenden Erfahrung von einer realen umfassenden Wirklichkeit wiedergibt, unabhängig von ihren eigenen subjektiven Gedanken und Impulsen.

Für die alten Völker war die Natur von Göttern und Geistern erfüllt. Das bedeutete ursprünglich, daß für diese alten Völker die Realität ihre eigenen Gesetze und Kräfte besaß, die von den abergläubischen Neigungen und Abneigungen der Menschen unabhängig waren. Als diese Anschauung zu Aberglauben wurde, haben die Väter der modernen Wissenschaft sie korrigiert, indem sie sagten, das Universum würde unpersönlichen Gesetzen gehorchen. In ihren Ursprüngen bot die Wissenschaft die Grundlage für die Rückkehr zu einem voll entwickelten Gefühl für die Realität, indem sie den Animismus preisgab – die abergläubische Entartung des alten Symbolismus preisgab. Aber die Wissenschaft wurde zu Wissenschaftlichkeit, als der Natur das göttliche Element genommen wurde – als die Menschen zu glauben begannen, daß das Universum nur den Gesetzen gehorcht, die von ihren mentalen Gehirnen verstanden werden, ohne jede Verbindung zu den Wahrnehmungen, die tiefen Gefühlen und inneren Empfindungen zugänglich sind.

Gold verkörpert die Natur, die vom Licht großer Göttlichkeit durchdrungen ist. Seine Produktion läßt sich nicht vollständig kontrollieren. Es ist nur in der Natur. Es ist schwer zu bekommen. Es ist knapp. Es ist schön. Und so weiter. Es ist eine Ware, deren Verfügbarkeit nicht den oberflächlichen Wünschen und der Geistestätigkeit der Menschen gehorcht.«

»Sind Sie am Ende etwa auch für das Gold?« fragte Alyssa.

»Nein, ganz sicher nicht«, sagte ich. »Wir können in unserer Kultur nicht zu diesem Symbolismus zurückkehren. Das Gold wird schon seit langem genauso gesteuert wie jeder andere Stoff, mental beherrscht wie alles andere. Aber worauf ich hinaus will, ist die Bedeutung des Geldes in der heutigen Welt. Diese Goldmünze und diese Kreditkarte . . .«

»Das eine ist echt und das andere Schwindel«, sagte Bill, und der Wein zeigte schließlich Wirkung, als Bill, fast absichtlich, die Hand auf Alyssas Schulter legte.

Alyssa blieb so kühl wie sonst auch, aber ich bemerkte, daß sich ihr Körper gegen die Berührung nicht wehrte.

»Nein, damit meint er«, sagte sie und sah Bill an, während sie mit mir sprach, »daß erfundenes, erzeugtes Geld den Platz des Goldes als Symbol der menschlichen Beziehung zur realen materiellen Welt eingenommen hat. Und der Kredit ist erfundenes Geld *par excellence*. Meinen Sie das?« fragte sie und drehte sich wieder zu mir um. »Daß der Kredit gewissermaßen von etwas, das man bekommt, wenn man es ernsthaft benötigt, zu etwas geworden ist, das man bekommt, um sich oberflächlich erfundene Wünsche zu erfüllen?«

»Das meine ich ja: ein Schwindel«, sagte Bill. »Diese Plastikkarten geben sehr vielen Menschen soviel Geld, wie sie wollen, aber es ist nicht real.«

Alyssa rückte ein Stück von ihm ab. »Wenn man die Rechnungen bezahlen muß, ist es real!«

Ich mischte mich wieder ein. »Aber womit bezahlt man?«

»Was meinen Sie?« fragte Alyssa, beantwortete sich ihre Frage aber gleich selbst. »Natürlich. Wir zahlen mit Zeit.«

»Und Zeit ist unser Leben. Wir zahlen mit unserem Leben«, sagte ich. »Überlegen Sie doch mal – mit welcher Zeit bezahlen wir? Mit welchen Stunden und Tagen bezahlen wir?«

Wieder warf mir Alyssa einen erstaunten Blick zu und antwortete sofort. »Beziehen Sie sich auf die Qualität der Erfahrung, über die Sie im Seminar gesprochen haben – auf die fehlende Selbstvergegenwärtigung in unserem Leben?«

Bill unterbrach sie. »Aber davon reden doch alle – von der Lebensqualität.«

»Nein«, sagte ich. »Wir reden nicht direkt von der Lebensqualität, nicht so, wie man es gewöhnlich meint. Es geht um die Qualität der Erfahrung, nicht um die ›Qualität des Lebens‹. Sie können alles haben, was Sie sich wünschen, alles, was man mit Geld kaufen kann, aber die Qualität Ihrer Erfahrung kann trotzdem immer kleiner werden. Sie können alles haben und nichts sein. Das ist Armut. Das ist die Hölle.«

»Der einzige wahre Reichtum ist also das bewußte Leben«, sagte Alyssa.

»Ich glaube, ja«, sagte ich. »Wenn *ich* nicht da bin, welchen Wert hat mein Leben dann für mich selbst und für andere?«

Eine lange Zeit herrschte Schweigen, während ich über den Symbolismus des *langen Lebens* in den Geschichten des Alten Testaments und in den Märchen nachsann. Was Gott den Männern und Frauen gewährte, die ein rechtschaffenes Leben führten, waren nicht nur lange Jahre im quantitativen Sinn, sondern *wirkliches* Leben, erfülltes Leben, sinnvolles Leben. Reale Zeit.

In klagendem Ton – es hörte sich an wie aus einem tiefen Brunnen – sagte Bill: »Ich verstehe immer noch nicht, was das mit Kreditkarten aus Plastik zu tun hat.«

»Oder mit der harten Realität von zu zahlenden Rechnungen«, sagte Alyssa. »Man kann über Illusionen reden, soviel man will, wenn die Rechnungen fällig werden, sind diese Illusionen ungeheuer real. Oder wenn man versucht, sich Geld zu leihen, dann ist das eine ganz schön reale Sache.«

»Gewiß«, sagte ich. »Wenn ein Süchtiger nach seiner Droge verlangt, ist das eine sehr reale Kraft. Auch wenn ihm das, was er haben will, niemals Glück oder Wohlergehen bringen wird. Eine Illusion ist etwas sehr Starkes, sonst wäre es keine Illusion. Eine Illusion ist nicht nur der Besitz dessen, was man sich wünscht, sie ist der Besitz des Wunsches selbst, der Kraft des Wunsches. Wenn wir es mit der Welt des Geldes zu tun haben, geht es vor allem um die Kraft des Wunsches und des Verlangens.«

Am Ende sprach Bill mit einer verblüffend neuen Stimme.

Irgendwo dort unten in dem Brunnen war er anscheinend zu einer Erkenntnis gelangt.

»Jetzt verstehe ich, worauf Sie hinauswollen!« Er trank genüßlich von seinem Wein. »Kreditkarten aus Plastik, jede Menge Schulden, enorm hohe Zinsen, gleichzeitig eine massive Inflation der persönlichen Finanzen, die anhaltende Produktion immer neuer Posten oberflächlicher Informationen sowie die anhaltende Produktion neuer Konsumgüter, die künstlich erzeugte Bedürfnisse befriedigen, leichter Zugang zu Krediten, Schulden, Schuldscheine, elektronische Überweisungen von Millionen und Milliarden von was auch immer – alles an der Oberfläche des Lebens. Aber gleichzeitig auch alles sehr stark. Es hängt alles zusammen. Es bewegt sich alles sehr schnell . . .« Er ließ sich auf die Couch zurücksinken. Seine Augen sahen hinauf zur Decke. »Ich begreife jetzt, was damals passiert ist, als ich das Geld geerbt habe! Man erlaubte mir nicht, zu geben. Meine Freunde kamen mit Geschäften zu mir, mit Forderungen. Ich wollte geben. Ich will noch immer geben . . .«

Es war bestimmt der Wein, der aus Bill sprach. Aber es war die Wahrheit. In seinen Augen standen Tränen.

»Durch jeden fließt jetzt das Geld«, fuhr er fort. »Die Armen fordern Wohlfahrt, die Reichen fordern Zinsen oder Steuerabschreibungen oder die Befriedigung des Ego. Niemand bittet, niemand gibt, die Regierung erledigt alles. Es ist unmöglich, etwas zu geben. Es ist unmöglich, aus ganzem Herzen zu bitten, aus dem Bedürfnis heraus. Niemand schuldet Dank, alle schulden nur Geld. Niemand gibt, ohne etwas zu bekommen . . .«

Bills Stimme ging in einem schläfrigen unverständlichen Gemurmel unter, und Alyssa nahm ihm behutsam das halbvolle Weinglas aus der großen Hand. Sie hatte nur Wasser getrunken, aber jetzt trank sie einen Schluck Wein aus Bills Glas, bevor sie es auf den Tisch neben den Haufen Gold stellte.

Während Bill schlief und leise vor sich hin schnarchte, legten Alyssa und ich das viele Gold, die Kreditkarten und Münzen ordentlich auf einen Haufen. Ich fing an, das Gold wieder in die Mahagonikiste zu legen, während Alyssa die Kreditkarten und die Geldscheine in Bills Brieftasche steckte. Dann bückte sie sich und hob die Münzen auf, die auf den Teppich gerollt waren. Sie setzte sich auf den Boden und wog sie in der Hand und gab sie mir dann, damit ich sie in die Kiste legte.

Ich saß mit fünfunddreißig Pfund – ungefähr einer halben Million Dollar – auf dem Schoß da. Ich bin sicher, daß Alyssa ähnliche Gedanken durch den Kopf gingen wie mir. Diese massive, ungeheuer schwere Schachtel, die mit menschlichen Illusionen und Sehnsüchten vollgepackt war. Die Antwort auf alle meine Probleme. Wenn sie mir gehören würden, hätte ich Zeit für meine Arbeit, könnte tun und lassen, was ich wollte, brauchte mir keine Sorgen mehr zu machen. Könnte mir das Haus kaufen, das ich gemietet hatte. Könnte reisen, könnte meinem Vater helfen, meinen Kindern . . .

Warum nicht einfach ein paar von diesen Goldmünzen behalten? Bill würde nicht einmal merken, daß welche fehlten. Ein schrecklicher Gedanke! In dem Bemühen, bei der Suche meinen eigenen Prinzipien treu zu bleiben, ließ ich die Versuchung vor mir wachsen. Ich versuchte nicht, sie von mir zu stoßen oder mich selbst zu verdammen. Vielleicht war es der Wein, oder vielleicht lag es auch daran, daß sich mein Körper in den vergangenen Monaten immer mehr entspannt hatte, frei von jedem Druck war, daß der Gedanke, ein bißchen von Bills Gold zu stehlen, nicht bis in meinen Körper drang, nicht den Impuls auslöste, etwas zu tun. Die Gedanken vergingen wieder, kehrten ganz still in mich zurück, wo immer sie hergekommen waren. Ich kam mir überhaupt nicht ›tugendhaft‹ vor. Ich hatte nichts ›getan‹. Ich hatte nichts *bewältigt*. Ich hatte mit Unterstützung eines ruhigen Körpers nur versucht, zuzusehen und zu beobachten. Wie außerordentlich interessant!

Wenigstens hatte ich in diesem Augenblick verwirklicht, worüber ich gerade gesprochen hatte: Wenigstens in diesem Augenblick war der Wunsch, mich selbst zu beobachten, einfach interessanter gewesen als der Wunsch nach Geld. Die ›Moral‹ war eine *Folge* gewesen, keine Mühe.

19. Ein Führer der Unschlüssigen

Begleitet von Bills sanften, kindlichen Schnarchtönen suchten Alyssa und ich jetzt die Bücher und Zettel zusammen, die rund um den Kaffeetisch verstreut waren. Allerdings war sofort klar, daß wir eine Weile brauchen würden, bis wir damit fertig waren, denn Alyssa und ich schlugen verschiedene Bücher auf, um uns abwechselnd daraus vorzulesen. Alyssa hielt sich an die Stellen, die Bill angestrichen hatte, und ich an die Stellen, die ich von meinen eigenen Studien kannte.

Die Teufel, die wir heraufbeschwören

Von einigen Büchern, die Bill mitgebracht hatte, war ich angenehm überrascht. Ich war fasziniert, daß auch *Führer der Unschlüssigen* von Moses Maimonides, dem größten jüdischen Denker, darunter war. Ich begann laut vorzulesen, nachdem ich das Kapitel aufgeschlagen hatte, in dem Maimonides mit seinem außerordentlich gesunden Menschenverstand von den Ursachen für das Böse und den Leiden, die die Menschheit befallen, schreibt. Er gibt dafür dreierlei Gründe an – als erstes das Böse, das durch die einfache Tatsache heraufbeschworen wird, daß der Mensch der Geburt und dem Tod unterworfen ist und einen Körper besitzt, zweitens das Böse, das sich die Menschen gegenseitig zufügen, und drittens das Böse, das wir durch unsere eigenen Handlungen selbst über uns bringen. Diese dritte Art, sagt Maimonides, kommt am häufigsten vor, und fast alles, worüber sich die Menschen beschweren, wenn sie ihr ›Schicksal‹ beklagen, gehört zu dieser dritten Kategorie. Das Leid, das wir äußeren Faktoren beimessen, fügen wir uns selbst zu. Und hier zitiert Maimonides den König Salomo:

»Sieh dir an, was ich als einziges herausgefunden habe: Gott hat die Menschen rechtschaffen gemacht, aber sie haben sich in allen möglichen Berechnungen versucht.«* »Und diese Ränke (Berechnungen) sind es, die diese Übel (das Böse) über ihn bringen.«**

»Glauben Sie, daß Salomo von der Herstellung unnötiger und oberflächlicher Güter, Dienste und Informationen spricht?« fragte Alyssa mit einem Augenzwinkern.

Ich lachte, las dann aber völlig ernst weiter:

»Diese Art Übel ist auch die Folge aller Laster, nämlich der allzugroßen Begierde nach Speise, Trank und Beischlaf ... Dies ist auch die Ursache aller körperlichen und seelischen Krankheiten und Leiden. Hinsichtlich der körperlichen Leiden ist dies ja klar. Hingegen ergeben sich die Krankheiten der Seele infolge dieser schlechten Lebensweise von zwei Seiten, die eine ist die notwendige Veränderung des rationellen Vermögens der Seele infolge der Veränderung des Körpers, weil dieses ja eine körperliche Kraft ist ... daß sich die Eigenschaften der Seele nach der Mischung des Leibes richten; die andere aber ist die, daß die Seele an unnötige Dinge gewöhnt wird und ihr das Verlangen nach dem, was weder für den Fortbestand des Individuums noch für den der Gattung notwendig ist, zur zweiten Natur wird.«***

Grenzenloses Verlangen

Es war schon Jahre her, seit ich diese Worte von Maimonides gelesen hatte. Ich hatte gar nicht mehr gewußt, wie klar und

* Kohelet 7.29.

** Mose ben Maimon (Maimonides): *Führer der Unschlüssigen*, Übersetzung und Kommentar von Adolf Weiss, Hamburg (Felix Meiner Verlag) 1972, 3. Buch, S. 57-58

*** Mose ben Maimon (Maimonides): *Führer der Unschlüssigen*, Übersetzung und Kommentar von Adolf Weiss, Hamburg (Felix Meiner Verlag) 1972, 3. Buch, S. 57-58 präzise er darstellt, was ich als die Auswirkungen der Wünsche in unseren kindlichen Körpern auf Geist und Gefühle ansah. Ich las weiter, und Alyssa hörte mir aufmerksam zu:

»Dieses Verlangen aber hat keine Grenzen. Die notwendigen Dinge sind in der Tat gering an Zahl und endlich, das Überflüssige aber ist grenzenlos. Wenn du zum Beispiel wünschst, daß deine Geräte aus Silber seien, wäre es da nicht schöner, wenn sie aus Gold wären? Noch andere machen sie aus Saphier, manche sogar auch möglicherweise aus Karfunkelstein oder Rubin . . . Ein solcher Tor von so schlechter Denkungsart hört nicht auf, betrübt zu sein und darüber zu seufzen, daß er es nicht dahin bringen könne, sich von dem Überflüssigen das nämliche zu leisten, was sich dieser oder jener andere leistet. Oft begibt er sich sogar in große Gefahren, zum Beispiel auf Seefahrten oder in den Dienst von Königen, wobei sein letzter Zweck der ist, diese überflüssigen, unnötigen Dinge zu erlangen. Widerfahren ihm aber Unfälle auf diesen Wegen, die er wandelte . . .«*

Alyssa unterbrach mich: »Er meint, wenn die Pläne dieser Menschen durchkreuzt werden, oder wenn sie bei dem Versuch, zu bekommen, was nicht nötig ist, leiden müssen.« Ich nickte, ja, ich staunte immer mehr über die Genauigkeit der Diagnose, die Maimonides stellte. Wie furchtlos ein großer Denker ist, der einfach und direkt erklärt, das einzige wichtige Ziel im Leben des Menschen sei es, Gott zu dienen! Ich las an derselben Stelle weiter:

Klagen

»Widerfahren ihm aber Unfälle auf diesen Wegen, die er wandelte, da lehnt er sich gegen Gottes Fügung und seine Bestimmungen auf und schillt dann über die Zeit und ihre Ungerechtigkeit . . .«**

Alyssa: »Die Zeit?«

Ich: »Die Zeit, die Kultur, die Welt, äußere Faktoren, Herr-

* Mose bei Maimon (Maimonides): a.a.O., 3. Buch, S. 58
** Mose bei Maimon (Maimonides): a.a.O., 3. Buch, S. 58

scher, Japan, den Mittleren Osten, die Wirtschaft, die Politiker, was Sie wollen.«

»... und schilt dann über die Zeit und ihre Ungerechtigkeit. Er staunt, daß sie ihm nicht beigestanden habe, ein großes Vermögen zu erwerben, mit dem er sich hätte viel Wein kaufen können, um sich immer darin zu berauschen, und viele Haremsweiber ... um seine geschlechtliche Lust über seine Potenz hinaus zu erregen, als ob dieser niedrige Genuß in der Tat der alleinige Zweck des Daseins wäre. Der Irrtum der Menge geht so weit, daß sie sogar wegen dieser Dinge Gott der Ohnmacht zeihen, wegen der Dinge, die er in diesem Seienden mit dieser Natur hervorgebracht hat und die ihrer Einbildung zufolge diese Übel alle verursachen, weil diese Natur nicht jedem lasterhaften Menschen dazu verhilft, sein unseliges Ziel zu erreichen, daß seine Übel beschaffene Seele zum Ende ihres Begehrens gelange, das aber ... kein Ende hat.«*

Alyssa: »Wuff! Was geht hier vor?«

Die verzehrende Welt

Tatsächlich hatte ich mich nicht mehr daran erinnert, daß Maimonides derart scharfsinnig war. »Genau davon haben wir doch die ganze Zeit gesprochen«, sagte ich. »Ohne die Verbindung zu einer anderen Kraft in uns sind die Wünsche des Menschen grenzenlos, das heißt, alles verzehrend wie die Dämonen der Hölle, die menschliche Wesen verschlingen. Die äußere Welt ist geschaffen, um uns, soviel sie kann, zu nehmen, indem sie andauernd Wünsche weckt. Die Welt wird niemals genug haben und innehalten und dann höflich zu uns sagen: ›Vielen Dank, mein Herr oder meine Dame, ich habe gut gespeist, und jetzt lasse ich Sie gehen, damit Sie in aller Ruhe und in Frieden die innere Bedeutung Ihres Lebens suchen können – vielleicht in einer gemütlichen kleinen Höhle unter einem zartblühenden Baum.‹ Nein, das ist nicht die Natur der äußeren

* Mose bei Maimon (Maimonides): a.a.O., 3. Buch, S. 58

Welt des menschlichen Lebens auf der Erde. Sie ist beschaffen, zu nehmen, nichts als zu nehmen. Sie kann nicht anders. Überall auf der Welt gibt es Geschichten und Legenden, die davon erzählen. Die äußere Welt kann nicht anders, und eigentlich will sie uns gar nicht aussaugen. Sie würde lieber etwas anderes von uns bekommen, etwas, das eine andere Qualität besitzt. Aber wenn sie von uns nicht eine ganz bestimmte menschliche Energie bekommen kann, wird sie durch Quantität ersetzen, was ihr an Qualität fehlt. Sie wird nehmen, nichts anderes als nehmen. Und sie wird es uns sehr leicht machen, unsere Räder unaufhörlich in Gang zu halten, um unsere Psyche in ihre Maschinen strömen zu lassen . . .«

»Warum sagen Sie, daß es nicht ihre Schuld ist?«

»Wer, glauben Sie, hat die Schlange ins Paradies gesetzt?«

Alyssa überlegte. »Na, Gott natürlich.«

»Gott hat beides erschaffen, das Gute und das Böse, das ist das Paradox, mit dem jede Zeit und jeder Mensch in seinem Leben fertig werden muß. Wer hat die Dämonen in den Legenden geschaffen? Gott, natürlich. Sie wissen, daß die judaischen Legenden von zwei Dämonenarten sprechen – das hatte ich bis jetzt immer für einen Witz gehalten, aber das ist es nicht: Die Legenden und der Volksbrauch sprechen von zwei verschiedenen Dämonen – das eine sind die ›jüdischen Dämonen‹, das sind die Dämonen, die auch die Thora studieren und Gott anbeten und Seine Arbeit verrichten. Und der König dieser Dämonen war übrigens . . .«

»Asmodi?« fragte Alyssa.

»Asmodi«, erwiderte ich, selbst erstaunt. Aber bevor mir Alyssa noch mehr Fragen nach den Dämonen stellen konnte, las ich weiter vor:

»Aber die Edlen, die Weisen, kennen ja die Weisheit dieses Seienden und verstehen sie . . . (Damit meint er), daß denjenigen, die die Natur des Seienden und die Gebote der Heiligen Schrift beachten und deren Zwecke kennen, in allem der Gesichtspunkt der Milde und der Wahrheit offenkundig ist, und deshalb setzen sie sich zu ihrem Ziele, das, was mit ihnen bezweckt wird, insofern sie Menschen sind . . .«*

Was ist nötig?

Als ich gerade den Satz zu Ende lesen wollte, hielt ich die Luft an: »*Erkenntnis.*« Ich sah Alyssa an und las den Satz noch einmal: »Deshalb suchen sie nach dem, was der Schöpfer dem Menschen als Ziel vorgegeben hat – Erkenntnis.« Ich war versucht, eine Pause zu machen und darüber zu reden, daß zu erkennen, zu verstehen das wichtigste Ziel im menschlichen Leben ist. Aber noch mehr fühlte ich mich dazu hingezogen, weiterzulesen, um zu sehen (oder vielmehr, mich daran zu erinnern), wie Maimonides diese Vorstellung vom Ziel des menschlichen Lebens mit den materiellen Bedürfnissen und der menschlichen Existenz in Verbindung bringt. Indem er sich auf diejenigen Menschen bezieht, die das Ziel des menschlichen Lebens erkennen, schreibt Maimonides:

»Wegen der Notwendigkeit, für den Leib zu sorgen, streben sie nach dessen unerläßlichen Bedürfnissen, ›nach Brot zum Essen und einem Gewande, um sich damit zu bekleiden‹, aber nicht nach Überflüssigem. Dies ist aber etwas Leichtes, und dazu gelangt jeder Mensch mit geringer Mühe, wenn ihm das Notwendige genügt. Wenn du aber findest, daß diese Sache für uns schwierig und schwer zu erlangen ist, so ist dies wegen des Überflüssigen. Wenn man nämlich das anstrebt, was nicht notwendig ist, ist auch das Notwendige schwer zu erlangen, und je mehr Überflüssiges den Mensch begehrt, desto schwieriger wird es, und so werden die Kräfte und die geistigen Anlagen verbraucht für das Unnötige, ohne daß das Notwendige erreicht wird.«**

* Mose bei Maimon (Maimonides): a.a.O., 3. Buch, S. 59
** Mose bei Maimon (Maimonides): a.a.O., 3. Buch, S. 59

Wieder hielt ich inne. Es war mir unmöglich, bei dieser außergewöhnlichen Folge von Gedanken, die jede meiner Fragen über Geld und den Sinn des Lebens zusammenfaßten, einfach weiterzulesen. Das Ziel des menschlichen Lebens war Verständnis. Der Mensch muß in der materiellen Welt leben, wofür er leicht genügend Kraft, das heißt, Energie, besitzt. Außer für seine offensichtlichen physischen Bedürfnisse benötigt er auch noch Energie zum Verständnis – Verständnis für sich selbst und für seine Beziehung zum Höheren, oder zu Gott. Und dieses Verständnis gewinnt man nicht einfach nur aus Büchern und Schriften, sondern indem man sich selbst mitten im Leben erforscht. Und für dieses Gesamtziel hat oder wird der Mensch Energie vom Universum selbst erhalten!

Es gibt viele religiöse Schriftsteller – jüdische, christliche, moslemische, hinduistische –, die vom Überfluß und den Notwendigkeiten in der Führung des materiellen Lebens der Menschen geschrieben haben, aber nur wenige haben sich mit einer so unvoreingenommenen wissenschaftlichen Klarheit ausgedrückt wie dieser große Arzt, Philosoph und Mystiker des mittelalterlichen Judaismus. Und noch weniger haben uns gezeigt, wie die Natur und das materielle Universum aufgebaut sind, so daß sie den Menschen, der bestrebt ist, bewußtes Verstehen zu erlangen und dem Höheren zu dienen, ernähren und für ihn sorgen:

»Du mußt auch den Zustand der Natur hinsichtlich des Vorhandenseins betrachten. Denn alle Dinge, die den Lebewesen am nötigsten sind, sind überreichlich und beinahe umsonst zu haben, was aber selten notwendig gebraucht wird, ist nur in geringem Maße vorhanden und ist sehr kostspielig (selten). Denn, zum Beispiel, das Notwendigste für den Menschen ist die Luft, das Wasser und die Nahrung. Tatsächlich ist das Bedürfnis nach der Luft am stärksten, denn wenn sie dem Menschen auch nur durch einen Bruchteil einer Stunde fehlte, müßte er sterben, ohne das Wasser hingegen kann er etwa einen oder zwei Tage aushalten. Die Luft ist aber auch zweifellos reichlicher vorhanden und ist am Wohlfeilsten. Das Bedürfnis nach Wasser ist aber stärker als das Nahrungsbedürfnis. Denn manche Menschen können, wenn sie trinken ohne zu essen, vier oder fünf Tage ohne Nahrung bestehen, du siehst aber, daß das Wasser in jedem Lande reichlicher vorhanden und wohlfeiler ist als die Nahrung. Und so geht dies weiter bei den Nahrungsmitteln. Was am meisten benötigt wird, ist an jedem Orte reichlicher vorhanden und wohlfeiler als das Unnötige.«*

Danach legt Maimonides in großer philosophischer Ausführlichkeit, im einzelnen und aus hundert verschiedenen Gesichtswinkeln heraus seine Vorstellung davon dar, wie Gott den Menschen mit dem versorgt, was er am nötigsten braucht – die Mittel für ein verständnisvolles Leben, genauer gesagt, das Ziel im Herzen von König Salomo. Im Zusammenhang damit, was für das menschliche Leben auf der Erde nötig ist und was überflüssig ist, erhält der ganze Gedanke darüber, was Gott gibt, – der ganze Gedanke der göttlichen *Vorsehung* –, eine völlig neue und erstaunliche Bedeutung, völlig frei von den sentimentalen und abergläubischen Anfügungen, von denen er über die Jahrhunderte umgeben war.

Maimonides legt seine Gedanken in der wissenschaftlichen Sprache seiner Tage dar – in der Sprache der aristotelischen Philosophie, die von der mystischen Sprache des Alten Testaments durchdrungen war –, eine Verschmelzung der Sprache des Intellekts und der Sprache des Herzens. Diese Verschmelzung zweier fundamentaler Quellen der Wahrnehmung kennzeichnet die Größe des mittelalterlichen Geistes. Gott, sagt er, sorgt durch Seine Schöpfung, die Natur handelnd, für die Arten – für Pflanzen und Tiere und die *biologische Natur des Menschen*, für das physische Überleben des Menschen. Aber im Unterschied zu allen anderen biologischen Arten besitzt der Mensch eine individuelle Seele. Diese individuelle Seele muß wachsen und sich entwickeln. Auch sie braucht Nahrung. Und diese Nahrung, diese ›Kost‹ der Seele, kommt direkt von Gott,

* Mose bei Maimon (Maimonides): a.a.O., 3. Buch, S. 59-60

nicht durch die Natur, sondern durch den Intellekt in Form von führenden Lehren und tatsächlichen Ereignissen und Erfahrungen in der persönlichen und gemeinsamen Geschichte des Menschen. *Gott wirkt in der Geschichte mit*: das heißt, Gott liefert Ideen, Methoden und *Erfahrungen*, die dem Menschen dabei helfen sollen, zu verstehen, ihm ein verständnisvolles Herz, ein bewußtes Leben geben sollen.

Somit sorgt Gott für beide Teile der menschlichen Natur. Für den biologischen Teil des Menschen sorgt Gott, da er für die ganze natürliche Welt sorgt, die Welt des gegenseitigen Ernährens und Austauschs – Nahrung, Wasser, Luft und die physischen Notwendigkeiten. In dieser Hinsicht ist der Mensch eine unter vielen Spezies. In dieser Hinsicht ist er ›Erde‹ – das hebräische Wort für Erde ist *Adam*.

Aber insoweit als der Mensch auch eine *Seele* ist, ein potentiell bewußtes Individuum, sorgt Gott noch für eine andere Nahrung, eine andere ›Kost‹ – sein Gesetz und die Mittel, durch die das Leben mit zunehmendem Bewußtsein erfahren wird, die Praktiken der inneren Tradition mit all ihren Riten, Ritualen, Bräuchen und Geboten. Gottes Vorsehung erstreckt sich auf die beiden ›Hälften‹ der menschlichen Natur – aber diese ›Kost‹ sind zwei völlig verschiedene ›Stoffe‹ und können und dürfen nicht miteinander verwechselt oder vermischt werden. Die jüdischen Gesetze schreiben die Trennung von Nahrungsmitteln und Stoffen vor – und viele andere Gesetze betreffen die Trennung menschlicher Handlungen in reine und unreine, genauso wie die Kreaturen zu beiden Seiten der Treppe, die zu Salomos Thron führt –, die Überbleibsel und Ausdruck der fundamentalen Lehre von den beiden Naturen des Menschen sind.

Wofür der Mensch sorgen muß

Aber es gibt etwas, das Gott nicht vorsieht, das der Mensch für sich allein und aus sich selbst heraus aufbringen muß. Und das ist – etwas völlig Geheimnisvolles, Unergründliches, einzigartig Menschliches, etwas, das den Menschen nicht nur von den Tieren unterscheidet sondern, wie es heißt, auch von den Engeln. Was ist dieses ›Etwas‹? Es ist nichts anderes als die geheimnisvolle Kraft, die wir die ›Freiheit des Willens‹ nennen. Diese nur allzu vertraute Redewendung bedeutet in der Tat etwas, das unserer heutigen Denkweise völlig unverständlich ist. Seit Jahrhunderten haben sich Philosophen und Psychologen und Theologen darüber gestritten – ohne jeden Erfolg, und zwar aus dem einfachen Grund, weil es eine Kraft ist, die wir nicht wirklich begreifen können, die ihren Ursprung in der Fähigkeit des bewußten Menschen hat, die widersprüchlichen Kräfte der universellen Schöpfung zu erfahren und sich, *von sich aus*, der versöhnenden Kraft zu öffnen, die im Christentum der Heilige Geist ist.

Während ich gerade davon sprach, unterbrach mich Alyssa und fragte, warum der Mensch als etwas Höheres angesehen wird als die Engel.

»Potentiell höher«, sagte ich.

»Wieso? Das hat man mir in der Sonntagsschule aber nicht beigebracht.«

Ich stellte mein Weinglas auf den Tisch und zitierte aus dem Gedächtnis eine außergewöhnliche Stelle aus dem Koran, wie Allah den Engeln von seiner Absicht erzählt, den Menschen zu schaffen:

»Dann sprach dein Herr zu den Engeln: ›Ich will auf Erden einen Statthalter setzen.‹ Sie antworteten: ›Willst du dort einen einsetzen, der zerstörend wütet und Blut vergießt? Wir aber singen dir Lob und heiligen dich?‹«*

Auf diese Frage der Engel erwidert Allah nur:

»Ich weiß, was ihr nicht wißt.«*

* *Der Koran. Das heilige Buch des Islam.* München (Goldmann Verlag) 1991, S. 24

Mehrere Jahrhunderte später schrieb aus dem esoterischen Kreis der islamischen Glaubenslehre eine Gemeinschaft, die dem Weg im Leben folgte, die Geschichte eines enttäuschten Andächtigen auf, der glaubt, von miteinander im Widerstreit stehenden ›Meistern‹ zerrissen zu werden, die alle ebenso in die Natur eingebettet wie aus eigenem Recht wirksam sind. Er ruft aus: »O Gott, du hast widerstreitende Elemente zusammengebracht, sich gegenseitig anziehende und abstoßende Kräfte! Ich weiß nicht mehr, was ich tun soll, zwischen ihnen bin ich verloren!« Gott erinnert den Andächtigen zuerst an die Segnungen, die er den Menschen hat zuteil werden lassen, vor allem die geistigen Fähigkeiten, die Er den Menschen gegeben hat und die ihn auf einen ethischen ›Mittel‹-Kurs lenken.

Aber das kann den Mann nicht besänftigen. Da erinnert ihn Gott daran, daß er auch die moralischen Gesetze auf die Erde geschickt hat, um die Menschen vor Irrtümern zu bewahren. Auch das besänftigt ihn nicht. Schließlich versichert ihm Gott sanft, daß die tiefsten Widersprüche des menschlichen Lebens nicht dazu da sind, gelöst zu werden, sondern um im vollen Bewußtsein ihrer Widersprüchlichkeit gelebt zu werden.*

»Was der Mensch am nötigsten braucht«, sagte ich, »und was er reichlich bekommt, sind Erfahrungen, vor allem Erfahrungen der Kräfte in ihm. Das ist seine wichtigste Nahrung, sein wichtigster Reichtum. Wenn der Mensch all diesen Überfluß bewußt empfängt, wird ihn das Universum mit dem erfüllen, was der Judaismus *Leben*, das Christentum *Geist*, der Islam *Licht*, der Taoismus *Kraft* nennt ...«

Meine Hand griff wieder nach dem Wein. Alyssa füllte das Glas.

»Und so würde ich mich auf diese Lehren der Meister stützen, wenn man mich fragte, welche Rolle das Geld im mensch-

* Isma'il, Al-Faruqi: ›On the Ethics of the Brethren of Purity‹. *Muslim World*, Vol. 50, Juli 1960, S. 196

lichen Leben spielt«, sagte ich abschließend. »Ich würde sagen, daß man Geld braucht, um zu leben und in der äußeren Welt zu überleben, um seinen Verpflichtungen gegenüber der Gemeinschaft und der Natur nachzukommen, daß es aber darüber hinaus die Rolle des Geldes ist, ein Instrument zum Verständnis zu sein. Wir sind am untersten Rand der Zivilisation angelangt, wenn wir uns um ›Information‹ bemühen, anstatt um Verständnis. Information ist die Plastikversion von Verständnis. Genauso wie Kreditkarten zum Gold stehen, genauso leicht und tödlich wie Kredit zum ehrlichen Bedürfnis steht, stehen Verpflichtung und Geben . . .«

20. Das Geschenk

Im selben Augenblick, als ich ›geben‹ sagte, stieß Bill im Schlaf einen merkwürdig lauten Ton aus. Alyssa und ich sahen ihn an, um festzustellen, ob er aufwachen würde, aber er setzte sein leises kindliches Schnarchen sofort wieder fort. War es nur ein Zufall, daß Alyssa gerade Lewis Hyde's schillernden Essay mit dem Titel *The Gift* in der Hand hielt?

In dem Buch steckten Dutzende Lesezeichen von Bill. Alyssa las die erste Stelle, die er unterstrichen hatte, an der der Autor seine Vorstellung von den beiden Kräften in der menschlichen Geschichte darlegt, die er *das Geschenk* und *die Ware* nennt. »Ein Geschenk«, schreibt er, »ist etwas, das wir nicht durch eigene Anstrengungen bekommen. Wir können es nicht kaufen; wir können es durch einen Akt des Willens erwerben. Es wird uns gegeben.« In der modernen Zeit trifft man dieses Geschenk, nach Hyde, im Bereich der Kunst an. Das Geschenk folgt völlig anderen Gesetzen als den Gesetzen des Marktes. Alyssa begann vorzulesen:

»In diesem Buch gehen wir davon aus, daß ein Kunstwerk ein Geschenk ist, keine Ware. Oder um die moderne Situation präziser zu formulieren, daß Kunstwerke in zwei ›Wirtschaftssystemen‹ existieren, einer Marktwirtschaft und einer Geschenkwirtschaft. Aber nur eine ist wichtig: Ein Kunstwerk kann ohne den Markt überleben, aber wo kein Geschenk ist, ist auch keine Kunst.«*

Hyde spricht hier von der künstlerischen Begabung nicht nur als einem individuellen Talent und kreativen Akt. Er dehnt den Begriff auch auf das aus, was mit dem Kunstwerk geschieht, nachdem es den Künstler verlassen hat. »Die Kunst, die uns wichtig ist«, schreibt er,

»– die das Herz bewegt, oder die Seele neu belebt oder die Sinne erfreut oder Mut zum Leben gibt, wie immer wir uns entschließen, diese Erfahrung zu beschreiben – diese Arbeit wird von uns aufgenommen, wie ein Geschenk aufgenommen wird. Selbst wenn wir an der Tür des Museums oder des Konzertsaals eine Gebühr bezahlt haben, wenn wir von dem Kunstwerk berührt sind, bekommen wir etwas, das nichts mit dem Preis zu tun hat . . . Das Werk spricht, wie Joseph Conrad sagt, einen Teil unseres Seins an, das selbst ein Geschenk und kein Erwerb ist.«**

Alyssa las weiter:

». . . die Religionen verbieten oft den Verkauf heiliger Gegenstände, was heißen soll, daß ihre Heiligkeit verlorengeht, wenn sie gekauft und verkauft werden. Mit einem Kunstwerk scheint es nicht so leicht zu sein; es kann auf dem Markt verkauft werden und trotzdem als Kunstwerk wieder auftauchen. Aber wenn es stimmt, daß auf dem Kunstmarkt durch die Arbeit des Künstlers den Zuschauern ein Geschenk gemacht wird, und wenn ich damit recht habe, wenn ich sage, daß es, wo kein Geschenk ist, keine Kunst gibt, dann könnte es möglich sein, ein Kunstwerk zu zerstören, indem man es in eine reine Ware umwandelt.«***

* Lewis Hyde: The Gift. Imagination and the Erotic of Property. New York (Vintage Books) 1979, S. XI

** Hyde: a.a.O., S. XII

*** Hyde: a.a.O., S. XIII

Von Anfang an macht Hyde deutlich klar, daß er nicht nur von der Vermarktung der Kunst in unserer Gesellschaft spricht. Er spricht von den beiden Naturen des Menschen und von zwei Formen des gemeinschaftlichen Lebens, die sie widerspiegeln. Er ist wie ein zeitgenössischer heiliger Augustinus, der über die Stadt Gottes und die Stadt des Menschen schreibt. Sein Buch ist deshalb so wichtig, weil er diesen Unterschied in strikt zeitgenössischen Begriffen darstellt, die auf den Konflikt zwischen der Frage des Geldes und der Frage unserer inneren Realität zutreffen, den wir alle aus eigener Erfahrung kennen.

Mit ungewöhnlicher Sensibilität und Geistesschärfe entdeckte Alyssa sofort, was Hyde mit künstlerischer Kreativität meinte, und daß es dasselbe ist wie für die Glaubenslehren das Göttliche im Menschen, das Unbedingte, das von Gott Gegebene, die uns angeborene Natur. Sie hörte zu lesen auf und bemerkte: »Warum sollten wir das nur bei einem Kunstwerk fühlen? Das gleiche erlebe ich manchmal, wenn ich einen Baum ansehe oder ein Kind oder auch einen Stein.« Dann schlug sie das Buch bei Bills nächstem Lesezeichen auf und las, was Hyde über das Geschenk in der Kultur der amerikanischen Indianer schreibt. Das Kennzeichen eines Geschenks im Unterschied zu einer Ware besteht darin, daß ein Geschenk erwidert werden muß oder an jemand anderen weitergegeben werden muß. Es muß in Bewegung bleiben; man kann es nicht horten oder sammeln oder als Kapital anlegen. Hyde erinnert uns daran, daß ganze Zivilisationen aus der ›Ökonomie des Geschenks‹ hervorgegangen sind, anstatt aus der Ökonomie des Marktaustauschs.

»Der gebende Indianer (oder jedenfalls der ursprüngliche) wußte von einer grundlegenden Eigenschaft des Geschenks: Was immer wir bekommen haben, ist dazu bestimmt, weitergegeben, nicht behalten zu werden. Wenn es aber behalten wird, sollte statt dessen etwas von ähnlichem Wert weitergegeben werden, so wie eine Billardkugel liegenbleiben darf, wenn sie eine andere angestoßen hat, ihre Bewegung übertragen hat. Man darf sein Weihnachtsgeschenk behalten, aber es hört auf, im wahren Sinne ein Geschenk zu sein, solange man dafür nicht etwas anderes weggegeben hat. Das Geschenk kann, indem es weitergegeben wird, wieder zu dem ursprünglichen Geber des Geschenks zurückgelangen, aber das ist nicht von wesentlicher Bedeutung . . . Das Wesentliche ist: *Das Geschenk muß immer in Bewegung sein.* Es gibt andere Formen des Besitzes, die unbeweglich sind, die eine Grenze markieren oder der bewegenden Kraft widerstehen, aber das Geschenk geht immer weiter.«*

Mit erstauntem Gesichtsausdruck las Alyssa die nächste Stelle, die Bill angestrichen hatte:

»Die Bewegung des Geschenks läßt sich noch auf andere Weise beschreiben, nämlich daß ein Geschenk immer aufgebraucht werden muß, verzehrt, gegessen werden muß. *Das Geschenk ist ein Besitz, der vergeht* . . . Nahrung ist eins der üblichsten Geschenke, weil sie ganz offensichtlich verzehrt wird. Selbst wenn das Geschenk nichts zum Essen ist, wenn es keine haltbare Ware ist, wie wir es nennen, tun wir oft so, als handle es sich um etwas, das gegessen wird. Auf den Trobriand-Inseln sind Halsketten und Armbänder aus Muschelschalen rituelle Geschenke, und wenn sie von einer Gruppe an eine andere weitergegeben werden, verlangt es das Ritual, daß sie der Mann, der sie übergibt, auf den Boden wirft und sagt: ›Hier ist etwas zu essen, das wir nicht geschafft haben.‹ Oder der Mann eines anderen Stammes . . . sagt in bezug auf das Geld, das er bei der Hochzeit seiner Tochter bekommen hat, daß er es weitergeben wird, anstatt es für sich auszugeben. Und das drückt er so aus: ›Wenn ich für die Kinder, die Gott mir gegeben hat, Geld bekomme, kann ich es nicht aufessen. Ich muß es anderen geben.‹«*

Mit wachsendem Staunen las Alyssa Hydes Fassung und Deutung des Grimmschen Märchens ›Der undankbare Sohn‹ vor:

»Es waren einmal ein Mann und eine Frau, die saßen mit einem gebratenen Hühnchen, das sie zusammen essen wollten, vor ihrer Haustür. Da sah der Mann seinen alten Vater kommen und nahm schnell das Hühnchen und versteckte es, denn er wollte ihm nichts

* Hyde: a.a.O., S. 4
** Hyde: a.a.O., S. 8-9

davon abgeben. Der alte Mann kam, trank etwas und ging wieder weg.

Gerade, als der Sohn das gebratene Hühnchen wieder auf den Tisch stellen wollte und danach griff, verwandelte es sich in eine große Kröte, die ihm ins Gesicht sprang und dort blieb und nicht wieder wegging.

Und wenn sie jemand wegnehmen wollte, sah sie ihn mit giftigen Blicken an, als würde sie ihm auch gleich ins Gesicht springen, so daß sich niemand traute, sie anzufassen. Und der undankbare Sohn mußte die Kröte jeden Tag füttern, weil sie sonst sein Gesicht aufgefressen hätte. Und so zog er rastlos durch die Welt und kam nie zur Ruhe.«

Diese Geschichte deutet Hyde folgendermaßen:

»Die Kröte ist der Hunger, der auftritt, wenn sich das Geschenk nicht mehr weiterbewegt, wann immer das Geschenk eines Menschen zum Kapital eines anderen wird. In dem Maß, in dem wir die Früchte des Geschenks für uns behalten wollen, zeigt es seine Zähne, wenn man es versteckt. Die Frauen reicher Männer, die Besitz horten, gebären Diebe und Bettler. Eine solche Geschichte besagt, daß es eine Kraft gibt, die dafür sorgt, das Geschenk in Bewegung zu halten.«*

Das wahre Geschenk

Als Alyssa sah, welche Stellen in Hydes Buch als nächstes angestrichen waren, war sie nicht mehr erstaunt, sondern verwirrt. Nachdem er den Kauf und den Verkauf der Geschenke abgegrenzt und in zwei Kategorien aufgeteilt hatte, führte Hyde Beispiele von Kulturen an, die den geheimnisvollen Gesetzen des Gebens und Nehmens anstatt den Gesetzen des Marktes folgten. Das fanden sowohl Alyssa als auch ich interessant und provozierend. Wir hatten uns beide zuerst gewundert, als Hyde das Herstellen und Verteilen von Kunst als das moderne Äquivalent des Geschenks hingestellt hatte. Wollte Hyde damit sagen, daß die Männer und Frauen in unserer Zeit durch künstlerische Kreativität eine Verbindung zur inneren

* Hyde: a.a.O., S. 10-11

Welt des Geistes herzustellen versuchen, oder wollte er die Arbeit von Malern, Schriftstellern und anderen Künstlern unserer Gesellschaft nur in ein romantisches Licht rücken? Vollzog er eine gerade Trennung zwischen beiden Welten oder sprach er nur von zwei Aspekten der gewöhnlichen äußeren Welt und verlieh einem dieser Aspekte eine romantische Note – wie es in der gesamten menschlichen Geschichte immer wieder geschehen war? Überschätzte er einfach nur, was Künstler über das, was sie tun, sagen?

Alyssa war irritiert, weil Hyde einige Stellen aus den Predigten von Meister Eckhart zitierte, einem der größten Lehrer der Innerlichkeit im christlichen Mittelalter. Es ärgerte sie, daß jemand versuchte, wahre innere Spiritualität und die von ihr so gesehene egoistische Hemmungslosigkeit des modernen Künstlers in einen Topf zu werfen.

Hyde zitiert eine der vielen Predigten und Traktate, in denen Eckhart davon spricht, wie die Seele in tiefer Kontemplation das Geschenk der göttlichen Energie empfängt, die Gott freizügig in sie hineinströmen läßt:

»Der Mensch, der Gott in sich empfängt, ist gut, und durch diese Empfängnis wird er jungfräulich. Daß aber Gott fruchtbar wird in ihm, ist noch besser; denn die Fruchtbarkeit eines Geschenks ist der einzige Dank für das Geschenk.«*

»Eckhart«, schreibt der Autor, »spricht hier in seiner eigenen besonderen Sprache. Um zu verstehen, was er meint, müssen wir wissen, daß es nach seiner Theologie ›Gottes Bestreben ist, sich uns völlig zu geben‹. Der Herr strömt nicht in einem Wimpernschlag, nicht einmal aus eigenem Entschluß in die Welt, sondern von Natur aus . . .

Für Eckhart«, schreibt Hyde, »sind wir nicht wirklich lebendig, solange wir das Geschenk nicht an die Göttlichkeit zurückgegeben haben. Was immer von Gott ausgeht, wird nur dann zum Leben erweckt oder erhält ein Sein, wenn es zu ihm

* Hyde: a.a.O., S. 54

›zurückblickt‹. Der Kreis muß geschlossen sein. ›Der Mensch sollte eingehen in was immer ihn empfangen kann.‹

Wir werden zu Leben erweckt«, sagt der Autor, »wenn wir weitergeben, was wir empfangen haben. Für Eckhart ist dieses Durchgehen etwas rein Spirituelles. Er sagt, daß wir Gott nicht um Dinge bitten sollen, denn Dinge sind nichts; wir sollten nur darum bitten, der Gottheit näher zu sein. Die endgültige Folge des Dankes zu Gott ist, in Ihm zu versinken.

›In der abstrakten Gottheit gibt es keine Betätigung: Die Seele ist nicht seliggesprochen, bevor sie nicht in die verlassene Göttlichkeit eingeht, in der es weder Handlung noch Form gibt, in der Leere aufgeht, sich selbst verliert: Als Selbst geht sie zugrunde und hat nicht mehr mit den Dingen zu tun als vorher, als sie noch nicht war. Jetzt, selbst tot, lebt sie in Gott.‹«*

Hyde beendet seinen Verweis auf Meister Eckhart und schreibt: »Die Tat des Dankes vollendet die Transformation, die ein Geschenk verspricht . . . Für Eckhart ist das Kind, das in der Seele geboren wird, selbst ein Gott: Wer immer alles, was Gott gegeben hat, dankbar zurückgibt, wird durch diesen Akt der Schenkung in die Gottheit eingehen.«

Die Überschätzung von Kunst und die Unterschätzung von Geld

Ich war betroffen, wie sehr Alyssa diese Hinweise auf Meister Eckhart zu schaffen machten, und fragte sie deshalb.

»Ich verstehe nicht viel von Spiritualität«, sagte sie, »aber ich weiß, wie es ist, eine Künstlerin zu sein. Ich habe Ihnen doch gesagt, daß ich versucht habe, als Malerin zu leben, bevor ich Buchprüferin wurde. Ich weiß noch, was ich von mir gedacht habe, bevor ich in die Welt der Wirtschaft gewechselt bin. Und jedem anderen Künstler, den ich kenne, ist es ganz genauso ergangen. Wir gaben den Phantasievorstellungen, die

* Hyde: a.a.O., S. 55

aus unserem unbewußten Geist automatisch hervorsprudelten, absurde Namen, wie etwa ›Inspiration‹, ›Geschenk‹, ›kreative Intuition‹. Wir glaubten alle, eine Art Elite zu sein, und daß die Welt verpflichtet sei, uns zu loben und zu unterstützen.

Vielleicht stimmt es, was dieser Autor über andere Kulturen sagt, das kann ich nicht beurteilen, ich habe mich nie mit Anthropologie beschäftigt. Vielleicht hat es Welten ohne Geld gegeben, ohne den Markt. Ich weiß von dem faszinierenden Ritual der Geschenkverteilung – eine Art Wettbewerb des Geschenkemachens unter den Indianern an der Nordwestküste. Vielleicht hat es Gesellschaften gegeben, deren Wirtschaft sich nicht auf Kaufen und Verkaufen stützt. Aber aus eigener Erfahrung weiß ich, daß es für einen Künstler sehr bekömmlich ist, seine Arbeit verkaufen zu müssen . . .«

»Natürlich kann das auch zu weit gehen«, sagte ich.

»Natürlich kann es das. Aber wer ist besser? Der Künstler, der seine Armut romantisiert und von anderen erwartet, daß sie für ihn sorgen, oder der Künstler, der verkauft, nur um Geld zu verdienen, indem er der Menge gefällt? Auf jeden Fall kann ich Ihnen sagen, was in mir vorgegangen ist, wenn ich etwas gemalt habe, was nicht so war, wie Meister Eckhart es beschreibt, nicht unter Aufbietung aller Phantasie.«

»Dann wissen Sie also doch etwas über Spiritualität«, sagte ich. Alyssa wurde sehr ernst. »Ich habe einige Dinge probiert«, flüsterte sie.

»Das habe ich auch«, sagte ich.

Keiner von uns sagte noch etwas zu diesem Thema. Die Welt der inneren spirituellen Suche ist eine Welt, die schrecklich real ist. Schon darüber zu reden, erfordert ungewöhnliches, gegenseitiges Vertrauen und eine genaue Kenntnis von Sprache und Wissen. Vielleicht ist alles, was man sagen kann, daß die innere Suche unter universellen Gesetzen stattfindet, die genauso streng sind wie jene, die die äußere Welt beherrschen, und daß das, was dem Menschen in der inneren Welt gegeben werden kann, so ungeheuer groß ist, daß es jeden Gedanken oder jedes Bild, das wir vielleicht davon haben, klein macht und daß es eine so unvorstellbar große Anstrengung oder ein Opfer abverlangt, daß die einzige Verkörperung dieses Austauschs zwischen Gott und dem Menschen, die in unserer Zivilisation überlebt hat, wie uns die großen Meister und Eckhart zeigen, das Ereignis eines von Gott erfüllten Menschen ist, der freiwillig am Kreuz stirbt.

Nach einer Pause sagte Alyssa: »Ich glaube, daß es das, was wir den Markt nennen, schon immer gegeben hat. Kunst und Geld sind beides Teil ein- und derselben Welt.«

»Ja«, erwiderte ich, »und das Problem ist, daß wir dazu neigen, ungenau und sentimental zu sein, wenn wir die Linie ziehen, die die beiden Welten des Menschen trennt. Aber davon rede ich doch schon die ganze Zeit.«

Was man mit Geld nicht kaufen kann

»*Sie glauben, daß es nichts gibt, das man mit Geld nicht kaufen kann?*« Das war Bill, der es fragte. Ich hatte gar nicht bemerkt, daß er zu schnarchen aufgehört hatte und uns zuhörte. Alyssa und ich nahmen seine Rückkehr ohne weiteres hin.

»Ich glaube, daß wir damit sagen wollen«, erwiderte ich und sah Bill an, »daß das Geld in der Welt, in der wir leben, alles verkörpert, was der Mensch tatsächlich *tun* kann. Alles, was er durch seinen Geist und Körper erreichen kann, während sie, unbeeinflußt von einer höheren Energie oder Kraft, funktionieren. Es gibt starke unbewußte Einflüsse, die unter bestimmten Bedingungen auf uns einwirken, aber diese Einflüsse sind nicht unbedingt die höheren Kräfte. Kunst, Wissenschaft, Ethik, sogar gewisse Formen der Religion, sogar vieles von dem, was wir Liebe nennen, das alles sind Dinge, die wir kultivieren und durch eigene Anstrengungen vervollkommnen können. Daher können sie ein Teil des Marktes werden, und sind es in der Tat auch schon geworden. Gottseidank! Denn so ist alles viel klarer. Indem wir das Geld erforschen, indem wir das Geld verstehen, können wir damit anfangen, all die Dinge zu verstehen, die in unserer Macht liegen, und nur dann, wenn wir alles wirklich verstanden haben, wenn wir die Welt des Geldes wirklich beherrschen, können wir begreifen, was Geld nicht kaufen kann.«

Bill war erstaunlich klar. »Das hört sich aber völlig falsch an«, sagte er. »Wir können das Leben und den Tod nicht kontrollieren, wir können unsere Leidenschaften nicht kontrollieren, wir können keine künstlerische Inspiration kaufen. Ich verstehe nicht, wie Sie so etwas sagen können!«

»Ganz genauso habe ich es nicht gesagt. Ich sage, daß es gefährlich ist, und immer war, Gott, oder wie immer wir die höhere Realität nennen, zuzuschreiben, was eigentlich in der Welt des menschlichen Ego ist. Nur weil der Intellekt etwas nicht begreifen kann, es nicht kontrollieren kann, heißt das noch lange nicht, daß es direkt von Gott oder dem Geist kommt. Wir reden von dem, was die alten Hebräer Abgötterei genannt haben – wir messen Gott zu, was ein Aspekt des menschlichen Ego ist. Der gegenwärtige Name für die Welt des menschlichen Ego ist Geld. Geld diktiert uns, wie wir mit allem umzugehen haben – mit materiellen, intellektuellen und emotionalen Dingen.«

»Man kann Liebe nicht kaufen! Man kann Glück nicht kaufen! Man kann Wahrheit nicht kaufen! Man kann Treue nicht kaufen . . .«

Alyssa unterbrach uns und sah mich fragend an. »Aber das behaupten Sie doch gar nicht, nicht wahr?«

»Nein«, sagte ich. »Man *kann* Liebe kaufen, man *kann* Glück kaufen und man *kann* die Wahrheit und Treue kaufen! Aber es gibt eine Liebe, die man nicht kaufen kann, und eine Wahrheit, eine Treue und ein Glück, das man nicht kaufen kann. Aber wir werden nie wissen, was sie sind, solange wir nicht die Liebe, die Wahrheit und das Glück verstanden haben, die wir kaufen *können*. Wir können viele Dinge tun, um Liebe und Wahrheit und Glück zu finden, und uns am Ende so hinstellen, daß wir die Liebe und die Wahreit und das Glück als ein Geschenk empfangen können, ohne uns angestrengt zu haben. Wir sind dazu bestimmt, in zwei Welten zu leben. Es ist sehr schwer, das zu schlucken, das muß ich sagen! Geld ist ein Instrument dafür, was wir tun können: Das ist es, was Geld bedeutet. In anderen Kulturen war es nicht immer so. Es hat andere Instrumente gegeben – Waffen, Werkzeuge, alle möglichen Dinge, die als Verkörperung und Schlüssel zu dem, was der Mensch durch eigene Anstrengungen tun kann, gedient haben. Heute ist es das Geld. Gesundheit, Krieg und Frieden, Gerechtigkeit, Vergnügen und Schmerzen – sie alle werden nach Kosten festgelegt. Und wir werden erst damit aufhören, uns in bezug auf Liebe, Wahrheit und Glück selbst zu betrügen, wenn wir die Art der Liebe und Wahrheit gesehen haben, die Geld kaufen *kann*, die Art, für die wir arbeiten und die wir erreichen können.

Wir sind von der Welt enttäuscht, weil wir von der Welt erwarten, Gott zu sein. Ich meine die Welt des menschlichen Ego, ich meine nicht die Welt der unverdorbenen Natur. Wir sind von der Liebe enttäuscht, wenn wir uns von der Liebe, die man mit Geld kaufen kann – ich meine die Liebe, auf die wir durch eigene Anstrengung hinarbeiten können –, erwarten, so zu sein wie die Liebe, die man mit Geld nicht kaufen kann. Wenn wir von der Gerechtigkeit, die man mit Geld kaufen kann, erwarten, wie die Gerechtigkeit Gottes zu sein. Wir teilen die beiden Welten ständig falsch auf und sind dann enttäuscht, wenn sich die Welt, die wir für spirituell gehalten haben, ganz genauso verhält wie die Welt des menschlichen Ego. Wir bezeichnen einen Stein als Gott, kleiden ihn, damit er wie ein Gott aussieht, und sind dann enttäuscht, wenn er sich wie ein Stein verhält. Das ist Idolatrie. Abgötterei. Wir bezeichnen Kunst als spirituell, Kunst, die von gewöhnlichen, talentierten Leuten kommt, aber es sind Leute wie Sie und ich, und hinterher sind wir enttäuscht, wenn sich der Künstler ganz genauso benimmt wie alle anderen. Mit der Ethik ist es ganz dasselbe, mit allen menschlichen Beziehungen. Es gibt eine Menge, was wir mit unseren Fähigkeiten und dem Wissen, das wir alle besitzen, tun können, und mit dem normalen guten

Willen, den wir alle haben, um füreinander zu sorgen, um gerecht zu sein, um intelligent zu sein, aber das alles wird nicht zu endgültigem Glück und Bedeutung führen. Aber es ist auch nicht zu verachten.«

»Das verstehe ich nicht«, rief Bill, »was kann man mit Geld kaufen?«

»Mit Geld kann man alles kaufen«, sagte ich, weil ich nicht bereit war, das Paradox des menschlichen Lebens auf der Erde kleiner zu machen. »Geld kann alles kaufen. Das einzige, was es nicht kaufen kann, ist ein Sinn. Die Urquelle jeder menschlichen Handlung, jeder menschlichen Funktion, ist etwas, irgendeine Kraft, die über das Ego hinausgeht. Bis dorthin kommt das Geld nicht, aber es kommt überall sonst hin.«

Geld und Samsara

Vielleicht war es der Wein, der mich daran hinderte, alles in eine logische Form zu bringen. Bestimmt habe ich nicht versucht, irgend jemanden zu beunruhigen. »Sehen Sie nicht«, sagte ich, »wieviel Unglück durch die falsche Teilung der beiden Welten verursacht wird?« Ich deutete auf die Bücherstöße, die Bill mitgebracht hatte. »Wenn sich die Menschen nur vorstellen, daß sie den Geist wählen, wird dadurch das Tier in uns veranlaßt, stärker zu werden, und es versteckt sich unter der Maske des Geistes, so wie Asmodi das Gesicht von König Salomo angenommen hat. Wie viele der Bücher, in deren Titel Wörter wie ›Ethik‹ vorkommen, sind nicht auch so? Heimatliebe? Die Sorge um den Planeten? Gleiche Rechte, Haushalt, medizinische Versorgung, das Drogenproblem? Geld kann jedes kaufen, aber wenn man eins davon so weit von den anderen entfernt, so daß es sich anhört wie das Höchste im menschlichen Leben, wenn man eine solche falsche Teilung zwischen normalen individuellen Bedürfnissen einerseits und der Sorge um das Überleben der menschlichen Gemeinschaft andererseits vollzieht, hat man ein Idol geschaffen. Die Notwendigkeit, für das Wohlergehen meiner Familie, die Umwelt oder die Landsleute zu sorgen, ist alles Teil derselben Bewegung, wie auch die Notwendigkeit, für mich selbst zu sorgen. Wie Maimonides sagt, gibt Gott nur, solange wir begreifen, was nötig ist, und uns danach verhalten. Dieses Verhalten, gewöhnliches, normales, gesundes menschliches Verhalten in der Welt, muß heute in der Welt der Geldgeschäfte stattfinden. Geld ist unser Instrument zum Handeln. Man kann seinen Nachbarn nicht lieben, ohne dabei auch das Geld zu berücksichtigen.«

Nicht einmal Alyssa konnte das akzeptieren.

»Das ist keine christliche Liebe!« sagte sie. »Das ist nicht die Liebe des Herzens!«

»Wer redet von christlicher Liebe?« erwiderte ich. »Ich rede nicht von christlicher Liebe. Diese Art Liebe ist etwas anderes. Diese Art Liebe, die ich wenigstens noch ein- oder zweimal in meinem Leben zu erleben hoffe, kommt von nirgendwoher und geht nirgendwohin. Diese Liebe ist die Liebe für alles, die Versöhnung aller Kräfte, die Liebe jedes menschlichen Wesens. Es ist ein reines Geschenk. Es sieht und versteht und verwandelt. Aber wenn ich von Geld spreche, dann spreche ich von allem, von allem, das mit dem verbunden ist, was der menschliche Geist begreifen und wählen und tun kann. Das bedeutet das Geld heute. Es ist Teil von allem in unserem Leben – das heißt, unser Geist und unsere Gedanken und Gefühle in ihrem unverwandelten Zustand haben alle mit Geld zu tun. Geld berührt das, was wir als Liebe kennen: Sorge für Kinder, Sorge für unseren Planeten, Sorge für unseren Körper, unsere Gesundheit, unsere Sicherheit, unsere Kunst, unsere Wissenschaft. Geld ist der Name, den wir jetzt für die ganze Welt von *samsara* haben . . .«

»Was ist *samsara*?« fragte Bill. Es gab gar keinen Zweifel, ich hatte ein Glas zuviel gehabt. Ich brach in Lachen aus und war froh, als ich sah, daß Bill und Alyssa auch lachten.

»*Samsara*?« sagte ich, »*samsara* ist das buddhistische Wort für *alles*, was die Christen *Welt* nennen, was die Hebräer *Himmel und Erde* genannt haben . . .«

»Ich dachte, Gott lebt im Himmel«, sagte Bill.

So plötzlich, wie ich zu lachen angefangen hatte, hörte ich wieder auf. Es war nicht der Wein, der mich zum Lachen gebracht hatte, das erkannte ich; und es war nicht der Wein, der mich plötzlich zum Schweigen gebracht hatte – es waren Bills Worte gewesen, die er gerade ohne große Betonung ausgesprochen hatte.

Einen Augenblick war es still, dann sagte ich: »Gott wohnt im Himmel, ja, aber Gott ist nicht das gleiche wie der Himmel.«

Nach einer weiteren Pause legte Alyssa das Buch, das sie hielt, aus der Hand und zitierte aus dem Kopf den Propheten Isaia: »Denn der Himmel wird verschwinden wie Rauch, und die Erde wird steif sein wie ein Gewand, und die darin wohnen, werden sterben, aber ich werde für alle Ewigkeit errettet sein.«

»Du kennst dich gut aus mit der Bibel«, sagte ich.

Bill machte ein unglückliches Gesicht. Ich glaube, er fühlte sich plötzlich ausgeschlossen, aber vielleicht war es für ihn auch einfach ein bißchen viel Religion, ein bißchen viel Bibel. Oder, wenn nicht, vielleicht eine etwas fremdartige Anwendung der Bibel. Ich überlegte, wie ich den Punkt, an den wir gelangt waren, anders ausdrücken konnte, in einer anderen Sprache, einer wissenschaftlicheren, psychologischeren Sprache, der des Buddhismus, zum Beispiel.

Es ist immer eine erschreckende Herausforderung, in angemessener Form über den Weg im Leben zu sprechen, die Größe der Lehre zu fühlen, die den Menschen öffnet, um das gesamte menschliche Leben bewußter zu erfahren, die die falschen Trennungen und Dualismen zurückweist, die unter den Namen von ›gut und böse‹, ›Seele und Körper‹, ›Himmel und Erde‹, ›Geist und Materie‹ soviel Leid und Verwirrung über die Welt gebracht haben – um die wirkliche Grenze zwischen der Bewegung nach innen und der Bewegung nach außen zu spüren, zu fühlen und zu kennen, und um die ungeheure Größe der Aufgabe zu begreifen, für die der Mensch geschaffen ist, die Aufgabe, diese beiden Bewegungen überall und in allem bewußt zu erfahren – in der Liebe, im Haß, in Zeiten der Freude und in Zeiten des Leids, mit unseren Kindern, unseren Freunden, unseren Feinden – in der Wissenschaft und in der Kunst und in der Religion; beim Gewinnen, beim Verlieren und beim ›Unentschieden‹. In *allem*, allem *unter der Sonne*.

Ein unerwartetes Ereignis

Was immer der Grund für Bills plötzliche unglückliche Stimmung gewesen war, jetzt stand er auf und schwankte einen Augenblick. Alyssa beobachtete ihn ängstlich, als er einen Stapel Bücher aufhob und zur Tür ging.

»Was haben Sie vor?« fragte ich.

»Ich gehe nach Hause.«

Wir sahen ihm nach, als er unbeholfen die Tür aufmachte und hinausging, und hörten ihn draußen die Stufen hinunter und zu seinem Auto gehen.

»Warum tut er das?« fragte Alyssa.

»Ich weiß nicht.«

Bill kam zurück und stopfte ein paar Papiere in seine Aktentasche. Er hob einen weiteren Stapel Bücher auf und ging wieder zur Tür – unter dem einen Arm die Bücher und unter dem anderen die Aktentasche. Alyssa machte eine Bewegung, als wollte sie ihm folgen, blieb aber an ihrem Platz.

Als er zum zweiten Mal zurückkam, sah ich, daß er sich in einem ungewöhnlichen emotionalen Zustand befand.

»Was ist los, Bill, was haben Sie denn?« fragte Alyssa. Was mich betraf, so war ich einfach nur interessiert, sehr interessiert. Was ging in ihm vor? Ich erinnerte mich daran, wie er gewesen war, als wir uns im Seminar zum ersten Mal begegnet waren, und wie schnell es mir gelungen war, ihn von seiner schlechten Laune zu befreien, indem ich ihn zum Mittagessen eingeladen hatte. Aber das wollte ich nicht noch einmal probieren, und außerdem hatte ich sowieso das Gefühl, daß es diesmal um etwas anderes ging, etwas, das ich gern verstanden hätte und das, was noch viel wichtiger war, Bill gern verstanden hätte. Er war unglücklich, das war deutlich zu sehen, aber es ging noch etwas anderes in ihm vor.

Ja, ich sah jetzt schon ein bißchen, was es war. Er *probierte* etwas aus, eine innere Erforschung. Neben seiner schlechten Laune war aber noch etwas anderes in ihm. Und dieses ›andere‹ mußten wir respektieren, bestimmt war es viel empfindlicher und wichtiger als die unglückliche Stimmung. Deshalb warf ich Alyssa, die gerade aufstehen wollte, um ihn zu beruhigen, einen unauffälligen Blick zu, der ihr sagen sollte: ›Bitte, lassen Sie ihn!‹

Aber was dann geschah, hätte ich, und schon gar nicht Bill, bestimmt nicht erwartet. Vielleicht auch deshalb, weil weder Alyssa noch ich uns seinetwegen übermäßige Sorgen zu machen schienen, hatte sich seine düstere Stimmung nur noch verstärkt, so sehr, daß in seinen Augen Tränen glitzerten. Gleichzeitig war klar, daß er an den Gedanken, die wir gerade – entgegen sonstiger Gewohnheit möglichst unvoreingenommen und im gegenseitigen Vertrauen, die Wahrheit finden zu wollen – diskutiert hatten, außerderordentlich interessiert war. So daß mir nur einen Augenblick vor dem Ereignis, das ich gleich beschreiben werde, klar wurde, daß Bill selbst *zwischen* zwei entgegengesetzten Gefühlen stand: Auf der einen Seite Selbstmitleid, ausgelöst durch wer weiß was für Assoziationen aus der Kindheit, und auf der anderen Seite der Wunsch, zu verstehen. Und obwohl ein solcher psychischer Zustand nicht genau das gleiche ist, als wenn man zwischen den beiden Kräften steht, ist er ganz bestimmt ein Vorgeschmack darauf, ein kurzer Blick auf das reinigende Leid, das wir alle auf dem Weg zur Selbsterkenntnis akzeptieren müssen.

Bill drückte den Rücken durch, und mit einem seltsamen Lächeln auf den Lippen nahm er die Kiste mit dem Gold und hielt sie mir hin.

»Für Sie«, sagte er mit heiserer Stimme.

»Wie meinen Sie das?« fragte ich ehrlich erstaunt, obwohl

ich mich fühlte, als wäre gerade ein großer Adler, im vollen Bewußtsein, was er tat, in meine Brust gesegelt.

»Ein Geschenk«, sagte er.

In meiner Brust verstand ich sofort und auf der Stelle alles; ich wußte sogar, ohne alle Worte, wie ich reagieren mußte, was ich fühlen mußte. Ich spürte ein stilles Licht und Wärme, die in mich hineinfielen wie das Sonnenlicht. Aber in meinem Geist herrschte das reinste Chaos und Bestürzung, und die Muskeln in meinen Schultern waren plötzlich von Teufeln erfüllt, von Spannungen jeder Art. Ich weiß nicht, was mich dazu gebracht hat, die Schachtel zu öffnen, aber ich weiß noch, was ich in dem Augenblick dachte, bevor ich das Gold sah. Irgendwie sagte mir mein Kopf, daß ich das Gold ganz kühl betrachten und höflich quittieren könnte, so als hätte man mir nichts weiter als eine Schachtel Pralinen überreicht.

Der strahlende Glanz des Goldes bohrte sich in mein Gehirn, und durch meinen ganzen Körper zuckte ein heftiger Stromstoß, der alles in Flammen setzte, vor allem im Bereich des Solarplexus und der Genitalien. Mir zitterten die Beine, als wären sie mit nervösen kleinen Spatzen vollgestopft. Meine Atemzüge wurden rauh und heiser wie das Keuchen eines hungrigen Wolfs.

Wer bin ich?

Ja, vom Zustand des Seins zwischen den beiden Naturen zu sprechen, ist das eine, ihn aber auf irgendeiner Ebene und unter irgendwelchen Bedingungen selbst zu erfahren, ist etwas völlig anderes. Jetzt kann ich diesen Zustand sehr wohl in groben Zügen beschreiben, aber als es passierte, gab es nichts in mir, das sich auf die Seite stellen ließ und über das, was mit mir geschah, Erklärungen abgeben konnte. Andererseits war da noch dieses ruhige Licht, das bis in die feinsten Ritzen meines Körpers drang und mich leise rief. *Es* – eigentlich sollte ich es *Ich* nennen, aber das war ich nicht, das war nicht ich selbst –, *es* machte sich überhaupt nichts aus dem Gold; weder wollte es das Gold, noch wollte es das Gold nicht. Es wollte nur sein, in mir existieren, wahrnehmen. Und es wollte nur meine Aufmerksamkeit, damit es in mich eingehen konnte. Ehrlich, es war so sanft wie ein Lamm.

Ah, aber dort auf der anderen Seite, auf dem Schlachtfeld der Hölle, wurde ich von kämpfenden, alles verzehrenden Impulsen zerrissen. Wenn ich nicht gesessen hätte, wäre ich auf den Boden gefallen, so schwindlig und so leicht war mir im Kopf. ›Nimm es! Nimm das Gold!‹ drängte mich eine starke, euphorische Stimme. ›Eine halbe Million Dollar! Und für ihn ist es nichts! Er hat fünfundsechzig Millionen! Er will, daß du es bekommst. Er schätzt dich. Nimm das Geschenk an! Sei kein Narr. Denk an die guten Dinge, die du tun kannst . . . etc. Deine sämtlichen Probleme wären gelöst . . . etc. Du bist es ihm schuldig, es anzunehmen . . . etc. Du hast es verdient . . . etc. Und so weiter.‹ Wie der Geizhals aus einem Comicstrip fing ich an, die Goldmünzen zu betasten, und mein ganzer Körper erschauerte von ihrem Gefühl und ihrem Gewicht.

Aber gleichzeitig rief mir eine feste Stimme zu: ›Das darfst du nicht! Du hast es nicht verdient! Es gehört nicht dir! Er ist betrunken! Er ist ein Neurotiker! Du darfst ihn nicht ausnutzen. Und außerdem sieht Alyssa zu. Was wird sie von dir denken? Es wird sich herumsprechen. Was werden die Leute von dir denken? Tu's nicht! Es ist unmoralisch, es ist nur Geld. Verkauf dich nicht!‹

In mir kämpften Teufel, die wie Engel gekleidet waren, und Teufel, die wie Teufel gekleidet waren. Ich nenne sie beide Teufel, weil dieser Kampf stattfand, um meine Aufmerksamkeit von dem schönen ruhigen Licht abzulenken, das durch mein Dasein zog. Und dann dieses überwältigende Gefühl, daß ich eine Entscheidung treffen mußte – augenblicklich und klug.

Ich? Wer war dieses *Ich*, das zu herrschen und zu entscheiden hatte, ob ich das ›Gute‹ oder das ›Schlechte‹ tat? War das nicht das wahre Oberhaupt der Dämonen, Asmodi, der mein Gesicht und meine Züge annahm? War das nicht dieser Iblis persönlich, der sich weigerte, sich zu dem Menschen hinunterzubeugen, als Allah den Menschen erschuf? Und er hatte recht, dieser in einen Engel verwandelte Teufel. Es war nicht der Wahre Mensch, dem er seine Dienste verweigerte; seine Feindseligkeit richtete sich nicht gegen den vollkommenen Menschen, sondern nur gegen das tiefe Ego, die tiefe Lüge, die an der Wurzel all der tausend anderen Lügen und Illusionen liegt, von der die Energie des menschlichen Bewußtseins verzehrt wird. Es ist die Aufgabe dieses obersten Dämons, die Illusion von Tugend und Moral zu zerstören, die den unvollkommenen Menschen glauben macht, nicht weit von Gott zu sein.

Das ist das Geheimnis, das der Satan mit Gott teilt, und mit sonst niemand. Und unter der Dynamik dieses Geheimnisses – wie in den geheimen Winkeln aller großen Glaubenslehren der Geschichte geschrieben steht – dient Satan oder Asmodi oder Iblis oder der Schwindler, oder wie immer er genannt wird, dieser ›Gefallene Engel‹, Gott mit absoluter, unerschütterlicher Liebe und Ergebenheit!

Aber natürlich fanden in diesem Augenblick keine derart abstrakten Gedanken den Weg in mein Bewußtsein. Ich erinnere mich, Bill direkt in die Augen gesehen und mit tiefer Stimme, die ich kaum als meine eigene erkannte, gesagt zu haben: »Das kann ich nicht annehmen, Bill.« Im selben Augenblick, als ich diese Worte stammelte, leuchtete das feine ruhige Licht, das beinahe mit einem Flackern erloschen wäre, plötzlich für eine Sekunde, nicht länger, sehr hell auf. Aber in diesem kurzen Augenblick war *Ich-bin-da* in meiner Gegenwart. Und ich sah mit unmißverständlicher Klarheit, wo das Geld in meinem Sein seinen Platz hatte – ich sah, wie weit unten es war, ganz unten in meinem Körper, nicht weit von der Stelle entfernt, an der die sexuellen und Überlebenstriebe angesiedelt sind.

Ich werde nicht versuchen, diesen Augenblick noch näher zu beschreiben. Ich werde nicht versuchen, das ungewöhnliche Gefühl von Freude und Freiheit zu beschreiben, das mich erfüllte. Ich werde nur sagen, daß sich mein Verdacht über den Platz, den das Geld im Leben vieler von uns einnimmt, direkt bestätigt hat. Ich sah, wenigstens in mir selbst, daß die Leidenschaften und Triebe, die die Frage des Geldes umgeben, an den Wurzeln unserer Persönlichkeit entstanden sind und daß es keine wahre Moral geben kann, solange wir uns dieser Tatsache in ihrer ganzen unermeßlichen Größe nicht gestellt haben. Und bis wir das tun, müssen wir so weiterleben, wie wir leben, müssen die moralischen Regeln, die an uns weitergereicht werden, befolgen, in dem Wissen, daß diese Regeln nicht aus unserem eigenen authentischen Bewußtsein zu uns sprechen und daß es unser wichtigstes Ziel sein muß, in unserem Leben nach den Bedingungen und nach der Begleitung zu suchen, die in uns den inneren Zustand wecken können, in dem das Gewissen, das die Stimme des *Ich-bin-da* ist, gehört werden kann. Die intellektuellen, sozialen und psychophysischen Bedingungen, die für diese Suche notwendig sind, und die Begleiter, die sie unterstützen können, schließen – wenigstens zum Teil – das mit ein, was mit Weg im Leben gemeint ist.

Ich klappte die Kiste mit dem Gold zu und stand wieder fest auf den Beinen. Ich gab sie Bill zurück. »Danke«, sagte ich.

Bill nahm die Schachtel und sah zu Alyssa, während er sie wieder auf den Tisch stellte. Auch er war jetzt ruhig und ausgeglichen. Anstatt zu gehen, setzte er sich wieder auf die Couch. Alyssa ging wortlos in die Küche, um Kaffee zu kochen.

Teil III
Das unbestimmbare Etwas, das in alles eingeht

21. Der verborgene Schlüssel

Als ich dieses Buch zu schreiben begann, hatte ich die Absicht, meine Untersuchung auf unser Leben als Individuum mit all den Dilemmas und Schwierigkeiten zu beschränken, denen sich jeder von uns, mehr oder weniger auf sich selbst gestellt, gegenübersieht – im Familienleben, bei der Arbeit, in unsere Technologien verstrickt, unter der Last unseres Besitzes, um Selbstachtung und um ein persönliches Selbstwertgefühl ringend. Ich hatte nicht die Absicht, auf der Ebene von Nationen und den Völkern der Erde zu schreiben. Wenn ich jetzt aber trotzdem einige Gedanken darlege, die in diese Richtung gehen, dann nur deshalb, weil ich zu Beginn meiner Arbeit an diesem Buch noch nicht das ganze Ausmaß erkannt habe, in dem unsere Einstellung zum Geld der Schlüssel zum Verständnis aller Aspekte unseres heutigen Lebens und unserer Interessen ist. Ich glaubte schon zu wissen, wie tief und innig das Geld in Bereiche eindringt, die wir vielleicht für im wesentlichen unabhängig von Geld gehalten haben – Bereiche des menschlichen Lebens, die Ökonomen und Anthropologen als ›nicht monetisiert‹ bezeichnen, wie etwa Verwandtschaft, kreative Gedanken und kreativer Ausdruck, oder der religiöse Glaube. Aber erst vor ein paar Tagen habe ich wieder mit neuer, verblüffender Klarheit entdeckt, wie wahr diese These ist und was sie auf globaler und planetarischer Ebene alles zur Folge hat.

Eine Begegnung in Pacific Heights

Das Szenarium ist eine Villa in Pacific Heights, dem elegantesten Viertel San Franciscos. Ich sitze mit zwanzig Männern und Frauen um einen großen Eßtisch, der mit belgischer Spitze, Coalport-Porzellan und einem Wald vielfarbiger Kristallgläser gedeckt ist. Durch das Panoramafenster erglüht unter uns die San Francisco Bay im Sonnenlicht, mit weißen Segeln und der Golden Gate Bridge, und mit Tausenden funkelnden Autos, die in beide Richtungen darüber hinweggleiten.

Mir gegenüber sitzt Jerry Brown, der ehemalige Gouverneur von Kalifornien; zwei Plätze weiter sitzt der berühmte Soziologe Robert Bellah, und zwei Plätze weiter auf der anderen Seite Michael Murphy, der Präsident des Esalen Institute. Zwei Plätze zu meiner Rechten sitzt Mary Metz, gerade Präsidentin des Mills College, und rechts von ihr Jay Ogilvy, der Philosoph und Industriemanager ist. Außerdem befinden sich an dem Tisch noch Don Johnson, bekannt für seine Körperarbeit und seine spirituellen Workshops, und James Garrison, Leiter einer sowjetisch-amerikanischen Handelsorganisation. Am Kopf des Tischs sitzt unser Gast Rupert Hills, Eigentümer eines der großen Geschäftsimperien von San Francisco (Hills Brothers Coffee); und am anderen Ende des Tischs sitzt der Ehrengast; wegen ihm bin ich hier. Es ist kein anderer als Iwan Timofeyewich Frolow, der Chefredakteur der *Prawda*, ein enger Vertrauter von Michail Gorbatschow und einer der wichtigsten Urheber des neuen Rußlands, das noch darum ringt, geboren zu werden.

Unter der Leitung von Michael und Gulce Murphy arbeitet das Esalen Institute seit einigen Jahren daran, einen Kommunikationskanal zwischen den Vereinigten Staaten und der Sowjetunion aufzubauen, der nicht auf militärischen und politischen Überlegungen beruht, sondern auf dem Austausch von Gedanken über den Menschen – Gedanken, die jetzt unter dem Beinamen ›the human potential movement‹ zusammengefaßt sind.

Das Treffen soll mehr sein als nur ein geselliges Mittagessen. Nach dem Essen ist jeder der geladenen Experten aufgefordert, in einer kurzen Zusammenfassung seine Arbeit vorzustellen, auf die Mr. Frolow dann eingehen wird. Mich hat mein alter Freund Mike Murphy hierhergebracht, weil ich gerade ein Buch über die Philosophie des Geldes schreibe und weil Rußland plötzlich mit aller Macht vor der Frage des Geldes steht – eine große Nation, die ihre totalitären Ketten abschüttelt und bemüht ist, in den Weltmarkt einzusteigen, ohne besonders viel zu verkaufen zu haben, was die Welt haben möchte; eine Nation, die einen abrupten Wandel vollziehen würde – von Macht, die auf Angst beruht, zu Macht, die auf Wünschen beruht.

Mr. Frolow saß zu weit von mir entfernt, als daß ich sein Gespräch während des Essens hätte mithören können, aber ich beobachtete ihn, und wir lächelten uns zu. Ich war noch nie einem sowjetischen Beamten begegnet, und noch viel weniger jemandem, der so weit oben an der Spitze einer Macht war, die für uns im Westen noch gestern die am meisten gefürchtete politische und militärische Macht auf der Erde gewesen war. Waren wir nicht alle mit dem gleichen Alptraum von der Atombombe aufgewachsen, mit den gleichen Bildern von Tod und völliger Zerstörung in den Händen der Russen? Sollte ich das etwa einfach wegschieben? Und wer war dieser junge Russe, der neben mir saß und kein Wort Englisch sprach? Trug er vielleicht eine Waffe bei sich?

Was ist Rußland?

Ich bemühte mich, Frolow anzusehen, ohne unhöflich zu erscheinen. Er hatte kein hartes Gesicht – ganz im Gegenteil. Er war ungefähr in meinem Alter, hatte bräunlich-graues Haar, war untersetzt, hatte sanfte graue Augen hinter professoralen randlosen Brillengläsern. Er wirkte entspannt und herzlich, vor allem im Vergleich zu Ex-Gouverneur Brown, der mir gegenübersaß und in aggressivem Ton mehrere Gespräche gleichzeitig führte. Frolow war mir wahrscheinlich näher, als ich je wieder den Archetyp namens ›Russe‹ in Person erleben würde, der fast mein ganzes Leben lang einen Teil meiner Gedanken terrorisiert hatte. Ich versuchte einerseits hinter der Oberfläche von Mr. Frolows Gesicht eine gewisse Rücksichtslosigkeit und andererseits einen freundlichen Mitmenschen aufzuspüren. Vielleicht lag es an meinen russischen Vorfahren, aber es gelang mir nicht, die Angst heraufzubeschwören – sosehr ich es mir komischerweise auch wünschte. Am Ende ließ ich es sein und freute mich einfach nur über das Essen und vergaß völlig, daß der russische Charakter für mich (und für viele von uns) ein faszinierend unbegreiflicher Faktor ist, der das Schicksal der Erde bestimmt.

Als das Essen zu Ende war, begann der offizielle Teil des Programms. Robert Bellah begann mit einem überzeugenden und aufschlußreichen Kommentar über die bedrohte Tradition des individuellen Ausdrucks in den Vereinigten Staaten, und Frolow, dessen Worte von einem Simultandolmetscher übersetzt wurden, erwiderte ohne Eile, daß man jetzt in der Sowjetunion die gleichen Probleme habe. Er sagte, daß der Stalinismus eine Verfälschung der marxistischen Vision war, die in eine autoritäre Bürokratie mündete, die den individuellen Ausdruck unterdrückte.

Ich spitzte die Ohren, als er davon sprach, welche Bedeutung in seiner eigenen Ausbildung die Texte des mystischen Theologen Wladimir Solowjew und die Schriften Dostojewskis, besonders die Figur des Vaters Zossima in *Die Brüder Karamasow*, gehabt hatten. Solowjew und die Romanfigur Zossima deuten auf die Spiritualität des östlichen orthodoxen Christentums hin, das in einigen seiner Formen die eindringlichste Vision von der Suche des Menschen nach der inneren Welt der Seele zum Ausdruck bringt. Ich fragte mich, wie es einem führenden marxistischen Theoretiker gelang, den Kommunismus mit einer Vision der menschlichen Natur in Einklang zu bringen, die alle ökonomischen und politischen Erwägungen strikt auf den zweiten Platz verweist? Waren hier etwa irgendwelche typisch russischen religiösen Phantasien im Spiel? – Auf ihre Weise vergleichbar mit den calvinistischen

Phantasien des Westens, aus denen die Entstellungen des Kapitalismus hervorgegangen sind? Wieder lautet die Frage: Was ist Rußland?

Demokratie und Geld

Dann stellte sich der frühere Gouverneur Jerry Brown neben den Tisch. Ich wußte, daß er im vergangenen Jahr seine exzellenten politischen Talente darauf verwendet hatte, die demokratische Partei Kaliforniens neu aufzubauen, und fürchtete, daß seine Ausführungen jetzt vielleicht nur die dem Selbstzweck dienende Rhetorik eines typischen amerikanischen Politikers sein würden. Aber was er vortrug, war in der Tat außerordentlich interessant.

Das Wesen der Politik, sagte er, ist die Kommunikation. Aber in der heutigen Welt braucht man, um kommunizieren zu können, Zugang zu den Massenmedien, und das kostet Millionen und aber Millionen Dollar. In der Politik, sagte er, ist das Problem nicht so sehr, *was* man kommuniziert, sondern woher man das Geld bekommt, das zur Kommunikation nötig ist. Diejenigen, die das Geld liefern können, vertreten unweigerlich besondere Interessen, die mit den Bedürfnissen des ganzen Volks nichts zu tun haben. Wenn eine sehr kleine Minderheit den Zugang zu den Kommunikationsmitteln kontrolliert, ist der Politiker gezwungen, die eine oder andere dieser kleinen Gruppen zufriedenzustellen – Banken, zum Beispiel, oder große Geschäftsinteressen verschiedenster Art. So daß heute, mehr denn je, das Problem der Demokratie darin besteht, wie man die Leute retten kann, wenn sie nicht dafür zahlen oder zahlen wollen, gerettet zu werden. Die heutigen Gesetze, die den Geldbetrag beschränken, den Politiker bekommen können, sind keine große Hilfe, solange es keine Gesetze gibt, die die Kosten für Fernsehzeit beschränken. Alles in allem, schloß er, ist die Demokratie in Amerika von Bestechung abhängig. Der Begriff ›Bestechung‹ beschreibt zu

Dreiviertel die Aktivitäten aller Politiker in den Vereinigten Staaten. »Die Demokratie hängt von der Kontrolle des Geldes ab.«

Amerikanischer Realismus

Während sich Frolow auf seine Antwort vorbereitete, konnte ich ein paar Worte mit meinem rechten Nachbarn wechseln. Er war entsetzt von dem, was er gerade gehört hatte. »Wie konnte er so etwas sagen?« flüsterte er, während der frühere Gouverneur neben dem Fenster stehenblieb. Seinem Akzent nach schätzte ich – richtig, wie sich später herausstellte –, daß er Deutscher war. »Aber was er gesagt hat, stimmt«, sagte ich. »In gewisser Hinsicht ist es erfrischend ehrlich.« Der Deutsche bedachte mich mit einem höflichen, aber verächtlichen Blick. Damals fing ich an, mir darüber Gedanken zu machen, ob die Art und Weise, wie die verschiedenen Nationalitäten mit Geld umgehen, vielleicht nicht auch ein Schlüssel dafür war, sie als Volk zu verstehen. Ich mußte an einige frustrierende frühere Begegnungen denken, die ich mit europäischen Verlegern gehabt hatte, frustrierend im Vergleich zu dem, was ich an den amerikanischen Verlegern so schätzte, die Art und Weise nämlich, wie sie ihre Entscheidungen ganz offen davon abhängig machen, was ›unter dem Strich‹ steht, obwohl das natürlich auch zu weit gehen kann. Nachdem ich meine jugendlichen ›Künstlerphantasien‹ abgelegt hatte, daß, was immer ich schrieb, veröffentlicht zu werden verdiente, begann ich den geschäftlichen Aspekt des Verlegens als die Verkörperung eines kostbaren und wahren Faktors in meiner Beziehung zu meinen Mitmenschen anzusehen. Ich war von manchen europäischen Verlegern viel mehr frustriert, die sich als große Idealisten ausgaben, aber gleichzeitig auch noch gute Geschäftsleute sein mußten. Sie mußten es vertuschen und so tun, als wäre das Geld eine schmutzige Sache.

Diese Gedanken machten mich nur noch neugieriger darauf, zu hören, wie der Russe Frolow auf die freimütigen und sehr amerikanischen Erklärungen des früheren Gouverneurs reagieren würde. Frolow sprach intelligent und humorvoll, von einem historischen Gesichtspunkt ausgehend, über die Notwendigkeit, in der Sowjetunion mehr als eine Partei zu haben, und von den Gefahren, die zu viele politische Parteien mit sich brachten. Er sprach ziemlich lange und schloß, ohne die Geldfrage, die Jerry Browns wichtigstes Thema gewesen war, auch nur ein einziges Mal berührt zu haben. Das irritierte mich. War er nur nicht darauf eingegangen, weil die finanzielle Struktur im gegenwärtigen Rußland so prekär war – weil die Sowjetunion aus internationaler Sicht praktisch kein Geld besaß, weil der Rubel an sich eine der überbewertetsten und unstabilsten Währungen der Welt war? Oder ging es um etwas viel Tieferes, um etwas, das mehr über den russischen Charakter aussagte?

Die Diskussionsteilnehmer gingen in den Salon. Auf meinem Weg dorthin sagte man mir, daß ich als letzter an der Reihe war, und bat mich, einen kurzen Überblick über meine Forschungen, die Rolle des Geldes in unserer Zeit und in unserem Leben, zu geben. »Und vergessen Sie nicht«, sagte man mir, »Frolow ist Philosoph. Er liebt es, Ideen nachzugehen, und er möchte etwas von amerikanischen Philosophen hören.«

In der intimen Atmosphäre des Salons setzte man mich Frolow direkt gegenüber, praktisch in Reichweite seiner Arme, in einen weichen Ledersessel. Er schien sich erstaunlich glücklich zu fühlen, im Salon eines Millionärs in dem weichen, geblümten Polster eines Sofas zu versinken. Aber sein zerfurchtes Gesicht, die randlose Brille und sein verschlossener Körper erinnerten mich daran, daß dies nicht seine natürliche Umgebung war. Ich mußte an die Szenen aus Tolstois *Krieg und Frieden* denken, in denen die russische Intelligenz und die Oberschicht dargestellt sind, wie sie sich anstrengten, französischer zu sein als die Franzosen. Und ich erinnerte mich sogar noch deutlicher daran, wie G. I. Gurdjieff den russischen Charakter in *Beelzebubs Erzählungen für seinen Enkel* dargestellt hatte. In diesem Buch ist der ›Russe‹ eine Verbindung zweier völlig verschiedener Elemente: Das gesunde Wesen des asiatischen Stammesmitglieds, mit der darüberliegenden Persönlichkeit eines hyperkultivierten Europäers.

Gleichzeitig gingen mir aber auch Jerry Browns Beobachtungen über die Beziehung zwischen Demokratie und Geld durch den Kopf. Demokratie ist von der Kontrolle des Geldes abhängig, hatte er gesagt. War es nicht auch zu einem Teil wahr, daß – wie jemand einmal klug beobachtet hatte – die Mission Amerikas in der modernen Welt darin bestanden hatte, ›die Welt für das Geld sicher zu machen‹? Aber was mich noch mehr erstaunte – als ich diese starke russische Präsenz inmitten der vermögenden Umgebung sah, die das kommunistische System einmal zu bezwingen gelobt hatte –, war die ernüchternde Möglichkeit, daß das Geld selbst die neue Grundlage und der Sinn der Demokratie geworden war. Brachte nicht die neue globale, gegenseitige finanzielle Abhängigkeit der Völker der Erde die Welt am Ende zusammen? Waren nicht das Geld und die Geldinteressen das einzige, was allen gemeinsam war, der eine Bereich, auf dem wir uns alle verstanden, der Bereich, das Interesse, auf das alle anderen menschlichen Interessen reduziert waren?

Der Weg vom Tauschhandel zum Geld war eine Bewegung in Richtung der Quantifizierung des Lebens, bei der die qualitativen Unterschiede, die der Welt innewohnen, auf ein einheitliches Maß reduziert wurden. Geld war von einer Annehmlichkeit zu einem Richtungweiser geworden, der den Wert und das Gewicht bestimmte. Und genau dasselbe war auch mit den Menschen und ihren Beziehungen zueinander geschehen. Denn obwohl die Menschen nun alle die gleichen Geldprobleme bekamen, hat dieser neue gemeinsame Faktor in unserer Erfahrung keineswegs unsere Konflikte und Unterschiede verringert; er hat sie nur unentwirrbar mit dem Geld verknüpft.

Um uns selbst zu kennen und um einander zu kennen, war es jetzt nötig, zu verstehen, wie jeder von uns als Individuum mit dem Geld umgeht. Unsere Beziehung zum Geld war ein Schlüssel zu unserer individuellen Persönlichkeit und unserer Natur geworden. Traf das gleiche auf die Völker der Welt zu, die nun an einem globalen Markt teilhaben? Mit all diesen Gedanken im Kopf fragte ich mich: Wer ist dieser ›Russe‹, den ich so lange gefürchtet habe und zu dem ich mich aber auch so stark hingezogen gefühlt habe, in seiner schönen düsteren Emotionalität und seiner Spiritualität?

Als erster Redner im Salon ergriff Don Johnson das Wort. Er stellte Frolow eine Frage nach dem wachsenden Interesse, das in Rußland an der esoterischen und mystischen Spiritualität besteht, an Meditation, Mythen, Körperarbeit, spirituellen Heilmethoden, Erfahrungen außerhalb des Körpers – kurz, all die Dinge, die in Amerika für manche Menschen eine ›spirituelle Revolution‹ darstellen und die andere als den neuen Narzißmus verdammen, und den noch andere – auch ich selbst – als ein Phänomen ansehen, das unserer Kultur eine erstaunliche Mischung aus wirklicher Hoffnung und falschen Träumen anbietet.

Frolows Antwort verstärkte nur noch den Wunsch in mir, das ›Russische‹ zu verstehen. Zu Beginn sagte er, daß es in der Sowjetunion ein beträchtliches Interesse an diesen Dingen gebe und daß sich das Institut des Menschen, dessen Direktor er war, damit beschäftige, sie zu untersuchen. Ich war über sein Eingeständnis ein bißchen erstaunt – es überrascht mich noch immer, wenn ich erfahre, daß ›New Age‹ in anderen Teilen der Welt ernst genommen wird. Überrascht – und enttäuscht. Ich würde mir gern wünschen, daß es in der Welt große Kräfte eines gesunden Menschenverstands gibt, Skepsis und sogar eine gewisse ehrliche Engstirnigkeit, die helfen kann, das phantastische Element in der ›spirituellen Revolution‹ herauszufiltern, damit nach und nach diejenigen, die Ohren haben, um zu hören, das, was wirklich revolutionär ist, heraushören können. Die Wahrheit ist immer revolutionär, immer ein

Schock. Aber wenn sich die Wahrheit mit Phantasien zu vermischen beginnt, begleitet von subjektiven Interpretationen, wird es ungemütlich. Sicherlich hatte der sowjetische Marxismus das gesamte Paket der ›New Age‹-Spiritualität nicht so einfach akzeptieren können!

Ich war dann etwas erleichtert, als Frolow weiter erklärte, daß es sich bei den Themen, die untersucht wurden, um psychische Phänomene verschiedenster Art handelte, als Beweise für das Rätsel der menschlichen Natur. Das war gut. Er vermittelte den Eindruck eines guten altmodischen wissenschaftlichen Materialisten, der sich bemühte, für jedes Phänomen, das auftrat, offen zu sein. Es war nicht wirklich die Abkehr vom erleuchteten Materialismus und die Hinwendung zu alten Lehren über das Bewußtsein, die, wenn man sie ernst nahm, die Philosophie des marxistischen Materialismus aushöhlten.

Allerdings irritierte mich die Art und Weise, wie Frolow von ›wissenschaftlichen Untersuchungen‹ sprach, noch ein bißchen mehr. War es möglich, daß die russische Vision von Wissenschaft selbst eine Art religiöse Phantasie war, eine Art idealistische Phantasie, als habe sie nicht mehr Verbindung zu den realen Gesetzen der universellen Realität wie jeder kalifornische Traum? Ich wundere mich schon lange darüber, wie selten man heutzutage in der westlichen Gesellschaft sowohl hochsensible als auch hartgesottene Wissenschaftler und Geschäftsleute in einem antrifft. War ich drauf und dran, auch meine Illusion vom Rest der Welt zu verlieren? Waren die marxistischen Materialisten, die die überwältigende Macht der körperlichen Bedürfnisse und materiellen Kräfte deutlich erkannten, die die Überheblichkeit und Zweitrangigkeit der meisten sogenannten Religionen und Morallehren enthüllten, nun auch dabei, zu verschwinden? Gab es denn niemanden mehr, der der metaphysischen Weltanschauung ehrlich die Stirn bot, um sie daran zu hindern, in Träume abzugleiten?

Kein Wunder, daß sich König Salomo für Asmodi interessierte! Wie hätte er ohne ihn je zum Widerstand gegen die Täuschungen der sogenannten Pietät und des Reichtums gelangen können? Und wie hätte er je ohne diesen Widerstand die Identifikation mit dem Ego verlieren können?

Die Art und Weise, wie Frolow weitersprach, schien meinen Verdacht zu bestätigen – daß irgendwo an der Wurzel des russischen Materialismus eine quasi religiöse Leidenschaft vorhanden war. Er lächelte uns gütig an, als er von seiner Mutter als einer tief religiösen Frau sprach und uns verriet, daß seine Großmutter eine ›Zauberin‹ gewesen war. Es hieß, daß sie, seine Großmutter, manchmal durch den Schornstein in den Himmel geflogen war!

Etwas ernster werdend, berichtete er, daß in seinem Dorf die Frauen ihre Kinder, wenn sie Magenkrämpfe hatten, zu seiner Großmutter brachten, die sie dann beruhigte, indem sie einige besondere Worte aussprach. Als Frolow diese Dinge erzählte, war aus seiner Haltung klar zu erkennen, daß er in bezug auf alles und auf jeden Aspekt der menschlichen Natur eine freundliche wissenschaftliche Objektivität an den Tag legen wollte, ohne daß damit gesagt war, daß er an irgendwelche übernatürlichen Dinge glaubte. Wie um sicherzugehen, daß wir ihn verstanden, zitierte er Tolstois bemerkenswerte Beichte, die er auf der Höhe seines Erfolgs geschrieben hat, daß für ihn die Frage nach dem Sinn des Lebens vorrangiger war als das Leben selbst, eine Stelle, die ich selbst schon seit langem mit mir im Kopf herumtrug und die ein wichtiger Ausdruck für den Menschen auf seiner spirituellen Suche war. Als ich Frolow unterbrach und das Zitat von Tolstoi zu Ende führte, schien er froh und überrascht. Und wir wechselten einen ziemlich intensiven Blick.

Der globale Markt

Dann ergriff der studierte Philosoph Jay Ogilvy das Wort, der jetzt am globalen Wirtschaftssystem beteiligt war. »Wir bewegen uns in Richtung eines Weltmarktes«, sagte Ogilvy, »in der sich die Menschheit von den idealistischen oder nationalistischen Zielen und Bestrebungen befreit, die für die Zivilisationen in der Vergangenheit charakteristisch waren. Wir bewegen uns auf eine planetarische *Ziellosigkeit* zu.« Mit diesem Begriff wollte Ogilvy etwas Positives und Wohltuendes ausdrücken – und keineswegs das, was gewöhnlich mit ›Ziellosigkeit‹ gemeint ist. Er glaubte, daß die große internationale Ebene, auf der das Geld jetzt ausgetauscht wurde, zu einer Kraft geworden war, die die Welt vereinen würde, ohne daß sich die Nationen gegenseitig ihre eigenen ›Ziele‹ aufzwangen. Die komplexen Kontrollen und Bilanzen eines weltweiten Marktes, dessen allgemeines Motiv das Einnehmen und das Ausgeben von Geld ist, würde die Menschheit davon befreien, ›nur zu leben‹. Für mich hörte sich das an wie der alte kapitalistische Glaube an die Kräfte des Marktes, der nicht nur die Preise festlegt, sondern auch die wahren menschlichen Werte.

Die unsichtbare Hand

Ich fragte mich, ob Frolow dasselbe hörte wie ich. War das nicht Adam Smith's ›Unsichtbare Hand‹, die jetzt auf die ganze Welt zutraf, der Gedanke, daß die Wechselwirkung der Kräfte des menschlichen Eigennutzes im Grunde das Instrument des göttlichen Willens ist? War das nicht genau die gleiche Philosophie, die Marx und Lenin als Grund für die Ungerechtigkeiten des uneingeschränkten Kapitalismus ansahen, die zu zerstören ihre Mission war? Und lag darin nicht etwas untilgbar *Amerikanisches* – wie es, zum Beispiel, Ralph Waldo Emerson im 19. Jahrhundert noch deutlicher formuliert hatte als Benjamin Franklin, der es auch zu einem metaphysischen und psychospirituellen Prinzip erhoben hatte. »Die Gesetze der Natur«, schrieb Emerson, »kommen durch den Handel zur Geltung, genauso wie eine Spielzeugbatterie die Wirkungen der Elektrizität darlegt. Der Stand des Meeresspiegels ist nicht sicherer als das Gleichgewicht der Werte in einer Gesellschaft durch Angebot und Nachfrage ... Die Maxime des Rechnungskontors sind, in freier Auslegung, Gesetze des Universums . . .«*

Emerson war ganz gewiß der Inbegriff eines Amerikaners, als er sagte, daß die Gesetze des Universums spirituell und nicht mechanisch seien und daß diese Gesetze sehr deutlich und genau in einem ökonomischen System zum Tragen kommen, in dem die Werte des Selbstvertrauens, des gesunden Menschenverstands und der harten Arbeit materiellen Reichtum bringen. »Gebt keine Gesetze!« schreibt er. »Gebt keine Grenzen! Macht gleiche Gesetze: Sicherheit im Leben und Besitz, und es bedarf keiner Almosen. Öffnet dem Talent und dem Wert die Türen, und sie werden sich selbst Gerechtigkeit auferlegen, und der Besitz wird nicht in schlechten Händen sein! In einem freien und gerechten Land wechselt der Besitz schnell von den Müßigen und Dummen zu den Fleißigen, Mutigen und Tüchtigen.«

Und es ist sicherlich ein Ausdruck der amerikanischen Vision, des amerikanischen *Typus*, am Ende Reichtum in Begriffen des Inneren zu definieren: »Wohlstand ist mental; Wohlstand ist moralisch«, sagt Emerson. *Der Mensch ist geboren, um reich zu sein.*« Wohlstand ist Ausdruck und Kultivierung der wahren Macht des Menschen, mit der gesamten Realität, der gesamten Natur aktiv in Verbindung zu stehen. Reich zu sein ist für Emerson die einzigartige Fähigkeit des Menschen, Wissen und Liebe als Selbstzweck auszuüben. Materieller Wohlstand, und daher Geld, sind nur Hilfsmittel für die Entwicklung der inneren menschlichen Fähigkeiten zu Bewußtsein und Mitgefühl.

Wenn Max Weber bei Benjamin Franklin die Sakralisierung des materiellen menschlichen Lebens gefunden hätte, wieviel mehr hätte er dann bei Ralph Waldo Emerson gefunden! Und hier war nun Jay Ogilvy, ein zeitgenössischer amerikanischer Philosoph, der auf metaphysischem kalifornischem Boden stand, der nicht in akademische Gedankenabläufe versunken

* Dieses Zitat und auch die folgenden stammen aus Emersons Essay ›Wealth‹.

war, sondern in globale Finanzberatungen, aber ein amerikanischer Philosoph, der hier stand und einem führenden Vertreter der Nation, die bis jetzt der größte Widersacher alles Amerikanischen auf der Erde gewesen war, vorschlug, dieses Amerikanische zu globalisieren!

Rußland und das Geld

Frolows Antwort traf den Kern der Sache. »In Rußland«, sagte er, »gibt es keine Erinnerung an einen Markt. Wir haben keine Geschichte des Marktes. In der russischen Psyche gibt es keine Mythologie des Marktes.« Seine absichtliche Wiederholung von ›Markt‹ löste das Wort aus seinen normalen Assoziationen und verlieh ihm eine irgendwie mystische Dimension. Es war *unser* Mythos, mein Mythos, meine metaphysische Kategorie. »Man muß die russische Einstellung gegenüber der Arbeit verstehen«, fuhr er fort. »Lenin kannte sie und hat darüber geschrieben. Für die Russen ist Arbeit eine Strafe. Das ist es, wovon sich die Russen befreien wollen. Die Russen haben eine lange, lange Geschichte der Leibeigenschaft als einer Form von Sklaverei . . .«

Blitzartig begriff ich – nein, fühlte ich –, warum der Kommunismus die Arbeit zur Kernfrage gemacht hatte, als er über Rußland hinweggefegt war. Aber Frolow fuhr fort:

»Die Russen wollen die Dinge, die Sie in Amerika haben. Aber sie begreifen nicht, wie schwer Sie arbeiten mußten, um all diese Dinge zu bekommen. Sie wollen nicht so schwer arbeiten.«

In Rußland hat das Geld nicht genügend Bedeutung! Ich kann mich wirklich nicht erinnern, ob ich es laut ausgesprochen hatte. Ich erinnere mich nur noch, daß plötzlich alle Augen auf mich gerichtet waren. Jetzt war ich an der Reihe zu sprechen. Man sagte mir, daß Frolow noch einen anderen Termin habe. Ich hatte nur wenige Augenblicke, um meine Frage zu stellen.

Trotz des Zeitdrucks nahm ich mir etwas Zeit, um mich zu

sammeln. Dann sah ich Frolow an. Wieder spürte ich das starke, stumme Gefühl eines Austauschs zwischen uns.

»Ich bin Professor für Philosophie und vergleichende Religion«, sagte ich. Wie aus weiter Ferne hörte ich die tiefe Stimme des Dolmetschers. Aber für mich gab es im Augenblick nur Frolow. »Ich erforsche die alten Glaubenslehren aller Kulturen, die Lehren, die das Leben der Menschen auf der Erde überall und zu allen Zeiten gelenkt haben. Aber mein besonderes Interesse, meine Passion, ist, zu erfahren, wie uns diese heiligen Gedanken – diese großen *metaphysischen* Gedanken (korrigierte ich mich, und Frolow nickte zustimmend, als ich ›heilig‹ durch ›metaphysisch‹ ersetzte) – dabei helfen können, jetzt und hier, unter den Bedingungen der modernen Gesellschaft, Verstehen zu finden und zu leben. Ich bin kein Kenner des Altertums . . .«

Aha! Eine tiefe Stille hatte sich jetzt im Salon ausgebreitet. Es hatte nicht so sehr mit den Worten zu tun, sondern mit dem Ernst der Absicht – oder, ja, mit der Tatsache, daß ich den Mann direkt ansprach, nicht den Beamten. Aber die Worte waren auch wichtig.

Ich fuhr fort: »Ich möchte verstehen, was in uns die großen Wahrheiten davon abhält, unser Leben zu durchdringen, und was uns daher auch daran hindert, ethisch, im einzig wahren Sinne des Wortes, zu handeln. Ethisch bedeutet, im Dienste dessen zu handeln und zu sein, das die wahre Größe des Menschen ist. Ich habe viele Aspekte unserer Kultur unter diesem Gesichtspunkt erforscht – Wissenschaft, Bildung, Medizin, Religion. Aber ich habe erkannt, daß wir in unserer Gesellschaft, in unserer Welt, unsere Beziehung zum Geld verstehen lernen müssen. Wenn die große Wahrheit nicht in unsere Beziehung zum Geld eingeht, kann sie auch nicht in unser Leben eingehen.«

Frolow sah mich ruhig und offen an. »Das ist das Wichtigste überhaupt«, sagte er.

Ich stellte bei den Amerikanern im Raum eine gewisse Nervosität wegen Frolows Terminplan fest; manche sahen auf die

Uhr. Aber nicht bei den Russen. Sie waren emotional berührt. Sie waren Russen. Wir waren Amerikaner. Wir sorgten uns um Terminpläne. Sie nicht.

Aber wie fortfahren? Ich hatte noch mehr zu sagen. Vielleicht hätte ich das Schweigen einfach andauern lassen sollen. Vielleicht hätte ein ehrlicher wunderbarer Austausch stattgefunden. Aber ich gab dem Zeitdruck nach.

»Ich habe meinen Studenten an der Universität erzählt, daß ich Sie treffen würde«, sagte ich. »Ich fragte sie, worüber ich ihrer Meinung nach mit Ihnen reden soll. Sie baten mich, Sie nach der jüngeren Generation in Rußland zu fragen.«

Frolow schien über diese Frage sowohl erleichtert als auch vielleicht ein bißchen enttäuscht zu sein. Er wurde wieder freundlich. Aber es war klar, daß sich die Atmosphäre der Selbstbefragung aufgelöst hatte.

»Ach«, sagte er und lächelte väterlich, »wir können unsere jungen Leute einfach nicht verstehen.« Alle lachten darüber, dasselbe Problem, und plötzlich fühlten sich alle befreit und bewegten sich und redeten miteinander. Die Russen erhoben sich von ihren Plätzen, es wurden freundliche Abschiedsworte gewechselt, und das Treffen war vorüber.

Der geheime Schlüssel

Ich blieb an meinem Platz und dachte nach. Es war ganz klar: Wir Amerikaner waren dabei, unsere Beziehung zu den Russen auf der Basis des Geldes zu finden. Und ich, für meinen Teil, verstand sie jetzt auf eine Art wie noch nie zuvor. Sie nahmen das Geld nicht ernst genug – sie wollten nicht ihre ganze Energie für Geld ausgeben, für Geld arbeiten. Ich kenne das ziemlich gut, ich bin genauso.

Aber wollen die Russen wirklich, daß ihre jungen Leute die gleiche Einstellung zum Geld haben wie wir? Warum sollten die Russen so arbeiten wie die Amerikaner? Werden wir eine Welt von amerikanischen Kapitalisten, russischen Kapitalisten, japanischen Kapitalisten, deutschen Kapitalisten haben – und, von mir aus, von Navajo-Kapitalisten, tibetanischen Kapitalisten? War es nicht genug, ganz Amerika und Europa in den Bann des Geldspiels zu ziehen und gleichzumachen?

Ist das die Vereinigung der menschlichen Familie?

Allein und in einem Sturm sich widersprechender Gedanken und Stimmungen ging ich zu meinem Auto. Ich war freudig erregt, weil diese Begegnung mit dem Russen mein Gefühl bestätigt hatte, daß die Erforschung unserer Beziehung zum Geld der geheime Schlüssel dazu war, uns selbst zu sehen, wie wir wirklich sind.

Aber ich fühlte mich auch ernüchtert darüber, *was* wir alle waren. Ich dachte daran, wie Gurdjieff die Völker der Welt gesehen hatte – Amerika, Frankreich, Rußland, England; wie er die Muster gesehen hatte, nach denen jedes Volk von seinem Wesen entfernt worden war, seiner organischen inneren Einheitlichkeit.

In *Beelzebubs Erzählungen für seinen Enkel* spricht Gurdjieff mit Wärme von Amerikas inneren Möglichkeiten, bemerkt aber, daß einer der wichtigsten Faktoren, der diese Möglichkeiten bereits so gut wie zerstört hat, darin besteht, wie wir unseren Kindern beibringen, mit Geld umzugehen.

Und sicher, es ist wahr. Wurden nicht die meisten von uns schon in einem sehr zarten Alter fest ermahnt, unser Geld zu sparen und sorgfältig damit umzugehen – in einem so großen Ausmaß, daß wir mit dem Gefühl aufgewachsen sind, wenn nicht gar bewußt gedacht haben, daß unsere Beziehung zum Geld der Ursprung unseres Werts und unseres Wertgefühls als Mensch war? Für viele von uns war Geld das Realste im Leben, und daher das Heiligste.

Da das, was wirklich ist, das gleiche ist wie das, was heilig ist, jedenfalls in unserem Bauch – in unserem ›Unbewußten‹ –, hatte die Realität rein mentale Konturen, was wir durch Rechnen, durch ›Sparen‹, kontrollieren können. Das ist nicht einmal mehr der ›Geist des Kapitalismus‹, den Max Weber erkannt hatte, nicht einmal mehr die Erniedrigung und Entwürdigung einer religiösen Passion. Dieses ›Geldsparen‹ ist bereits das bürgerliche Ego, der Ameisengeist. Da lobe ich mir jederzeit einen Benjamin Franklin! Da lobe ich mir die ersten amerikanischen Bemühungen, wie blind und pseudoaffenartig sie auch gewesen sein mögen, um der Wünsche Herr zu werden, anstatt dem insektengleich emsig angesparten Bankkonto eines Kindes. Das ist die Korruption einer Korruption! Nein, wir modernen Amerikaner sind keine ›gierigen Materialisten‹ – wir ordnen das Gefühl für uns selbst dem automatischen logischen Geist zu. Nicht etwa, daß wir das Geld einfach nur Gott vorziehen würden, nein, das Gefühl für uns selbst strebt zu einem Teil von uns, der Gott nicht erleben kann. Das ist es, was wir tun, wenn wir, wie Gurdjieff sagt, auf ›Dollarsparbanken‹ für Kinder beharren.

Jedes Volk wendet sich auf seine Art von der Wahrheit und vom Sein ab, aber in jedem von uns ist auch jede andere Nation und jedes andere Volk. Im großen und ganzen, im allesumfassenden Sinn, sind Amerikaner Amerikaner – wir haben unsere dominierende Färbung, wir sind ein historischer ›Typus‹, aber in mir ist auch ein Russe, ein Engländer, ein Araber und ein Japaner. Ich habe einen ›Russen‹ in mir, der viel lieber ›Wodka trinken‹ würde, das heißt, dessen Körper angenehme Träume liebt und dessen Geist sich widerstandslos allen möglichen fremdartigen ›europäischen‹ Komplikationen unterwirft; ich habe einen ›Engländer‹ in mir, der von der Form fasziniert ist, einen ›Japaner‹, ein Sklave der Autorität, einen ›deutschen‹ Erfinder, einen ›arabischen‹ Gläubigen, und so weiter, durch alle Völker der Welt mit ihren typischen Formungen, durch die die innere Bewegung zur Öffnung für das Sein versperrt ist. Und in der Welt, in der wir jetzt leben, drücken sich all diese typischen Eigenschaften durch unterschiedliche Beziehungen zu der Erfindung namens Geld aus. Wir können nicht erforschen, wie wir sind, und wir können deshalb auch unsere Nachbarn nicht verstehen, ohne uns selbst ruhig im Dickicht des Geldspiels zu beobachten.

Überlegen wir uns doch einmal, was wir unseren Kindern beibringen, wenn wir ihnen sagen, wie sie sich zum Geld verhalten sollen! Wie wir uns selbst zum Geld verhalten und was wir ihnen beibringen, hat folgenschwere Konsequenzen für ihre weitere innere Entwicklung und auch für unsere eigene Beziehung zum Leben. In der Welt, in die sie hineinwachsen (unsere gegenwärtige Gesellschaft), werden für die meisten von ihnen die Geldfaktoren, ihre Werte und ihre Authentizität, prüfen oder belegen. In dieser Arena werden sie Risiken auf sich nehmen und mit den Eskapaden des Lebens konfrontiert werden, mit den Schocks und Befriedigungen, die jedem menschlichen Wesen widerfahren.

Gleichzeitig aber ist diese monetäre Welt, die sie betreten werden, nicht die große Welt der Natur und Naturgesetze. Es ist eine gemischte Welt, in der die kosmischen Gesetze der Natur auf vielerlei Weise verdeckt und durch die mentale Erfindung, die mentale Technologie der Finanzen, getrübt sind. Unsere Kinder werden, wenigstens unbewußt, spüren, daß es einer wahren Authentizitätsprüfung gleichkommt, wie sich ein Mensch gegenüber dem Geld verhält. Aber können wir ihnen auch das Gefühl dafür beibringen, daß ein Mann oder eine Frau an viel größeren Herausforderungen gemessen werden sollte, als sie in der monetären Welt unseres zeitgenössischen Lebens zu finden sind? *Daß sich die meisten von uns an ihrer Beziehung zum Geld messen lassen, sagt ganz genau soviel über die Schwäche des Menschen aus, wie es über die Macht des Geldes aussagt.*

Wie können wir das unseren Kindern vermitteln? Wie können wir ihnen – und dem sich entwickelnden Wesen in uns – vermitteln, daß wir demjenigen Aspekt des Lebens, der von Geld verkörpert wird, die richtige Menge Aufmerksamkeit widmen müssen, wenn wir das wichtigste Gut des Lebens erhalten wollen? Werden wir und sie genug wachsen können, um darauf achtzugeben, was sekundär ist im menschlichen Leben, während wir auf das, was primär ist, besonders gut aufpassen? Denn wenn wir dem, was sekundär ist im Leben, nicht genügend Aufmerksamkeit widmen, wird das, was sekundär ist, früher oder später unsere ganze Aufmerksamkeit in Anspruch nehmen und uns keine Energie oder Zeit lassen, um dem nachzugehen, was wesentlich ist. Wir müssen dem Teufel seinen Anteil geben – nicht mehr, aber auch nicht weniger. ›Gebt dem Kaiser, was des Kaisers ist.‹ Wir sind keine Engel. Wir sind menschliche Wesen. Wir sind geschaffen, zwei Welten gleichzeitig einzunehmen, und indem wir es tun, in uns ›die dritte Welt des Menschen‹ errichten, wie sie genannt wird.

Was können wir dann also für unsere Kinder tun? Zuerst müssen wir uns natürlich darüber klar werden, daß sie uns sehr genau beobachten. Für sie zählt nicht nur, was wir über das Geld sagen, sondern auch, was wir tun, wie wir *sind*, wenn es um Geld geht. Sie werden klar erkennen, welche Bereiche des menschlichen Lebens wir zu einer Geldfrage machen, was wir mit Geld in Verbindung bringen. Es ist ein Gebot, daß wir ihnen in unseren Beziehungen zueinander und zur Welt zeigen, daß es etwas gibt, das unabhängig ist von Geld, und daß es von allergrößter Wichtigkeit ist. Hier läßt sich nichts vortäuschen. Es muß für uns selbst wahr sein, sonst ist es auch für sie nicht wahr. Es muß in unserem Leben etwas geben, das wir wirklich und spürbar ernster nehmen als Geld – und es muß etwas sein, das wirklich und spürbar, metaphysisch, ernster *ist* als Geld.

Was könnte das sein? Was wir gewöhnlich ›Moral‹ oder ›Spiritualität‹ nennen, kann es nicht sein. In diesem Buch sollte vor allem gezeigt werden, daß unter den Bedingungen des modernen Lebens die beständigen Werte, die wir mit solchen Begriffen ausdrücken wollen, von egoistischen Wünschen verunreinigt oder bestenfalls von den wesentlichen Aspekten unserer selbst entfremdet wurden. Für die meisten von uns ist das einzige, das tatsächlich wichtiger sein kann als Geld und das tatsächlich mit dem verbunden ist, was objektiv gesehen höher steht als jeder andere Teil von uns, die Suche nach der Wahrheit über uns selbst, wie wir sind.

In der Praxis kann das nur bedeuten, daß wir die Wahrheit

mehr respektieren als alles andere, auch wenn diese Wahrheit unerfreulich oder nicht schmeichelhaft ist. Wie wir zu der Wahrheit über uns selbst stehen, wird den bedeutendsten Einfluß auf unsere Kinder haben – nicht nur durch das, was wir sagen, sondern wie wir tatsächlich sind.

Die Frage danach, wie wir uns gegenüber unseren Kindern verhalten sollen, bringt uns daher wieder zurück zu der zentralen Frage, wie wir inmitten der monetären Welt, in der wir leben, mit uns selbst umgehen sollen. Können wir in dieser Welt des Geldes eine neue Einstellung zu den Problemen des Lebens finden, eine Einstellung, die die großen Lehren der Vergangenheit wahrheitsgetreu widerspiegelt? Können wir die Gedanken dieser Lehren in Begriffe umsetzen, die auf unser Leben, wie es ist, anwendbar sind – hier und jetzt?

Sinnvolle Arbeit

Nehmen wir, zum Beispiel, die Frage des ›Verrats‹. Sie ist für die modernen Menschen immer mehr zu einer Quelle des Leids geworden, weil sie das Gefühl haben, daß sie mit dem, was sie für heilig oder für eine moralische Verpflichtung halten, einen Kompromiß schließen müssen, um ihre materiellen Bedürfnisse befriedigen zu können, und so die Achtung vor sich selbst verlieren. Es gibt heutzutage relativ wenig Menschen, für die das Geldverdienen an sich etwas Ehrenwertes oder in gewisser Weise Nobles ist. Frühere amerikanische Generationen haben der individuellen Fähigkeit, ›den eigenen Weg zu gehen‹, ›auf eigenen Füßen zu stehen‹, großen moralischen Wert beigemessen, fast ohne Rücksicht darauf, welche Art Arbeit dazu nötig war. Aber jetzt sehnen sich immer mehr Menschen nach einer Arbeit, die ›sinnvoll‹ ist. Sie fühlen sich außerstande, den psychischen Druck (die ›Hölle‹) eines Jobs zu ertragen – besonders im Büro –, wenn sie ›nur‹ mit Geld belohnt werden.

Die Menschen wollen irgendeinem größeren Wohl dienen, irgendeiner unmittelbaren menschlichen Notwendigkeit – *und* dafür bezahlt bekommen. Sie können keine Achtung vor sich selbst haben, wenn sie die meiste Zeit damit verbringen, Waren herzustellen und zu verkaufen oder irgendwelche Dienste zu verrichten, die nicht mit tieferen menschlichen Werten zu tun haben. Aber Geld muß verdient werden, was gewöhnlich dazu führt, daß man in das straffe, komplexe Netz der Kräfte verwickelt wird, die für das Geldspiel, auf das sich die gegenwärtige soziale Ordnung stützt, charakteristisch sind.

Natürlich ist das ein uraltes Problem. Es ist Faust, der seine Seele an den Teufel verkauft. Ist es nicht viel edler, den Armen zu helfen, Kinder zu unterrichten, die Umwelt zu retten, als einen Werbetext für die High-Tech-Industrie zu verfassen oder Marketing-Strategien für neue Softdrinks zu entwerfen oder Investitionspläne für die Reichen zu erstellen?

Aber angesichts all der Dinge, die in diesem Buch schon angeführt wurden, läßt sich die Frage der Selbstachtung nicht auf so einfache Weise oder so naiv stellen. Das Rad von Samsara, die Hölle in der buddhistischen Bilderwelt, zeigt uns alle möglichen Szenen, auch Männer und Frauen, die ›Gutes tun‹. Man kann mit einer solchen Erregung, Gewalt und heimlichen Selbstsucht ›Gutes tun‹, oder mit einer so verträumten Selbstzufriedenheit, daß das eigene Leben in bestimmten wichtigen Aspekten nicht anders verläuft als das eines Menschen, der den erniedrigendsten oder banalsten Tätigkeiten nachgeht. Wieviel des schreiend Bösen in der Welt geschieht, seinem Ursprung nach, durch Menschen, die ›Gutes tun‹, und zwar so, daß sich die Auswirkungen ihrer Handlungen – früher oder später – fast ausnehmen wie ein böswilliger Akt?

Das ist kein Zynismus und auch keine beschönigende Rechtfertigung, um uns auch weiterhin zu bewegen, die Rädchen einer korrupten Gesellschaft in Bewegung zu halten. Das ist eine bekannte Tatsache der Welt und der individuellen Geschichte. Wer tut mehr Gutes – ein Mann oder eine Frau, die innerlich frei sind und ein Paar Schuhe verkaufen, oder ein wahnsinniger selbstgerechter Prophet, der gegenüber allen menschlich zerstörerischen Folgen seiner ›guten Taten‹ blind ist? Die Frage der Selbstachtung läßt sich nicht vom inneren Zustand des Menschen trennen. Wovor sollen wir Achtung haben in uns, wenn wir nicht nur von unseren Handlungen verzehrt werden, sondern wenn wir diesen Zustand innerer Sklaverei auch noch als Zeichen unserer Überlegenheit betrachten?

Zwei Arten der Selbstachtung

Aus unserer Frage wird: Was achten wir, wenn wir uns *selbst* achten? In einer Welt, in der die traditionellen inneren Werte so stark vom Faktor des Geldes durchdrungen sind, läßt sich diese Frage schwer beantworten. Die meisten von uns können gar nicht anders, als vor Leuten mit Geld Achtung zu haben. In der Theorie können wir uns, wenn wir allein in unseren vier Wänden sind, eingestehen, daß es albern ist, sich einem Menschen nur zu unterwerfen, weil er reich ist, aber wenn wir dann mit dieser Person zusammen sind, können wir einfach nicht anders. Und außerdem ist es eine Tatsache, daß unsere Kultur den Menschen im allgemeinen ihre Anerkennung durch die Höhe des Geldbetrages ausdrückt, den sie ihnen zahlt.

Diese Tatsache über uns selbst zu akzeptieren ist, glaube ich, der Beginn wirklicher Selbstachtung. Das Entscheidende ist, daß wir Wesen mit zwei Naturen sind, und wahre Selbstachtung beginnt mit der Einsicht, daß es zwei Arten von Selbstachtung gibt, daß nicht nur ein Selbst in uns lebt, sondern zwei, die beide Anerkennung verdienen, jedes auf die Art und in dem Ausmaß, die ihm angemessen ist. Zum gegenwärtigen Zeitpunkt der Geschichte ist Geld das wichtigste Mittel, durch das wir Achtung gewinnen können, und deshalb ist es auch das wichtigste Mittel für die soziale Selbstachtung. Die Frage ist, wie wir dieses andere Selbst in uns identifizieren sollen, dieses andere innere Bewußtsein, das nichts mit der Meinung zu tun hat, die die Welt von uns hat?

Die harte Wahrheit ist, daß dieses höhere Selbst nicht mehr

automatisch mit Dingen wie künstlerischer Kreativität, wissenschaftlichem Studium, altruistischem Handeln oder familiären Verbindungen identisch ist, weil alles so sehr mit dem Geld verwickelt ist und mit allem, was mit Geld zu tun hat. Der Künstler, der in seiner Dachstube verhungert, verkörpert nicht einmal mehr das Streben nach höheren Werten, als die Umwelt sie kennt. Der heutige Künstler muß ein Geschäftsmann sein, sogar in seinen eigenen Augen. Wenn er sich der Frage verschließt, seine Kunst zu verkaufen, verschließt er sich einem Teil seiner eigenen Realität als menschlichem Wesen. Jeder Mensch braucht Anerkennung.

Aber wo ist der Keim des inneren Selbst? Wodurch können wir uns selbst, unabhängig vom Geld, achten? Dieses Buch vertritt die These, daß das Bemühen um Wahrheit, ganz gleich, wie sie aussieht, der wahre Ursprung des höheren Selbst ist; und diese Anstrengung können wir auf uns nehmen – egal, was uns das Leben gibt.

Das Bemühen, die Wahrheit zu erkennen, darf nicht von irgend etwas anderem abhängig sein, und wenn ein Mann oder eine Frau diese Anstrengung unternimmt und dabei bleibt, entsteht daraus eine gewisse Selbstachtung, die einen erstaunlich anderen ›Geschmack‹ besitzt als die soziale Selbstachtung, nach der wir uns alle so sehnen.

Man kann keine Ideale ›verraten‹, die bereits auf das eigene Denken abgestimmt sind. Es ist bestimmt kein ›Verrat‹, wenn man gezwungen ist, seine Zeit und Energie materiellen Verpflichtungen zur Verfügung zu stellen. Aber im Prinzip kann nichts, keine Kraft auf der Erde, einen Mann oder eine Frau dazu zwingen, mit sich selbst nicht offen zu sein. Die Offenheit ist, ihrer Herkunft nach, eine geistige Kraft, die unter allen Lebensbedingungen existieren kann. Dazu braucht jeder nur grundsätzlich zu unterscheiden, was in seiner Macht steht und was nicht.

Der moderne Mensch ist ein zutiefst und unnötigerweise einsames Wesen. Unsere moralischen Ideale, unser Gefühl für innere Werte, wurden radikal und unnötigerweise von allen

Kräften im Universum abgetrennt, die bewußte Wesen nach oben und aufeinander zu bewegen. Die Menschen sind geschaffen, um in freiwilliger Verbindung miteinander zu leben, nicht nur als biosoziale Mechanismen, sondern als Kreaturen, in die der Keim für die Offenheit gegenüber dem Ursprung allen Seins gelegt ist. Diese Offenheit zum Sein beginnt als eine Richtung der Aufmerksamkeit, die völlig anders ist als die biosozialen Impulse in uns, die zusammengenommen unser gewöhnliches Gefühl für Eigenpersönlichkeit, das biosoziale Selbst oder das ›Ego‹, ergeben. Authentische menschliche Selbstachtung, ein authentisches menschliches Selbstwertgefühl, kann niemals vom Ego allein kommen, von der nach außen gerichteten Bewegung allein. Selbstachtung in seiner authentischen Form beruht auf dem Bewußtwerden von etwas in uns, das vom Ego und vom Körper völlig unabhängig ist.

Die Bedeutung von Unabhängigkeit

Das einzige unabhängige Element in uns ist die Aufmerksamkeit unseres Geistes – nicht unsere vergehenden Gedanken, sondern die Kraft der Aufmerksamkeit, die auf seltsame Weise mit unseren Gedanken verbunden ist. Das ist der Grund, warum die Wurzeln aller großen spirituellen Disziplinen im Verständnis des Aufmerksamkeitsfaktors im menschlichen Leben liegen und immer danach streben, eine stärkere und anhaltendere Qualität unabhängiger Aufmerksamkeit im Menschen zu entwickeln. Die Philosophen des Altertums, die Stoiker, haben ihre Lehre auf die Kultivierung unabhängiger Aufmerksamkeit aufgebaut; und keine Philosophie hat sich deutlicher über das Thema der authentischen Selbstachtung ausgelassen als der Stoizismus.*

* In der modernen Zeit hat der große amerikanische Philosoph und Psychologe William James von der Macht der Aufmerksamkeit als dem einzigen Aspekt der menschlichen Natur gesprochen, für den wir wirklich verantwortlich sind. Wie die Stoiker hat auch er vorgeschlagen, daß jede Moral,

Zwei der größten Repräsentanten dieser Anschauung über die Selbstachtung waren Marc Aurel und Epiktet. Ersterer war der Kaiser von Rom, der reichste und mächtigste Mann der Erde, und letzterer war ein römischer Sklave. Sowohl der Kaiser als auch der Sklave haben die Selbstachtung auf ein und dieselbe Art gesehen:

». . . wenn du, sag' ich, von diesem Leitvermögen abtrennst, was ihm aus leidenschaftlichem Ergreifen anhängt, und von der Zeit, was jenseits der Gegenwart oder was vergangen ist, und wenn du dich übst, einzig das Leben zu leben, das du lebst, das heißt das gegenwärtige, dann wirst du die bis zum Sterben übrigbleibende Zeit ruhig, wohlgemut und heitergestimmt hinsichtlich deines Dämons durchleben.«*

»Wie es nun recht und billig war, haben die Götter von allem das Stärkste und Maßgebende allein in unsere Macht gegeben, den richtigen Gebrauch der Vorstellungen, alles andere aber nicht. Etwa, weil sie es nicht wollten? Ich für meine Person glaube vielmehr: wenn sie es gekonnt hätten, hätten sie auch die anderen Dinge in unsere Macht gegeben. Aber sie konnten es überhaupt nicht. Denn wo wir auf der Erde leben und unser Dasein an einen solchen Körper gebunden ist und an solche Schicksalsgenossen, wie wäre es da möglich, in diesen Beziehungen von den Außendingen nicht gehindert zu werden?

Aber was sagt Zeus? Epiktet, wenn es möglich gewesen wäre, hätte ich auch deinen armen Leib und dein bißchen Besitz frei und unhemmbar geschaffen. Nun aber – darüber darfst du dich nicht täuschen – ist dieser nicht dein Eigentum, sondern nichts als kunstvoll gemischter Kot. Da ich das aber nicht vermochte, habe ich dir ein Stück von unserem Wesen gegeben: die Fähigkeit, zu wollen und nicht zu wollen, zu begehren und zu meiden und überhaupt die Vorstellungen zu gebrauchen; wenn du diese Anlage voll entwickelst und auf sie dein Leben grundest, dann wirst du niemals gehindert, niemals

jede Ethik, darauf zu begründen ist, wie die Menschen ihre Aufmerksamkeit lenken. Es ist der einzige Aspekt unseres Seins, der nicht durch soziale und biologische Einflüsse konditioniert ist. Siehe Kapitel XXVI, ›Will‹, in James' *Psychology, Briefer Course*.

* Marc Aurel: Wege zu sich selbst. Übertragen und mit einer Einführung von Willy Theiler. Zürich (Artemis Verlags-AG) 1951, zit. nach Insel-Taschenbuch, Frankfurt am Main (Insel Verlag) 1976, S. 183

gehemmt werden, nicht stöhnen, nicht murren und dich vor niemandem erniedrigen.«*

Daher ist die einzige Antwort auf die Frage: »Wie kann ich wissen, wann ich ›Verrat‹ begehe?« – die Suche nach einer unabhängigen Aufmerksamkeit in einem selbst, die nicht vom Ego beherrscht wird. Das bedeutet, daß man innerlich ein ›vorsätzlicher‹ Sklave wird – das heißt, ein Mensch, der sich gewollt all der Widersprüche und Kompromisse bewußt ist, aus denen sich unser soziales Selbst, das Ego, zusammensetzt. Das, was in uns ist und die Tatsachen über uns selbst akzeptieren kann – *jene* flüchtige und fragile unabhängige Aufmerksamkeit des Geistes und Herzens –, ist der Keim, aus dem das authentische Selbst entsteht. Der einzig wahre ›Verrat‹ findet statt, wenn wir uns von der Wahrheit abkehren. Gegenwärtig sind wir machtlos, an der moralischen und metaphysischen Qualität unseres Lebens wesentliche Veränderungen vorzunehmen, aber wir haben die Macht, uns so zu sehen, wie wir sind. Vor dieser Macht in uns können wir Achtung haben.

Geld ist ein Instrument, Offenheit zu üben

Es ist eine Macht, die wachsen kann. Und es gibt im menschlichen Leben nichts, was besser geeignet wäre als Geld, um Gelegenheiten herbeizuführen, damit wir diese Macht ausüben können. In diesem Zusammenhang kann Geld als ein Instrument zur Ausübung von Offenheit behandelt werden. Und so wird das Geld von einem Instrument des ›Teufels‹ zu einem Instrument für die Suche nach der Wahrheit. Auf diese Weise entkommt man der ›Hölle‹ und betritt das ›Fegefeuer‹. Auf diese Weise hat ein Leben, das mit Forderungen und Ängsten erfüllt ist, plötzlich eine räumliche Grenze und Augenblicke menschlicher Zeit.

* Epiktet: *Wege zum glücklichen Handeln.* Übersetzung von Wilhelm Capelle. Frankfurt am Main und Leipzig (Insel Verlag) 1992, S. 82-83

Und jetzt beginnt man, den gesamten menschlichen Zustand so zu sehen, wie ihn der moderne Geist gut verstehen kann. Fast alles, was die Philosophen und Glaubens-Lehrer der Vergangenheit über das menschliche Leben auf der Erde gesagt haben, wird jetzt unter dem Aspekt des Geldes behandelt. Wenn der heilige Paulus, zum Beispiel, ausruft: »Das Gute, das ich tun würde, tu ich nicht; und was ich hasse, tu ich«, drückt er das fundamentale menschliche Dilemma aus – daß wir nicht danach handeln, was wir innerlich als gut empfinden. Im modernen Leben muß dieser menschliche Zustand im Zusammenhang mit unserem Umgang mit Geld untersucht werden. Nicht verändert – sondern gesehen, entgegengetreten, mit Offenheit erforscht werden.

Und wenn die alten Weisen sagen, daß die Welt der Sinne, die physische Welt um uns herum, an die wir so stillschweigend glauben, nicht die wirkliche Welt ist, wenn sie von einer Realität hinter der Welt sprechen, die wir gewöhnlich wahrnehmen, dann läßt sich das auf die Vorstellung von einer Realität übertragen, die nicht den Kräften des Geldes unterliegt. Das geschieht nicht, um die althergebrachte Doktrin einer unsichtbaren Realität zu trivialisieren; es geschieht nur, um diesen Gedanken in unserem tatsächlichen Leben ins Praktische umzusetzen. Theoretisch, philosophisch, bin ich vielleicht bereit, zu akzeptieren, daß es eine höhere Realität gibt, sogar zu akzeptieren, daß die physischen Gegenstände in der Welt im gleichen Sinne illusorisch sind, zu akzeptieren, daß selbst meine Gefühle von Freude und Schmerz eine fundamentale Täuschung sind.

Aber wenn es zum Geld kommt – ah, dann ist das gewöhnlich eine völlig andere Sache. Wenn ich die Hypothek abbezahlen muß oder auf die Bitte um ein Darlehen reagieren muß, dann läßt sich das nicht so leicht als ›unwirklich‹ behandeln. Nein, wir werden genötigt, durch die mit Geld verbundenen Emotionen gezwungen. Geld wird noch immer und überall, oft sogar stärker als bei Krankheit und Tod, als Verkörperung der ›wahren Welt‹ verstanden – als das, ›was zählt‹.

22. Schluß: Persönlicher Gewinn und das Geschenk der Existenz

Wir kommen zu dem Schluß, daß Geld in unserem Leben deshalb so wichtig ist, weil es das zentrale Problem des menschlichen Lebens auf der Erde verkörpert – die Vorherrschaft des Prinzips des persönlichen Gewinns. Die großen Weisen der Welt haben dieses Prinzip schon immer für die größte Schwäche des Menschen gehalten. Die alten und zeitlosen Lehren sagen uns, daß wir Menschen dazu bestimmt sind, etwas Größerem als uns selbst zu dienen – darin allein besteht unser Glück und unser Wohlergehen auf der Erde und über die Erde hinaus. Aber aufgrund irgendeiner tiefen, falschen Empfindung oder inneren Schwäche – im Osten als Illusion und im Westen als Sünde bezeichnet – lebt die Menschheit immer weiter so, indem sie nur die biosozialen Aspekte ihrer Natur begünstigt. Dem Menschen wurden Gedanken gegeben, die ihn davon überzeugen, daß er zu etwas Größerem bestimmt ist, aber in Wirklichkeit lebt er im Widerspruch zu dieser Überzeugung. Er ist sich nicht bewußt, daß das Prinzip des persönlichen Gewinns viel subtiler, viel mächtiger ist, als er sich vorstellt. Er ist sich nicht bewußt, daß davon viel mehr als nur das äußere Verhalten betroffen ist. Er ist sich nicht bewußt, daß sein gewöhnlicher Geist, das, was er fälschlicherweise als sein vorherrschendes Prinzip ansieht, nicht das wahre Instrument ist, das dem Höheren dient.

Ich weiß noch, wie merkwürdig mir als Kind immer der Gedanke des Opferns und des Dienens vorkam. Es schien gegen die Natur zu sein, nicht logisch. Vielleicht liegt es im Wesen eines Kindes begründet, daß alles in Begriffen der eigenen persönlichen Wünsche und Bedürfnisse gesehen und gefühlt wird, so ähnlich, wie in der buddhistischen Vorstellung einer ›Hölle der Tiere‹ alle Kreaturen nur nach eigener Befriedigung und eigenem Überleben streben. Als ich heranwuchs und mich mit religiösen und ethischen Gedanken der Selbstaufopferung auseinandersetzte und für sie empfänglich war, deprimierte mich die Überheblichkeit der Menschen, die sich zu diesen Idealen bekannten. Auf jeden Fall war ich unfähig, sie mit meinen eigenen Zielen im Leben in Verbindung zu bringen, obwohl ich in meiner Kindheit von Handlungen der Selbstaufopferung umgeben war.

Das Geschenk und die Bezahlung

Daher kann ich sagen, daß ich weder als Kind noch als junger Mann je für die Früchte der Aufopferung anderer Anerkennung aufgebracht habe. Ich habe niemals auf irgendeine Weise *gegeben* oder *empfangen*, nicht einmal, was der inneren Bedeutung dieser Wörter auch nur nahegekommen wäre, der Bedeutung, die sie in den alten Lehren haben. Sehen Sie sich diese alten, immerwährenden Lehren jetzt einmal unter dem Gesichtspunkt all der Dinge an, die wir über unsere monetäre Welt gehört haben. Bedenken Sie dabei, daß der Mensch als ein Wesen charakterisiert werden kann, das fähig ist, ein unermeßlich großes Geschenk zu empfangen, für das er aber mit unermeßlich großer Hingabe und Diensten bezahlen muß. Ziehen Sie eine andere neue Möglichkeit in Betracht, das Paradox Mensch zu verstehen: Das Wesen, das dafür bezahlen muß, was ihm freiwillig gegeben wurde! Das könnte man nicht nur als ›verlorenes Christentum‹ bezeichnen, sondern genausogut als ›verlorenen Judaismus‹. Tatsächlich ist es ein Verständnis und ein Paradox, das immer verlorengeht.

Ich habe als Kind kein besonders entsagungsvolles Leben geführt – weder psychisch noch materiell. Ich spreche nicht von mir als einem besonderen Fall oder als einem Mitglied einer besonderen sozialen oder ökonomischen Klasse. Ich spreche von etwas zutiefst Metaphysischem – über unsere Vorstellung vom Sein, dem menschlichen Sein und dem Sein des Universums. Der Begriff der Realität in unserer Kultur beinhaltet nicht die Natur des Geschenks im Sein und erlaubt uns auch nicht, sie wahrzunehmen. Und doch stellt dieser Gedanke den Kern jeder Lehre dar, einschließlich einiger intellektuell differenzierten, die uns über die Natur der Realität aus der Vergangenheit überliefert wurden. Und wenn die Gesellschaft oder die menschlichen Gemeinschaften so stark wuchsen, wenn sich die materiellen Bedürfnisse auf eine bestimmte Weise entwickelten, wurden von innerlich entwickelten Menschen Gesetze und Gebräuche, Symbole, Praktiken, Erfindungen geschaffen, um die materiellen und biologischen Bedürfnisse zu befriedigen und um die Menschen gleichzeitig zu befähigen, die dem Sein innewohnende Natur des Geschenks zu fühlen. Eine dieser Erfindungen war das Geld.

Ein spirituelles Leben schließt persönlichen Gewinn nicht aus. Im Gegenteil. Aber das Ziel des persönlichen Gewinns wird deutlich definiert: Man gewinnt etwas, um zu geben. Das ist nicht nur die Wesenheit des menschlichen Lebens, sondern der Existenz selbst.

Das Wort *Existenz* und, mehr noch, das Wort *Sein* – sind seltsame Wörter. Sie beschwören in unserem Geist sehr wenig herauf. Als Philosophen fragen wir: Was ist Existenz? Was bedeutet es, zu *sein*? Oder sogar, warum existiert überhaupt irgend etwas? Für uns *ist* Existenz, Sein, Realität eben einfach. Das Universum *ist*. Wenn etwas zu Sein gelangt, ist das ein völliges Geheimnis. Mehr noch, wenn ein menschliches Wesen geboren wird oder stirbt, so ist das etwas absolut Unvorstellbares. Und am intensivsten ist das Geheimnis, wenn ich es bin, ich selbst, der existiert und der eines Tages aufhören wird zu existieren. Aber wenn wir uns von dieser Vorstellung befreien können, gelangen wir zu einer Ansicht, die sich in jeder mystischen, philosophischen und religiösen Lehre der Vergangenheit ausdrückt – daß es so etwas wie eine bloße Existenz nicht gibt. Alles dient irgend etwas anderem. Existenz ist Geben und Empfangen. Ein Stein gibt und empfängt nicht weniger als ein Heiliger.

Die moderne Weltanschauung kann diesen Gedanken, daß die Existenz ein Geschenk ist, nicht verstehen. Es hört sich romantisch oder sentimental an. Wir erleben die Realität als rauh und fordernd. Wir sind dazu erzogen, zu nehmen, anstatt zu geben, was aber mehr über unseren Geist aussagt als über die Natur oder über die Realität. Die Tiere geben und nehmen, ohne sich ihrer selbst bewußt zu sein. Unser Geist hat gelernt, der Geist eines Tieres zu sein. Aber der Mensch ist ein Wesen, das bewußt gibt und empfängt. Der Mensch ist beschaffen, das Bewußtsein als Geschenk hinzunehmen, und damit er auch geben kann, ist eine Bezahlung nötig. Vielleicht hört es sich zu ›mystisch‹ an, vielleicht hört es sich absurd weit hergeholt an für etwas so Weltliches und Pragmatisches wie die Frage des Geldes in unserem Leben. Aber vergessen Sie nicht, wir versuchen etwas sehr Schwieriges zu verstehen – die genauen Wurzeln für die Einstellung zu persönlichem Gewinn, die unserer modernen Kultur zugrunde liegt.

Warum ist der Mensch auf der Erde?

Denken Sie über die folgenden Zeilen nach, die Rainer Maria Rilke, der vielleicht größte Dichter des 20. Jahrhunderts, einleuchtend geschrieben hat:

> »Warum, wenn es angeht, also die Frist des Daseins
> hinzubringen, als Lorbeer, ein wenig dunkler als alles
> andere Grün, mit kleinen Wellen an jedem
> Blattrand (wie ein Windes Lächeln) –: warum dann
> Menschliches müssen . . .?«*

Warum sind wir hier? Warum ist der Mensch auf der Erde? Und das Gedicht fährt fort:

> »Oh, nicht, weil Glück ist,
> dieser voreilige Vorteil eines nahen Verlusts.
> Nicht aus Neugier, oder zur Übung des Herzens,
> das auch im Lorbeer *wäre* . . .«**

* Rainer Maria Rilke: *Duineser Elegien.* Die neunte Elegie. In: *Sämtliche Werke.* 2. Band. Frankfurt am Main (Insel Verlag) 1975

** Rilke, a.a.O.

Rilke ist einer jener authentischen Dichter, in deren Werk sich die Sprache inmitten der Sprache, die wir bereits haben, neu erschafft, der Sprache von Männern und Frauen, die nicht spüren und nicht fühlen, was im Kern der Realität ist. Der Dichter – der Künstler – strebt immer nach einer neuen Sprache inmitten der Hölle. Eine Sprache, die von einem Bewußtsein der Hölle ausgeht, der Welt sinnloser Gewinne und Verluste, der Welt, in der wir leben.

»Aber weil Hiersein viel ist, und weil uns scheinbar
alles das Hiesige braucht, dieses Schwindende, das
seltsam uns angeht. Uns, die Schwindendsten.
Ein Mal
jedes, nur *ein* Mal. *Ein* Mal und nichtmehr. Und wir auch
ein Mal. Nie wieder. Aber dieses
ein Mal gewesen zu sein, wenn auch nur *ein* Mal:
irdisch gewesen zu sein, scheint nicht widerrufbar.«*

Das ist nicht die Sprache der Flucht. Der Dichter öffnet sich einer anderen Welt und stellt fest, daß er in jener anderen Welt vollständiger und bewußter in *dieser* Welt ist. Im Gedicht heißt es weiter:

»Und so drängen wir uns und wollen es leisten,
wollens enthalten in unsern einfachen Händen,
im überfüllteren Blick und im sprachlosen Herzen.
Wollen es werden. – Wem es geben? Am liebsten
alles behalten für immer . . .«**

Was können wir geben? Was sollen wir geben? Nun, sehen Sie sich den Kern des Gedichts an:

»Bringt doch der Wanderer auch vom Hange des Bergrands
nicht eine Hand voll Erde ins Tal, die Allen unsägliche,
sondern
ein erworbenes Wort, reines, den gelben und blaun
Enzian. Sind wir vielleicht *hier*, um zu sagen: Haus,
Brücke, Brunnen, Tor, Krug, Obstbaum, Fenster, –

* Rilke, a.a.O.
** Rilke, a.a.O.

höchstens: Säule, Turm ... aber zu *sagen*, verstehs,
oh zu sagen *so*, wie selber die Dinge niemals
innig meinten zu sein. Ist nicht die heimliche List
dieser verschwiegenen Erde, wenn sie die Liebenden drängt,
daß sich in ihrem Gefühl jedes und jedes entzückt?«*

Für den Dichter verkörpert das, was die Liebenden erhalten und was sie geben, die intensivste Leidenschaft des menschlichen Herzens und Geistes. Aber es ist keine neurotische Intensität, es ist nicht die Intensität des Ego. Es ist die Intensität der Liebe, die Intensität des Gebens, nicht des Tuns; des Empfangens, nicht des Nehmens. Es gibt etwas, das nur der Mensch geben kann. Was ist das? Der Dichter antwortet: Bewußtsein. Das Bewußtsein, das von den Gefühlen und Sinneswahrnehmungen *dieser Welt* mit all ihren Verschiedenheiten und Besonderheiten erfüllt ist:

»Preise dem Engel die Welt, nicht die unsägliche, *ihm*
kannst du nicht großtun mit herrlich Erfühltem; im Weltall,
wo er fühlender fühlt, bist du ein Neuling. Drum zeig
ihm das Einfache, das von Geschlecht zu Geschlechtern gestaltet,
als ein Unsriges lebt, neben der Hand und im Blick.
Sag ihm die Dinge. Er wird staunender stehn; wie du standest
bei dem Seiler in Rom, oder beim Töpfer am Nil.
Zeig ihm, wie glücklich ein Ding sein kann, wie schuldlos und unser,
wie selbst das klagende Leid rein zur Gestalt sich entschließt,
dient als ein Ding, oder stirbt in ein Ding ...«**

Dinge, so sagt uns der Dichter, sind keine äußeren Gegenstände, sondern alles, was in uns eine Form hat und annimmt, unsere eigenen inneren Dinge, unsere *eigene* innere Erde. Diese Erde, diese Welt, sind all unsere Gedanken und Gefühle und Sinneswahrnehmungen, all unsere Triebe, zu handeln und uns zu bewegen. Es ist diese Welt, die zu sehen und zu lieben wir bestimmt sind – mit der ungeteilten Leidenschaft, die jedes

* Rilke, a.a.O.
** Rilke, a.a.O.

Ding kennt, so wie Adam die Kreaturen unter Gottes Geschenk an ihn benannt hat. Unter dem Strahlenglanz dieser Macht des Menschen nehmen alle inneren und äußeren Dinge ihren einzigartigen und richtigen Platz ein, keines stiehlt oder gewinnt etwas vom anderen. In dieser inneren Welt muß das Prinzip des Gewinns, des Ego, überwunden werden. Ein gefallener Mensch ist nicht ein ›Ego‹, sondern tausend. Im gefallenen Menschen trachtet jede Funktion und jeder Teil danach, mehr zu nehmen, als nötig ist . . .

»Und diese, von Hingang
lebenden Dinge verstehn, daß du sie rühmst; vergänglich,
traun sie ein Rettendes uns, den Vergänglichsten zu.
Wollen, wir sollen sie ganz im unsichtbarn Herzen verwandeln
in – o unendlich – in uns! Wer wir am Ende auch seien.«*

Die Botschaft von Zeus

In *Kritias*, einem der späteren Werke Platons, von dem nur ein Fragment erhalten ist, gibt es eine bemerkenswerte Stelle. In diesem Werk, das von vielen Gelehrten als kaum mehr als eine Kuriosität angesehen wird, beschreibt Platon die Sageninsel Atlantis und das Königreich, das dort seine Macht entfaltet hatte – ein Land, das mit natürlichen Schätzen gesegnet war, ein Volk mit unvergleichlichem wissenschaftlichem und technologischem Können, eine Gesellschaft, die von weisen Gesetzen regiert wurde, und ein Volk, in dem der göttliche Geist über die niederen Teile der menschlichen Natur regierte. Aber der Lauf der Zeit sah den Verfall der inneren Werte und den Beginn eines großen Krieges, der seinen Untergang ankündigte.

Diese Macht von solcher Art und Ausdehnung, wie sie damals in jenen Gegenden bestand, führte der Gott, . . .

Viele Geschlechter hindurch, so lange noch irgend die Natur des

* Rilke, a.a.O.

Gottes in ihnen wirksam war, waren sie den Gesetzen gehorsam und zeigten ein befreundetes Verhalten gegen das ihnen verwandte Göttliche. Denn sie besaßen wahrhafte und durchgehends große Gesinnungen, indem sie eine mit Klugheit gepaarte Sanftmut allen etwaigen Wechselfällen des Schicksals gegenüber, so wie gegen einander an den Tag legten, und da sie eben deshalb alles Andere außer der Tugend für wertlos ansahen, so achteten sie alle vorhandenen Glücksgüter geringe und betrachteten mit Gleichmut und mehr wie eine Last die Masse ihres Goldes und ihrer übrigen Besitztümer und nicht kamen sie, berauscht von dem Schwelgen in ihrem Reichtum, so daß sie durch ihn die Herrschaft über sich selbst verloren hätten, zu Falle, sondern erkannten mit nüchternem Scharfblick, daß dies Alles nur durch die gemeinsame Freundschaft im Verein mit der Tugend sein Gedeihen empfängt, durch den Eifer und das Streben nach ihm dagegen nicht bloß selber entschwindet, sondern auch jene mit sich zu Grunde richtet. In Folge dieser Grundsätze und der fortdauernden Wirksamkeit der göttlichen Natur in ihnen gedieh ihnen denn das Alles, was ich euch vorhin mitgeteilt habe. Als aber ihr Anteil am Wesen des Gottes durch die vielfache und häufige Beimischung des Sterblichen in ihnen zu schwinden begann, und die menschliche Art überwog, da erst waren sie dem vorhandenen Reichtum nicht mehr gewachsen und entarteten und erschienen dem, welcher es zu erkennen vermochte, niedrig, indem sie von Allem, was in Ehren zu stehen verdient, gerade das Schönste zu Grunde richteten; denen aber, die ein wahrhaft zur Glückseligkeit führendes Leben nicht zu erkennen im Stande waren, schienen sie damals erst recht in aller Herrlichkeit und Seligkeit dazustehen, als sie ungerechten Gewinn und ungerecht erworbene Macht im Überflusse besaßen. Der Gott der Götter aber, Zeus, welcher nach den Gesetzen herrscht und solches wohl zu erkennen vermag, beschloß, als er ein treffliches Geschlecht (so) schmählich herunterkommen sah, ihnen Strafe dafür aufzuerlegen, damit sie, durch dieselbe zur Besinnung gebracht, zu einer edleren Lebensweise zurückkehrten. Er berief daher alle Götter in ihren ehrwürdigsten Wohnsitz zusammen, welcher in der Mitte des Weltalls liegt und eine Überschau aller Dinge gewährt, welche je des Werdens teilhaftig wurden, und nachdem er sie zusammenberufen hatte, sprach er . . .«*

* Plato: *Sämtliche Werke VIII.* ›Kritias‹. Frankfurt am Main und Leipzig (Insel Verlag) 1991, S. 473-475

Hier endet der Abschnitt und das Fragment. Wir wissen nicht, welche Worte der große Philosoph Zeus in den Mund legen wollte. Wer sind diese ›Götter‹, die zusammengerufen werden, um die Botschaft ihres Königs zu hören? Und was ist dieses *Zentrum*, das in den Griechen die alte pythagoreische Vorstellung eines stillen, zentralen Feuers weckt, das die gesamte Schöpfung erleuchtet und belebt? Sind diese ›Götter‹ in uns, wie die Dämonen der Salomonischen Legende?

Wir wissen nur, daß Zeus, nach Platons Konzept, einen großen Krieg befehlen sollte, einen großen Kampf zu dem Zweck der Reinigung und Züchtigung einer edlen Rasse vor dem Verfall. Wenn die Legenden zeitlos sind, was sie alle sind, dann müssen wir fragen: Was ist das für ein Krieg, der kommt? Und wenn die Legenden von der inneren Welt sprechen, was sie alle tun, dann müssen wir ganz deutlich die wahre Natur des inneren Kampfes sehen, zu dem wir aufgerufen sind.

Bleibt vielleicht nur noch zu sagen, daß der Name Zeus das gleiche Wort ist wie *theos*, Gott, und daß dieses Wort vielleicht von *thein* kommt, was ganz einfach *sehen* bedeutet, *wachsam sein*, *beobachten*. Vielleicht hatte Platon nie die Absicht, mehr zu sagen.

Eine Botschaft aus dem Zentrum

Ich habe in diesem Buch versucht, das Problem des Geldes in die Suche nach einem bewußt neu geschaffenen Leben miteinzubeziehen. Das bedeutet, bei unserer Suche, alles miteinzubeziehen, was wir gewöhnlich als böse, egoistisch, gewalttätig und schroff ansehen. Die andere Welt, die ›höhere‹ Welt, ist, wie uns Rilke sagt, *diese* Welt, die bewußt erlebt wird.

Das folgende ist der Kernpunkt eines anderen Gesprächs, das ich mit dem Geschäftsmann geführt habe, von dem in der Einleitung die Rede war.

»Sagen Sie mir«, fragte ich ihn, »Sie selbst waren Ihr ganzes Leben Geschäftsmann. Was ist Ihr Geheimnis? Ich meine nicht das Geheimnis, wie man eine große Menge Geld verdient, sondern wie Sie es fertiggebracht haben, Ihre Arbeit als Geschäftsmann wirklich ›interessant‹ zu finden? Was bedeutet es für Sie, wenn Sie sagen, daß Geldverdienen *interessant* ist? Ich bin sicher, daß Sie damit nicht nur das Ansammeln materieller Dinge meinen, oder daß man Sie beneidet.«

Er griff nach einem Buch auf dem Tisch. Ich war etwas überrascht, als ich sah, daß es eine der neuen Übersetzungen der Gedichte von Dschalaluddin Rumi war, dem vielleicht größten mystischen Dichter des Islam. Er blätterte in dem schmalen Band und reichte ihn mir, um mir ein Gedicht zu zeigen, dem der Übersetzer den Titel ›Why Organize a Universe This Way‹ (›Warum ein Universum auf diese Weise ordnen‹) gegeben hatte.

»Lesen Sie das!« sagte er.

Ich nahm das Buch und las laut vor:

»Was nicht existiert, sieht so stattlich aus.
Was existiert, wo ist es?
Ein verborgenes Meer. Wir sehen nichts als Schaum,
Formen aus Staub, die sich drehn, groß wie Minarette, aber ich will Wind.
Staub kann nicht ohne Wind aufsteigen, ich weiß, aber kann ich es nicht auf eine andere Weise
verstehen, ohne es herbeizuführen?

Unsichtbares Meer, Wind. Sichtbarer Schaum und Staub: Das ist die Rede.
Warum können wir *Gedanken* nicht hören?
Diese Augen wurden schlafend geboren.
Warum ein Universum auf diese Weise ordnen?

Mit dem Kaufmann nebenan mißt ein Zauberer
fünfhundert Ellen Leinentuch Mondlicht ab.
Es kostet sein ganzes Geld, aber der Kaufmann kauft alles.
Plötzlich ist da kein Leinentuch mehr, und natürlich auch kein Geld,
er hat sein Leben falsch verbracht, und deines auch.
Sag: *Rette mich, Du Einer*, vor Hexen, die Knoten knüpfen
und darauf blasen. Sie machen sie wieder fest.

Gebete sind nicht genug. Du mußt etwas tun.

Drei Gefährten für dich: Nummer eins,
was du besitzt. Er verläßt nicht einmal das Haus
wenn du in Gefahr bist. Er bleibt drinnen.
Nummer zwei, dein guter Freund. Er kommt wenigstens zur Beerdigung.
Er steht am Grab und spricht. Weiter nichts.

Der dritte Gefährte, was du tust, deine Arbeit
geht mit in den Tod, um bei dir zu sein,
um zu helfen. Suche Zuflucht
im voraus bei diesem Gefährten.«*

Als ich dieses wunderbare Gedicht las, spürte ich sofort, warum er mich aufgefordert hatte, es zu lesen. Aber ich wollte, daß er es sagte.

»Also gut«, sagte ich, »die einzige Realität ist Arbeit. Aber das ist nicht die Arbeit, die die Leute gewöhnlich meinen. Was hat das mit der Arbeit zu tun, der man nachgeht, um Geld zu verdienen?«

Er reichte mir einen anderen Band mit Gedichten von Rumi und sagte wieder: »Lesen Sie das.« Wieder schlug ich das Buch auf und las laut vor:

»Ein Freund sagt zu dem Propheten: ›Warum werde ich bei Geschäften immer betrogen?
Es ist wie ein Zauberspruch. Ich werde abgelenkt
von Gesprächen und treffe die falschen Entscheidungen.‹

Muhammad antwortet: ›Bedinge dir bei jedem Geschäft aus,
daß du drei Tage brauchst, um sicherzugehen.‹

Besonnenheit ist eine der Eigenschaften von Gott.
Wirf einem Hund ein Stückchen von etwas hin.
Er schnüffelt daran, um zu sehen, ob er es will.

Sei genauso vorsichtig
Schnüffle mit deiner Weisheitsnase.
Halte Abstand. Dann entscheide dich.

* Dschalaluddin Rumi: *Why Organize a Universe This Way.*

Das Universum ist allmählich entstanden
in sechs Tagen. Gott hätte nur zu befehlen brauchen: *Werde*!
Nach und nach wird ein Mensch vierzig und fünfzig und sechzig
und fühlt sich vollkommener. Gott hätte ausgewachsene Propheten
hochwerfen können
die in einem Augenblick durch den Kosmos fliegen.

Jesus sprach ein Wort, und ein Toter richtete sich auf,
aber die Schöpfung entfaltet sich
wie eine ruhige Brandung.

Beständige, langsame Bewegung lehrt uns, weiterzuarbeiten,
wie ein kleiner Fluß, der klar bleibt,
der nicht versumpft, sondern einen Weg findet
durch zahlreiche Einzelheiten, wohlerwogen.

Besonnenheit wird aus Freude geboren
wie ein Vogel aus einem Ei.

Vögel sehen nicht wie Eier aus!
Bedenke, wie verschieden das Ausschlüpfen ist.
Ein weißledriges Schlangenei, ein Sperlingsei;
ein Quittensamen, ein Apfelsamen: Ganz verschiedene Dinge
sehen in einem Stadium ähnlich aus.

Diese Blätter, unsere körperlichen Persönlichkeiten, scheinen
identisch,
aber die Kugel aus Seelenfrucht
die wir herstellen,
ist jede vollkommen
einzigartig.«*

»Ich will nicht in Rätseln sprechen«, sagte er, als ich mit Lesen fertig war, »aber das Wesentliche ist doch, daß unser äußeres Leben die innere Arbeit unterstützen kann, wenn die Anforderungen des Lebens als eine Herausforderung an die Aufmerksamkeit angesehen werden, als eine Erinnerung, daß man sich mit der Frage beschäftigen muß, wer ich bin und wodurch meine Aufmerksamkeit in diesem Augenblick in Anspruch

* Dschalaluddin Rumi: *We Are Three.*

genommen wird, so daß mehr von mir genommen wird, als ich zu geben brauche. In der Welt, in der wir leben, wird diese Herausforderung von nichts häufiger und zuverlässiger herbeigeführt als von Geld.«

Darauf war es lange Zeit still, worüber wir beide froh waren.

Dann erzählte ich ihm von meinem Plan, dieses Buch zu schreiben. Er hörte mir mit stiller Aufmerksamkeit zu, so daß ich das Gefühl hatte, auf eine Waagschale gelegt zu werden.

»Wenn man über das Leben schreibt«, sagte er, »oder selbst wenn man über das Leben spricht, ist das Problem, daß es so leicht aussieht.«

Langsam und halb automatisch nickte ich, verstand aber nur dunkel, was er meinte.

Nach längerem Schweigen machte ich eine Bewegung, um das Gespräch zu beenden, aber er reagierte nicht darauf. Ich dachte, daß er vielleicht nur höflich war. Schließlich war er ein führender Geschäftsmann, der Direktor einer Firma. Trotzdem schien er es nicht im geringsten eilig zu haben, wieder an seine Geschäfte zu gehen.

Ich fühlte mich immer unbehaglicher und stand deshalb auf, um zu gehen, und sammelte meine Unterlagen ein. Noch immer bewegte er sich nicht. Ich streckte den Arm aus, um ihm die Hand zu geben und ihm zu danken, daß er für mich Zeit gehabt hatte, aber er stand nicht auf und gab mir auch nicht die Hand. Er sah mich nur mit der gleichen ruhigen Aufmerksamkeit an.

Ich sagte, daß es jetzt Zeit für mich wäre, zu gehen – obwohl ich in Wirklichkeit keinen anderen Termin hatte.

»Natürlich«, sagte er ruhig, aber noch immer, ohne sich zu bewegen. Wieder streckte ich meine Hand aus, und während er noch saß, streckte er langsam auch seine aus. Bei unserem Händedruck hatte ich das Gefühl, vom Blitz getroffen zu werden. Ich hielt eine kräftige, muskulöse Hand, die absolut schlaff war. Diese Hand hätte leicht meine eigene zermalmen können, aber sie hatte absolut keine Spannung. Bei jedem anderen Mann hätte ich nach einem solchen Händedruck den Eindruck von Schwäche gehabt, aber in diesem Fall war ich es, der sich schwach fühlte. Der Druck meiner eigenen Hand kam mir wie etwas Unehrliches vor.

Noch während ich zur Tür ging, steckte mir der Schock dieses weichen Händedrucks im ganzen Körper. Erst viel später begriff ich, was damals in mir vorging. Ich hatte die großen Gedanken der Philosophie und der religiösen Glaubenslehren studiert. Ich hatte einen ziemlich geübten Geist, der über die Jahre die Fähigkeit erlernt hatte, den Schock erwachender Gedanken zu spüren. Ich war geistig fähig, mich Glaubenslehren auszusetzen, die unsere gewöhnlichen Mutmaßungen über die Realität und das Selbst unterhöhlten. Intellektuell, und bis zu einem gewissen Grad emotional, war ich fähig, die Relativität des Ego und den Gedanken, daß der Mensch seinen Eigenwillen einer anderen Kraft unterwerfen muß, zu akzeptieren. Aber sein Händedruck brachte diesen Gedanken, so seltsam es klingen mag, wenn ich es so ausdrücke, durch Sinneswahrnehmung zu mir. Er unterhöhlte stark bedingte Gewohnheiten der Persönlichkeit, die in den Muskeln meines Körpers verankert waren.

Solche Beobachtungen lagen mir zu diesem Zeitpunkt fern, aber als ich den Türgriff drehte, sagte ich mir: ›Was tu ich da? Warum gehe ich von diesem Menschen weg, der etwas verkörpert, nach dem ich suche? Will ich wirklich auf die Straße zurückgehen – zu den Menschenmassen, zu den Läden mit den Weihnachtsdekorationen in den Schaufenstern, den Hotellobbies, Cafés, Restaurants, Buchläden und Zeitungsständen? Aber halt: Waren da nicht ein paar wichtige Anrufe, die ich tätigen mußte – mit meinem Verleger? Oder mit meinem Agenten? Sollte ich nicht meine Frau anrufen, um mich zu vergewissern, ob zu Hause alles in Ordnung war?‹

Ich stand vor der Tür und war überrascht, als ich sah, daß meine Hand sie öffnete. Vor mir lag das Empfangszimmer, mit der Sekretärin, die sich an ihrem Schreibtisch zu schaffen machte, und mehreren wichtig aussehenden Geschäftsleuten, die auf ihren Termin warteten. Ich spürte, wie mein Körper von der üblichen Spannung erfüllt wurde, die sich über das Echo des weichen Händedrucks legte, der noch immer in mir nachhallte. Ich spürte ›mich selbst‹ zurückkommen, mein gewöhnliches ›Selbst‹. Ich griff nach meinen Zigaretten. Aber ich ging nicht über die Türschwelle.

All das dauerte nur Sekunden, aber in diesen wenigen Sekunden hatte die Zeit eine neue Dimension angenommen.

Ich blieb, wo ich war, machte die Tür leise, aber entschlossen wieder zu. Dann drehte ich mich um und ging wieder dahin zurück, wo ich gerade hergekommen war. Ich setzte mich hin.

Der Mann hinter dem Schreibtisch zeigte keinerlei Überraschung wegen meines Benehmens – ganz im Gegenteil. Es war, als wäre ich ihm gerade, ganz natürlich, in einer anderen Welt begegnet, in einer Welt, in der nur eines wichtig war – die Wahrheit zu erfahren.

»Natürlich«, sagte er, »wie Sie wissen, interessiert mich das Thema Ihres Buches sehr. Denn die Geldfrage ist das einzige, was die Menschen noch wach macht. Erinnern Sie sich noch an den Kongreß in Wisconsin, zu dem Sie mich vor ein paar Jahren eingeladen haben – wie hieß er noch?«

»›Geld, Macht und der menschliche Geist‹«, sagte ich.

»Ja. Geld, Macht und der menschliche Geist. Zufällig hat mir vergangenen Monat jemand, der den Kongreß besucht hat, geschrieben. Wahrscheinlich erinnern Sie sich nicht mehr an ihn – er hat keinen Vortrag gehalten. Er gehörte zum Kreis der Zuhörer, und er hat sich nicht sehr stark beteiligt. Anscheinend hat ihn etwas, das ich gesagt habe, berührt und all die Jahre nicht wieder losgelassen.«

»Und was war das?« fragte ich.

»Erinnern Sie sich noch an diese junge Frau, die in Zentralamerika gearbeitet hatte und die das Märchen vom Fischer und seiner Frau erwähnte?«*

»Ich kann mich noch sehr gut daran erinnern«, sagte ich.

* s. Anhang II.

»Sie hat es als Symbol des amerikanischen Kapitalismus verwendet, und am Ende haben Sie die Geduld verloren, weil sie alle wohlhabenden Menschen als habgierig und egoistisch hingestellt hat.«

»Anscheinend hat diesen Mann meine Interpretation des Märchens berührt.«

»Nicht nur ihn«, sagte ich. »Auch ich war erstaunt. Sie haben es als eine Geschichte interpretiert, die davon handelt, wie wichtig es ist, zu wissen, was man sich vom Leben wünscht. Wenn ich mich richtig erinnere, sagten Sie, daß Habgier auf das Fehlen eines inneren Ziels zurückzuführen sei. Sie sagten, Habgier würde auf die eine oder andere Weise dazu neigen, an die Stelle des inneren Wunsches nach Verstehen zu treten, und daß fast alles Böse im menschlichen Leben eine niedrige Funktion verkörpert, die eine nicht entwickelte höhere Kapazität im Menschen nachzuahmen versucht.«

»Sie haben ein gutes Gedächtnis«, sagte er.

»Nicht gut genug«, erwiderte ich. »Ich kann mich an Gedanken erinnern, aber mitten im Leben gerate ich in Situationen, besonders wenn Geld im Spiel ist, da helfen mir keine Gedanken, sie sind nicht mehr da, ich habe sie vergessen.«

»Weil der innere Wunsch kein Gedanke ist«, sagte er. »Es ist eine Kraft.«

Das merkte ich mir.

»Haben Sie das gemeint, als Sie sagten, daß diese Dinge zu leicht klingen, wenn man über sie spricht oder schreibt?«

Wieder Schweigen.

»Ich stimme Ihrer These zu«, sagte er, »daß Geld in der modernen Gesellschaft in jeden Aspekt des menschlichen Lebens eingeht. Das bedeutet, daß es auch in jeden Aspekt von uns selbst eingeht, nicht wahr? Jeder Impuls, jede Wahrnehmung in uns hat mit dem Geldfaktor zu tun – oder, um genauer zu sein, dem Prinzip des persönlichen Gewinns. Das folgt aus Ihrer These, nicht wahr? Persönlicher Gewinn oder das Ego-Prinzip drückt sich in dieser Gesellschaft durch Geld aus – ich glaube, das ist es, worüber Sie schreiben, nicht wahr?«

Ich nickte. Er fuhr fort:

»Wenn Sie sagen, daß in anderen Kulturen das Geld nicht so universell vorhanden war wie in unserer Gesellschaft, dann wollen Sie damit doch wohl nicht sagen, daß die Männer und Frauen in diesen Gesellschaften nicht sosehr von Egoismus beherrscht wurden, oder? Wie ich es sehe, sagen Sie, daß sich das Ego in unserer Kultur meistens durch Geld darstellt. Und daß das Ego mehr, viel mehr als nur Eitelkeit in ihren augenfälligen Formen ist. Es ist der Glaube an die eigene Macht, zu tun, sicher zu sein, glücklich und von den eigenen Anstrengungen erfüllt – ohne die Hilfe eines höheren Einflusses, nicht wahr?«

Wieder nickte ich. »Aber die Frage ist doch«, erwiderte ich, »wie man sich inmitten einer Situation, die mit Geld zu tun hat, daran erinnern soll, daß es höhere Zwecke und Kräfte in uns gibt?«

»Nein, das geht zu schnell. Wenn Sie es so ausdrücken, sind Sie verloren. Wenn man es so ausdrückt, rückt man die spirituelle Frage nur in den Bereich des Ego. Natürlich kann man so reden, man kann sogar ein Buch so schreiben. Aber die Tatsache ist doch, daß man vergißt, nicht wahr? Es gibt keine *Methode*, die funktioniert. Das Geld ist einfach zu mächtig, das Leben ist einfach zu mächtig. Ich werde gern jedes Buch, das Sie darüber schreiben, lesen, falls Sie es tatsächlich schreiben, aber ich bin sicher, daß die Leute, nachdem sie Ihr Buch aus der Hand gelegt haben, noch immer von Geldsituationen völlig in Anspruch genommen sein werden. Es wäre gut, wenn Sie den Leuten dabei helfen könnten, eine neue Einstellung zum Geld zu bekommen; dieser Schritt muß als erstes getan werden, das ist unerläßlich. Aber die Frage, die Sie jetzt stellen, geht über eine andere Einstellung hinaus.«

Dieses Gespräch fand lange vor meiner Begegnung mit Bill Cordell und seinem Gold statt, so daß das, was man mir damals sagte, nur meinen Geist beeindruckte. Aber jetzt, am Ende dieses Buchs, fühle und spüre ich die Wahrheit buchstäblich!

»Tatsache ist«, sagte er, »daß man sich nur erinnert, wenn

man vergißt. Oder vielmehr, daß man erinnert wird, falls Sie verstehen, was ich meine.«

»Nein, das verstehe ich nicht«, sagte ich.

»Der springende Punkt ist«, fuhr er fort, »daß beim modernen Menschen das Geld das Instrument der Persönlichkeit ist, das Instrument seiner Emotionen, seiner adaptiven Gedanken, seiner Handlungen. Der verfallende Mensch erfindet sich ständig neu, und der moderne Mensch erfindet sich durch die Technologie des Geldes neu. Der sich weiterentwickelnde Mensch wird von sich selbst entdeckt; der verfallende Mensch erfindet sich selbst. So ist es doch, nicht wahr?«

»Bitte, erklären Sie es mir.«

»Was kann ich noch sagen? Sich an das wahre Selbst zu erinnern ist kein Akt des Geistes oder der Gefühle oder des physischen Körpers. Das sich entwickelnde Selbst kümmert sich nicht um Geld oder Sex oder Zeit. Aber das Ego erfindet sich selbst aus Geld, Sex und linearer Zeit. Wenn Sie Bedingungen und Gefährten finden, an denen Sie beobachten können, wie sich das Ego ständig selbst erfindet, sich selbst ersinnt, dann werden Sie verstehen, was ich meine. Sie haben alte Glaubenslehren studiert, aber kein Buch kann Ihnen die direkte Erfahrung vermitteln, wie sich das Ego selbst erfindet, wie es ständig materielle Dinge und Gedanken und Energien benutzt, um sich sich selbst auszudenken.«

Er machte eine Pause und fuhr dann fort:

»Es gibt einen Wunsch im Menschen, der nicht vom Ego kommt. Es gibt einen Wunsch, der nicht vom Ego erfunden wird. Es ist eine Energie, eine Bewegung, die außerhalb der linearen Zeit existiert. Nur wenn man bereit ist, den vollständigen Zusammenbruch des Ego zu erleben, ohne den geringsten Impuls, es wieder zu errichten, nur dann erlebt man den Wunsch des sich entwickelnden Selbst. Es ist eine ganz bestimmte Art des Leidens, die mit einer ganz besonderen Freude vermischt ist. Geld und lineare Zeit und Sex, sie alle gehen in alles ein, was Ego ist, und darum müssen das Geld, der Sex und die Zeit einem ganz speziellen Studium unterzogen werden.

Ich sage *Studium*, denn wenn man sich selbst studiert, muß man in sein Leben ein Element einführen, das dem Ego völlig fremd ist, das vom Ego aber akzeptiert werden kann. Das Ego muß allmählich davon überzeugt werden, daß sich seine Wünsche – nach Sicherheit, Glück, Existenz – nicht durch mechanisches Denken, persönliche Gefühle oder instinktive Handlungen erfüllen lassen. Der Geist muß davon überzeugt werden, daß die einzige Quelle seines Wohlergehens das Bewußtsein ist. Das Selbststudium erfordert eine Motivation, die frei ist von persönlichem Gewinn, von egoistischem Gewinn. Ein Studium ohne den Impuls, etwas ändern zu wollen, ein unmotiviertes Studium, ein wahlloses Sichbewußtwerden ist wie der Atem des wahren Wunschs, des wahren Ziels des sich entwickelnden Menschen. Können Sie mir folgen?«

Ohne auf meine Antwort zu warten, sprach er weiter:

»Des Fischers Frau ist der Wunsch des Ego, Leben ohne den Wunsch nach Sein. Sie wissen, wie das Märchen endet . . .«

»Der Mann und die Frau werden wieder in ihre ärmliche Hütte zurückversetzt . . .«

»Und sie leben glücklich bis ans Ende ihrer Tage?«

»Ich glaube nicht, daß das im Märchen gesagt wird.«

»Nun«, sagte er, »das sollte es aber. Alle Märchen hören so auf: ›und sie lebten glücklich bis ans Ende ihrer Tage‹ – das ist die Sprache des Märchens für den Zustand der inneren Freiheit, frei sein von der Illusion des Ego.

Auf jeden Fall«, fuhr er fort, »und lassen wir mal die Märchen – auf jeden Fall muß man einen Wunsch finden, der stärker ist als das Ego und dem das Ego zustimmen kann. Und wenn man zu sehen bereit ist, daß man bei allem, das einen wahren Wert hat, wegen der Macht des Geldes Kompromisse schließt, ist es möglich, daß man von den höheren Kräften im Inneren erinnert wird. Das Entscheidende ist: Da das Geld schon so tief in das zeitgenössische Ego eingedrungen ist, müssen wir das Geldspiel, so gut wir können, aber mit einer neuen Absicht, mitspielen.«

»Wie würden Sie diese Absicht beschreiben?« fragte ich.

Er machte eine Pause, bevor er antwortete. Ich fühlte mich plötzlich, als befände ich mich in einer Kathedrale.

»Es gibt innerlich eine Handlung, eine Einwilligung, einen Verzicht, die schon immer das Geburtsrecht eines jeden Mannes und einer jeden Frau gewesen sind. Das Ego erlebt es als eine Art Stillstand. Eine besondere Art des Schweigens. In diesem Augenblick *weiß* man, warum man auf der Erde ist, und man weiß auch, daß man so, wie man ist, nicht dienen kann. Man weiß, daß man sein Leben ändern muß und daß es nur durch die Suche nach Gefährten und Bedingungen geschehen kann, die diesen Augenblick des Öffnens unterstützen. Auf der Basis dieses Augenblicks geht eine neue Absicht in das eigene Leben ein, eine neue Moral. Es ist die Moral der Suche. Was immer diese Suche unterstützt, ist gut; was immer sie behindert, ist böse. Man beginnt zu verstehen, daß man nur durch dieses Öffnen so lieben kann, wie man gern lieben möchte und wie wir die Liebe aus den Lehren der alten Meister kennen. Dann wird die Welt und das Leben in dieser Welt mit all ihren Freuden und Leiden, mit all ihren Verpflichtungen und Schwierigkeiten, diese Welt, in der Sie und ich jetzt leben – dann wird diese Welt mein Kloster.«

Anhang I
Die Brüder des gemeinsamen Lebens

Es liegt umfangreiches historisches Material vor, das den Glauben und die Praktiken der geistlichen Gemeinschaft betrifft, die sich die Brüder des gemeinsamen Lebens nannte und sich in Nordeuropa um Gerhard Groote (1340-1384) gebildet hat. Die Gelehrten betrachten diese Brudergemeinschaft gewöhnlich als einen Teil der großen Bewegung des reformierten mystischen Christentums, die sich seit dem 13. Jahrhundert bis zur protestantischen Reformation in Westeuropa ausbreitete und aus der zahlreiche Bruderschaften und geistliche Schulen mit verschiedener Bedeutung und unterschiedlichem Einfluß hervorgegangen sind.

Aber obwohl diese Bewegung auf akademischer Basis gründlich erforscht worden ist, wurden erst in neuester Zeit Beweise zusammengetragen, aus denen ihre außerordentliche Bedeutung für die ›verborgene‹ Geschichte des Christentums hervorgeht. Man darf hoffen, daß die zahlreichen anderen religiösen Gemeinden dieser Zeit mit ähnlicher Gründlichkeit und von Fachleuten untersucht werden, die sowohl die akademische Bildung als auch die spirituelle Sensibilität besitzen, die für eine solche Aufgabe erforderlich sind.

Die folgenden Auszüge sind an dieser Stelle abgedruckt, um weitere Forschungen zu ermutigen. Sie stammen aus einem unveröffentlichten Manuskript des britischen Historikers Ross Anthony Fuller und können nur einen kleinen Hinweis auf das reichhaltige Material geben, das in dieser sorgfältig recherchierten und höchst aufschlußreichen Studie enthalten ist. Ich habe diese Textauszüge thematisch so angeordnet, daß sie mit den in diesem Buch diskutierten Fragen korrespondieren. Einige Bücher, die über die Bruderschaft nähere Auskunft geben, sind in der Bibliographie aufgeführt.

Alle Zitate stammen aus Ross Anthony Fullers *The Brother-*

hood of the Common Life, dessen unveröffentlichtes Manuskript 477 Seiten umfaßt und 1986 in London fertiggestellt wurde.

Der Weg im Leben:

»Das Mönchtum war (und ist) seit altersher eine der fundamentalen Möglichkeiten, mit deren Hilfe die Menschen eine direkte Verbindung zu höherer Wahrheit und Bedeutung gesucht haben – zu Gott. Gegenstand dieser These sind die Mittel, die in einer bestimmten Zeitspanne zur Intensivierung dieser Bewegung angewandt wurden: Das Auftauchen und die Erneuerung eines religiösen Wegs im Leben während des Spätmittelalters, der zum monastischen Pfad nicht im Widerspruch stand, sich aber trotzdem nicht auf den formellen Rückzug aus der Welt stützte, und die Übertragung monastischer spiritueller Exerzitien auf Laien, die so entworfen waren, daß sie diesen Weg ermöglichten, und die, von den Historikern im großen und ganzen unbemerkt, das andere Gesicht der Säkularisierung und der Entklerikalisierung der mittelalterlichen Kirche war. Das war das ›gemischte Leben‹, das äußere Handlung und innerliche Versenkung im Alltag des Lebens vereinte . . .« (S. 19)

»›Vita apostolica‹ oder das ›gemischte Leben‹ war das Streben nach militärischer Ordnung und erfüllte die symbolische Literatur der Gralsuche, inspirierte die Laiengilden, belebte den Aufstieg der Bettelorden und drückte sich im Leben bemerkenswerter Denker wie Bernard von Clairvaux, Hugo von Avalon und später Jean de Gerson aus, die aktiven Anteil an den Ereignissen ihrer Zeit nahmen. Im Spätmittelalter wurde die Lehre der neuen Frömmigkeit und ›Imitatio Christi‹ zum wichtigsten Vermittler.« (S. 31)

»Der Begriff ›neue Frömmigkeit‹ wurde verwendet, um die Ergebnisse der Einstellung, der Werte, der Andachtsübungen und des Ziels zu beschreiben, das von Groote, der auch ›der Große‹ genannt wurde (oder lateinisch: Gerhardus Magnus), 1340-1384, und seinem Schüler Florentius Radewijns, 1350-1400, vermittelt wurde. Diese Männer und ihre Gefährten waren der Kern der Brüder des gemeinsamen Lebens und nach Grootes Tod eines Hauses der Augustiner-Chorherren in Windesheim, die nach den gleichen neu verstandenen Prinzipien lebten . . . Die ›neue Frömmigkeit‹ (*Devotio moderna*) bedeutete eine ›moderne‹ Anpassung, ein neuer oder erneuerter Impuls in dem religiösen Bestreben [entworfen, um den Männern und Frauen zu helfen], das notwendige Zwischenstadium zwischen ›der Welt‹ und aktiver religiöser Hingabe zu finden.« (S. 167)

Verhältnis zum Protestantismus

»Ohne eine praktische Annäherung an [seine] innere Dimension wurde das gemischte Leben nur zu einem weiteren Ideal von genausowenig Bedeutung und Kraft wie das monastische in seinem Verfall. Der Kampf der Brüder um ehrliche religiöse Gefühle hat nicht nur den Boden für die fundamentale jesuitische Erfahrung bereitet, sich *spirituellen Übungen* zu unterziehen, was im folgenden Jahrhundert zu einer großen Strömung führen sollte, sondern er fand auch seinen Niederschlag in der spezifisch protestantischen Erfahrung des moralischen Dilemmas und der Trennung von Gott, als einem Ideal, das, ähnlich wie das gemischte Leben, das Monastische als Rahmen für ein reformiertes Christentum verdrängte, das ›in der Welt‹ begründet war: Der Einfluß vermischt sich beim Eintritt ins Leben.

Der Wunsch nach Freiheit, ›die große Lobpreisung der christlichen Religion‹ war der Ausgang der Reformation . . . Die Anhänger der Devotio moderna sprachen von der Freiheit, häufig nicht als einem revolutionären Slogan, genaugenommen nicht einmal als einem Ziel, sondern als einem rechtmäßigen Ergebnis eines innerlichen Zustands des Dienens, das heißt, rechtmäßiger Ordnung. Gerhard Groote schrieb von ›dieser Freiheit des Geistes, die das wesentlichste Gut des spirituellen Lebens ist. Denn die Neigungen werden von vielen Dingen gezügelt, und wenn sie gezügelt sind, werden sie beherrscht. Solche Neigungen, die die Seele (*anima*) beeinflussen, widersetzen sich dem Frieden des Herzens und der Stille des Geistes, die sehr häufig durch die mit ihnen verbundenen Sorgen befleckt und gestört werden.‹*

. . . Die von Groote geschätzte Freiheit war genauso in den Aufgaben des täglichen Lebens zu finden wie im Gebet, sicherlich nicht ohne Disziplin, Suche und, in gewisser Hinsicht, Gewalttätigkeit, aber ohne der eigenen wahren Natur Gewalt anzutun; während . . .

* Thomas a Kempis: *Opera Omnia.*

die Freiheit, die sich die Reformer zum Ziel gesetzt hatten, eine Befreiung von verschiedenen äußeren ›Ungerechtigkeiten‹ war, von der päpstlichen Kontrolle der Kirche, den monastischen Regeln oder der ekklesiastischen Konvention, eine Freiheit, die, wie man hoffte, unweigerlich die Folge sein würde, wenn diese ›Ursachen‹ abgeschafft waren. Als der Wunsch nach Freiheit in den turbulenten Strom des Lebens gerissen wurde ...« (S. 219-220)

»Das Ideal des gemischten Lebens konnte die Frömmigkeit des 16. Jahrhunderts durch seine Ähnlichkeit mit dem protestantischen Gedanken der göttlichen Berufung beeinflussen, aber es waren Gedanken einer anderen Ordnung. Jene, die sich den Brüdern anschlossen, suchten die Wahrheit im Leben durch die Ausübung von ›Andachten‹ und Gebetsübungen, aber sie akzeptierten religiöse Formen und sprachen nie von einer bedingungslosen Gottesfurcht ... Die neue Frömmigkeit, die nur eine kleine Bewegung war, war ein Beispiel für die Existenz verschiedener Ebenen des Christentums. Die göttliche Berufung im Protestantismus, der sich schnell zu einer großen Bewegung ausbreitete, war mit dem Gedanken verbunden, daß alle Gläubigen Priester sind, und daß alle Menschen gleich sind und gleich arm vor Gott. Als Reaktion auf die Heuchelei der jenseitigen Pietät und erschrocken über die Realität, die sie verhüllte, bestätigten die Erneuerer des 16. Jahrhunderts die Richtigkeit der objektiven sozialen Ordnung: Innerhalb dieses ›gemeinsamen Lebens‹, anstatt in klösterlicher Abgeschiedenheit, konnte ein Mensch ehrlicher und moralischer seinen religiösen Pflichten nachgehen. Das gemischte Leben verkörperte das Gleichgewicht der Kräfte zwischen dem äußeren und dem inneren Leben, zwischen ›Handlung‹ und ›Andacht‹, und war Ausdruck einer praktischen Disziplin, die, wie man glaubte, im traditionellen Sinn einen neuen religiösen Weg eröffnete. Der tägliche Kampf des Bruders war seine Arbeit, und diese Arbeit, sich inmitten seiner Energien zu versenken, war seine Vorbereitung darauf, sich dem Ruf des Christentums zu stellen. Die Bedeutung des Protestantismus, der das Individuum mit der Kraft und der Gnade Gottes unmittelbar zu konfrontieren hoffte, lag in seiner Fähigkeit, die Energien halb Europas in einer Zeit heftiger Expansion und wachsenden Nationalbewußtseins freizulassen und in Bahnen zu lenken, Energien, die unter den unmöglichen Verhältnissen der religiösen Kultur im Spätmittelalter blockiert und verstreut gewesen waren. Hier hatte die Frömmigkeit der Arbeit einen anderen Sinn.« (S. 372-373)

»Gegen 1500 scheint die Brudergemeinschaft durch Einflüsse, die außerhalb ihrer Arbeit lagen, abgelenkt worden zu sein, ihre Einstellungen und Praktiken in das intellektuelle, religiöse und sogar soziale Leben um sie herum hineingezogen worden zu sein, ihre unabhängige Kraft sich verkleinert zu haben. Christliche Gedanken, die präzise, praktische Instrumente innerhalb einer akzeptierten Disziplin gewesen waren, nahmen subjektive Bedeutungen an, während sie sich mit materiellen oder anderen Dingen vermischten: Diese Gedanken wurden, als sich ihre Handlungen nach außen zu bewegten, zufällig und ungenau und übten einen negativen Einfluß aus. Sowohl die radikalindeterministischen als auch die sozial-revolutionären Flügel der Reformation machten sie sich zunutze.« (S. 300)

Spirituelle Disziplin

Merke: Das Wesen der spirituellen Disziplin geht weit über alles hinaus, das sich in Begriffen praktischer Übungen, Einstellungen oder Emotionen beschreiben läßt. Die folgenden Stellen aus Mr. Fullers Buch werden nur als Hinweis auf eine authentische und präzise praktische Disziplin wiedergegeben, der die Brudergemeinschaft vielleicht gefolgt ist. Im allgemeinen läßt sich die Tiefe oder Authentizität einer geistlichen Gemeinschaft aber nicht von außen beurteilen, vor allem nicht, wenn wir es nur mit fragmentarischen Aufzeichnungen zu tun haben. Mr. Fullers Zitate und Bemerkungen sind jedoch eine außerordentlich große Hilfe und unterstützen den Gedanken einer spirituellen Disziplin, die sich von der religiösen Einstellung bestimmter Protestanten und anderer religiöser Anhänger, wie aufrichtig sie vielleicht auch gemeint war, und wie nobel sie auch bekundet wurde, deutlich unterscheidet.

»Obwohl zwischen uns und den Erfahrungen, auf die wir uns bezogen haben, eine Kluft bleibt, obwohl die Unterweisung auf einer zu hohen Ebene beginnt, als sei der erste praktische Schritt als garantiert angenommen worden, können wir die Beschreibung eines anderen

Wegs des Arbeitens erkennen, sowie die Zustände, die dadurch vielleicht erreicht werden können: Gebete im gleichen Augenblick wie äußere Aktivität, anstatt vorher oder hinterher, gleichzeitig innere und äußere Beschäftigung mit der Arbeit. Die Brüder waren angewiesen, innezuhalten, bevor sie mit einer Aufgabe begannen, kurz zu beten und dann Meditation in ihre Arbeit einzubringen, während der Beschäftigung ›innerlich verarbeiten‹ (*ruminare, interius ruminandum*). Jeder Mann darf beten und dann arbeiten: Das kann viel oder wenig bedeuten, je nachdem, wie er betet und wie er arbeitet. Wechselnde Aktivitäten in der Zeit sind auf jeden Fall verständlich, aber was bedeutet ihre Gleichzeitigkeit? Sie muß mit einer Bewegung in Richtung jener Einheit des Körpers, der Seele und des Geists verbunden sein, die die Brüder, wie wir gesehen haben, nicht sich selbst zuschreiben. Sie sprechen unmißverständlich von ihrer Arbeit als einer Trennung im Augenblick, von ›sich in Liebe und Furcht üben‹, zum Beispiel, während ihres äußeren (oder vielmehr ›unterhalb‹, *infra*) Handelns. Diese Art zu arbeiten war ›das Gesetz unseres heiligen Vaters‹, sagte Zerbolt. Wenn der Kern dieser Frage in dem religiösen Aphorismus ›laborare est orare‹ liegt, was ist dann mit ›Arbeit‹ gemeint?« (S. 265)

»Diese Bemühungen entsprechen den bemerkenswerten biblischen Geboten, ›wachsam zu sein‹ und ›ohne Unterlaß zu beten‹, auf die in den Schriften der neuen Frömmigkeit tatsächlich häufig hingewiesen wird. Groote sagt, wenn er über diese frühen akademischen Gewohnheiten und die Schädlichkeiten unnötigen Redens nachdenkt, ›es ist offensichtlich, daß immer alles zum Lobe Gottes angeordnet sein muß, wenn es einen guten Zweck haben soll, das heißt, man muß immer beten‹. Radewijns sagt das gleiche, wenn er von der Art und Weise spricht, in der wir Nahrung zu uns nehmen, weil dann der Teufel auf uns wartet, ›deshalb laßt uns immer wachsam sein und beten‹. Dieses ›Wachsam sein‹ war so wichtig, daß von ihm nach dem *Tractatus de Cotidiano Holocausto* der gesamte Fortschritt eines Menschen im spirituellen Leben abhing: Viele bleiben, wo sie sind, heißt es darin, ›weil sie die Rolle, die sie spielen, nicht durchschauen, und sich nicht selbst beobachten‹.« (S. 276-277)

Die Aufzeichnungen dieser praktischen Männer deuten immer wieder darauf hin, daß in dieser inneren Bewegung die Aufmerksamkeit erneuert und gestärkt wird. Etwas später, wenn vom ›Opus dei‹ und von der Art und Weise die Rede ist, auf die der Teufel vor allem jenen zur Last fällt, die Gott preisen, schreibt der Harderwijk-Autor: »Daher höre, nach und nach und so vollständig du kannst, darauf und lies die Stunden gemäß den Worten Augustinus': Was der Mund hervorbringt, hängt vom Herzen ab. Aber weil dein Herz so leicht den leeren Dingen nachgibt, bist du aus diesem Grund gezwungen, deine Aufmerksamkeit immer auf den Zweck zu richten.«

Das Manuskript verbindet die Imperative ›Attende!‹ und ›Collige te!‹ mit Beispielen der Gedanken und Gefühle, die bei den übereinstimmenden Teilen der Masse geweckt werden. Bestimmt ist es die Absicht des Verfassers, sich selbst zu helfen, nach der ›neuen Frömmigkeit‹ zu leben, einen praktischen Weg zu finden, an der alten Folge liturgischer Erfahrungen intensiver und mit mehr von sich teilzunehmen, und sein Sichselbsterinnern in die Zukunft zu unterstützen, indem er es niederschreibt. Er überträgt einen Teil einer Methode zu seiner eigenen Verwendung. Wenn das Ritual, das Gebet, die Meditation und die Musik früher einmal als Brücke zwischen den Menschen und der Fülle der christlichen Lehre gedient hatten, dann liegt noch immer auf der Hand, was von dem Rest dieser Brücke als Mittel zu verwenden ist: Aus diesem Manuskript, wie auch aus dem Bridgettine-Material, das später untersucht wird, geht hervor, daß der Schlüssel für diese Mittel in der Entwicklung der Macht der Aufmerksamkeit liegt. John Mombaer's *Rosetum Spiritualium Exerzitiorum*, aus derselben Zeit wie das Manuskript, verfolgt erklärtermaßen den Zweck, im gleichen praktischen Sinn das innere Leben zu fördern. In dieser breitangelegten, verschlüsselten Zusammenfassung der Glaubenslehre, die von den Gelehrten, die darin eingedrungen sind, als eine Formulierung von Praxis und Methode der neuen Frömmigkeit angesehen wurde, beschrieb Mombaer ›drei Betten‹ in einem ›Garten voller Rosen‹, mit Stunden des Gebets und der Meditation und Kommunion, die nur durch unentwegte Aufmerksamkeit eingehalten werden konnten, indem man ihnen nicht erlaubte, herumzugehen.

In dem Glauben, daß wir bereits wissen, was Aufmerksamkeit ist, und daß wir sie richtig beherrschen, werden wir die Betonung, die die Brudergemeinschaft darauf gelegt hat, darauf hinzuarbeiten, wahrscheinlich als kurzsichtig und naiv ansehen, wenn nicht als unehrliche und eingefahrene heutige Vorurteile über die Irrelevanz und den Aberglauben mittelalterlicher Religionen bestätigen. Aber wer von uns hat sich mit dieser Frage eingehend befaßt? Was ist der Unterschied zwischen Aufmerksamkeit und Konzentration? Steht die Aufmerksamkeit, die der Mensch zu beherrschen glaubt, wirklich frei und beweglich zu seiner Verfügung? Wird sie nicht ständig abgelenkt? Wenn seine Aufmerksamkeit unfrei ist, wo befindet er sich dann, und woher soll er es wissen? Wenn es nur eine bereits bekannte Aufmerksamkeit gibt, welche Bedeutung hat dann der Schlaf der Menschen und ihre Fähigkeit, zu erwachen, wie es in den religiösen Glaubenslehren beschrieben wird? Die Frage der Aufmerksamkeit steht nicht nur mit den Gedanken und dem ›Geist‹ in Verbindung, sondern auch mit den faktisch autonomen Welten der Gefühle, der Wahrnehmungen und der Instinkte. Alles in allem können sie alles verstehen, praktisch und auf Erfahrensebene, anstatt intellektuell und theoretisch: Schon ein Schimmer dieses Verständnisses befähigt uns, gegenüber der Brudergemeinschaft gerechter zu sein, weil wir uns in ihre Lage versetzen.

Lesen Sie, was ein anderer Zeitgenosse des Harderwijk-Bruders, der über die alten Aufzeichnungen der Spiritualität nachdachte, geschrieben hat:

»... die heiligen Männer erzählen uns von verschiedenen Arten der Aufmerksamkeit beim Gottesdienst. Aber weil die Menschen in diesen Tagen etwas schwer von Begriff und in göttlichen Dingen nicht sehr geübt sind, erkennen nur wenige, welche spirituelle Bedeutung das, was uns diese heiligen Männer sagen, hat.« (S. 284-285)

»Zur Jahrhundertwende kam es zu einer starken Verflechtung. In den neunziger Jahren des 14. Jahrhunderts hatte Cisneros [Garcia Cisneros, Abt von Montserrat] Paris besucht und von dort Kopien der Arbeiten von Zerbolt, Radewijns, Kempis und Mombaer mitgebracht. Letzterer schreibt im Prolog zu *Rosetum exercitiorum spiritualium* (1494):

›Exercitabam et scopebam a Hierusale et in Hiericho de lapsum originali iusticia, dignitate, puritate spoliatum resculpere, reformare atque in priorem restituere gradum opere precium erit purgativis primum exercitiis exemplo clarissimi prophete David a viciis et corruptis affectibus eundem spiritum scopere, purgare, castigare.‹ Es wäre gut möglich, daß Cisneros mit Mombaer zusammengetroffen ist, der 1496 in Paris gewesen sein soll, um dort mit der Hilfe von John Standonck die Windesheimer Disziplin in bestimmten Augustiner-Häusern einzuführen. Cisneros' *Directorium horarium canonicarum* und *Ejercitatorio de la Vide Espirituel* umreißen in groben Zügen ein System der Meditation und Übungen zur Stärkung der Aufmerksamkeit während Horarium und Messe und sprechen von der Wiederherstellung der inneren Ordnung und des Gleichgewichts im Geist der neuen Frömmigkeit.

Unser gesamtes Material betrifft, auf die eine oder andere Art, die praktische Beziehung zwischen religiösen Gedanken und Methoden. Andererseits gibt es eine alte Lehre des Mikrokosmos, nach der das Niedere nach dem Bild des Höheren geschaffen wurde, und mit der Vorstellung von einer universellen, aber verborgenen Ordnung in allen Welten, und andererseits gibt es den Menschen selbst, aber am falschen Platz: Und dann gibt, oder gab, es noch die Religion. Rufen wir uns ins Gedächtnis, daß die ›Möglichkeit besteht, daß alle aufrichtigen religiösen Gedanken empirisch sind, und daß sie in eine Methode eingebettet sind, mit deren Hilfe der Mensch die Erfahrungen sammeln kann, die er braucht, um sie zu prüfen und zu benutzen‹. Es mag schwierig sein, die praktische Anwendbarkeit zu definieren, den Schlüssel zum lebendigen Verständnis dieser Gedanken, denn Beweise für eine religiöse Kultur sind relativ ungeschliffen und oberflächlich und wir selbst unerfahren, aber ihre Aufzeichnungen deuten auf diese Möglichkeit hin, und die Brüder des gemeinsamen Lebens haben sicherlich geglaubt, daß sie eine Methode besaßen. Die Bedeutung der Methode muß mit einer bereits bekannten Möglichkeit, uns ehrlichen religiösen Gedanken zu öffnen, in Zusammenhang stehen. Deshalb hat die Devotio moderna auf das Wachstum der Aufmerksamkeit des Herzens durch Selbsterkenntnis großen Wert gelegt.

Als Folge hat der Reformationsgedanke viele traditionelle Vorstellungen von Ordnung als Reaktion auf die theoretischen Ausführungen der spätmittelalterlichen Scholastik abgelehnt und es den Platonikern der Renaissance überlassen, die alten Kategorien neu zu deuten, und sich auf eine Ordnung konzentriert, die, genauso wie die Freiheit, als etwas Äußerliches begriffen wurde, als eine Frage der Organisation.« (S. 234-235)

Anhang II
Vom Fischer und seiner Frau

Es war einmal ein Fischer, der lebte mit seiner Frau in einem Graben dicht am Meer. Der Fischer ging jeden Tag zum Fischen, und eines Tages, als er sich mit seiner Angel an den Strand setzte und hinaussah auf das glitzernde Wasser und seine Leine beobachtete, wurde seine Angel plötzlich bis tief unter das Wasser gezogen, und als er sie hochzog, hing ein großer Fisch daran. Der Fisch sagte zu ihm: »Bitte, laß mich am Leben: Ich bin kein richtiger Fisch; ich bin ein verzauberter Prinz. Wirf mich wieder ins Wasser und laß mich frei.« – »Oh!« sagte der Mann. »Du brauchst wegen der Sache nicht so viele Worte zu verlieren; ich will nichts mit einem Fisch zu tun haben, der sprechen kann; also schwimm ruhig weg, sobald es dir gefällt.« Dann warf er ihn wieder ins Wasser, und der Fisch schoß bis hinunter zum Meeresgrund und zog einen langen Blutstreifen hinter sich her.

Als der Fischer nach Hause ging und zu seiner Frau im Graben kam, erzählte er ihr, wie er einen großen Fisch gefangen hatte und wie dieser ihm gesagt hatte, daß er ein verzauberter Prinz sei, und daß er ihn, als er ihn sprechen hörte, wieder freigelassen hätte. »Hast du dir denn nichts von ihm gewünscht?« sagte die Frau. »Nein«, sagte der Mann, »was hätte ich mir denn wünschen sollen?« – »Ach!« sagte die Frau, »wir leben hier ziemlich elend in diesem gräßlichen stinkenden Graben; geh zurück und sag dem Fisch, daß wir eine kleine Hütte wollen.«

Dem Fischer gefiel die Sache nicht besonders; trotzdem ging er zurück zum Meer, und als er dort ankam, sah das Wasser ganz gelb und grün aus. Und er stand am Rand des Wassers und rief:

»Manntje, Manntje, Timpe Te,
Buttje, Buttje in der See,
meine Frau, die Ilsebill,
will nicht so, wie ich wohl will.«

Da kam der Fisch zu ihm geschwommen und sagte: »Na, was will sie denn?« – »Ach!« erwiderte der Fischer, »meine Frau sagt, ich hätte dich, als ich dich gefangen habe, um etwas bitten sollen, bevor ich dich wieder losließ; sie möchte nicht länger in dem Graben leben und wünscht sich eine kleine Hütte.« »Geh nach Hause«, sagte der Fisch, »sie ist schon in der Hütte.« Und so ging der Mann nach Hause und sah seine Frau, die vor der Tür einer Hütte stand. »Komm herein, komm herein«, sagte sie, »ist das nicht besser als der Graben?« Und da waren ein Wohnzimmer und ein Schlafzimmer und eine Küche; und hinter der Hütte war ein kleiner Garten mit allen möglichen Blumen und Früchten, und ein Hof voller Enten und Hühner. »Ach!« sagte der Fischer. »Wie glücklich wir sein werden!« – »Wenigstens werden wir es versuchen«, sagte seine Frau.

Eine Woche oder zwei ging alles gut, aber dann sagte die Frau: »Mann, es ist nicht genug Platz in dieser Hütte, der Hof und der Garten sind viel zu klein; ich möchte gern ein großes steinernes Schloß haben, um darin zu wohnen; geh also noch einmal zu dem Fisch und sage ihm, daß er uns ein Schloß geben soll.« – »Frau«, sagte der Fischer, »ich mag nicht noch einmal zu ihm gehen, denn dann wird er vielleicht böse; wir sollten uns mit der Hütte zufriedengeben.« – »Unsinn!« sagte die Frau. »Er wird es gern geben; geh schon und versuch es!«

Der Fischer ging, aber sein Herz war schwer; und als er ans Meer kam, sah es blau und trüb aus, obwohl es völlig ruhig war, und er ging bis dicht heran und rief:

»Manntje, Manntje, Timpe Te,
Buttje, Buttje in der See,
meine Frau, die Ilsebill,
will nicht so, wie ich wohl will.«

»Na, was will sie denn jetzt haben?« sagte der Fisch. »Ach!« sagte der Mann bekümmert, »meine Frau will in einem steinernen Schloß wohnen.« – »Dann geh wieder nach Hause«, sagte der Fisch, »sie steht schon an der Tür.« Und so ging der Fischer fort und fand seine Frau, die vor einem großen Schloß stand. »Schau her«, sagte sie, »ist das nicht wunderbar?« Und dann gingen sie zusammen in das Schloß und fanden dort eine große Anzahl Diener, und die Zimmer waren reich möbliert und vollgestellt mit goldenen Stühlen und Tischen; und hinter dem Schloß war ein Garten und ein Wald, eine halbe Meile lang, mit Schafen und Ziegen und Hasen und Rehen; und im Hof waren Pferdeställe und Kuhställe. »Nun«, sagte der Mann, »jetzt werden wir in diesem wunderschönen Schloß wohnen und für den Rest unseres Lebens glücklich und zufrieden sein.« – »Vielleicht werden wir das«, sagte die Frau, »aber laß uns nachdenken und darüber schlafen, bevor wir uns dazu entschließen.« Und so gingen sie zu Bett.

Am nächsten Morgen, als die Frau aufwachte, war es heller Tag, und sie stieß den Fischer mit dem Ellbogen an und sagte: »Steh auf, Mann, und setz dich in Bewegung, denn wir müssen König des ganzen Landes werden.« – »Frau, Frau«, sagte der Mann, »warum sollten wir uns wünschen, König zu sein! Ich will kein König sein.« – »Dann werde ich es sein«, sagte die Frau. »Aber Frau«, erwiderte der Fischer, »wie kannst du König sein? Der Fisch kann dich nicht zum König machen.« – »Mann«, sagte sie, »hör auf zu reden, sondern geh los und versuch es; ich will König sein!« Und so ging der Mann los und war ziemlich bekümmert, als er daran dachte, daß seine Frau König sein wollte. Das Meer hatte eine dunkle graue Farbe und war mit Schaum bedeckt, als er rief:

»Manntje, Manntje, Timpe Te,
Buttje, Buttje in der See,
meine Frau, die Ilsebill,
will nicht so, wie ich wohl will.«

»Na, was will sie jetzt haben?« sagte der Fisch. »Ach!« sagte der Mann. »Meine Frau will König sein.« – »Geh nach Hause«, sagte der Fisch, »sie ist schon König.«

Da ging der Fischer nach Hause, und als er dicht beim Palast war, sah er einen Trupp Soldaten und hörte das Geräusch von Trommeln und Trompeten; und als er eintrat, sah er seine Frau auf einem hohen Thron aus Gold und Juwelen sitzen, mit einer goldenen Krone auf dem Kopf; und auf jeder Seite von ihr standen sechs wunderschöne Jungfrauen, jede einen Kopf größer als die andere. »Nun, Frau«, sagte der Fischer, »bist du König?« – »Ja«, sagte sie, »ich bin König.« Und als er sie eine lange Weile angesehen hatte, sagte er: »Ach, Frau! Was für eine schöne Sache es ist, König zu sein! Jetzt werden wir uns nie mehr etwas zu wünschen brauchen.« – »Ich weiß nicht, wie es sein wird«, sagte sie, »niemals ist eine lange Zeit. Ich bin König, das ist wahr, aber fast bin ich es schon wieder leid, und ich glaube, ich würde gern Kaiser sein.« – »Ach, Frau, warum solltest du dir wünschen, Kaiser zu sein?« fragte der Fischer. »Mann«, sagte sie, »geh zu dem Fisch; ich sage, ich will Kaiser sein.« – »Ach, Frau!« erwiderte der Fischer. »Der Fisch kann keinen Kaiser machen, und ich würde ihn nicht gern darum bitten.« – »Ich bin König«, sagte die Frau, »und du bist mein Sklave, geh also sofort hin!« Und so mußte der Fischer gehen; und während er ging, murmelte er: »Das wird kein gutes Ende nehmen, es ist zuviel, um darum zu bitten, der Fisch wird am Ende böse werden, und dann werden wir bereuen, was wir getan haben.« Schon bald kam er am Meer an, und das Wasser war völlig schwarz und trüb, und ein mächtiger Wirbelwind blies darüber hinweg; aber er ging ans Ufer und rief:

»Manntje, Manntje, Timpe Te,
Buttje, Buttje in der See,
meine Frau, die Ilsebill,
will nicht so, wie ich wohl will.«

»Was kann sie denn jetzt schon wieder haben wollen!« sagte der Fisch. »Ach!« sagte der Fischer. »Sie will Kaiser sein.« – »Geh nach Hause«, sagte der Fisch, »sie ist schon Kaiser.«

Und so ging er wieder nach Hause; und als er näherkam, sah er seine Frau, die auf einem sehr, sehr sehr hohen Thron aus einem Stück Gold saß, mit einer großen Krone auf dem Kopf, volle zwei Meter hoch, und auf jeder Seite von ihr standen ihre Diener und Gefolgsleute in einer Reihe, einer kleiner als der andere, von dem größten Riesen bis hinunter zum kleinsten Zwerg, nicht größer als mein Finger. Und vor ihr standen Prinzen und Herzöge und Grafen; und der Fischer ging hinauf zu ihr und sagte: »Frau, bist du Kaiser?« – »Ja«, sagte sie, »ich bin Kaiser.« – »Ach!« sagte der Mann, während er sie anstarrte, »was für eine schöne Sache es ist, Kaiser zu sein!« – »Mann«, sagte sie, »warum sollten wir dabei bleiben, Kaiser zu sein; als nächstes werde ich Papst sein.« – »O Frau, Frau!« sagte er. »Wie kannst du Papst sein? Im Christentum gibt es immer nur einen Papst zu jeder Zeit.« – »Mann«, sagte sie, »ich werde noch heute Papst sein.« »Aber der Fisch kann dich nicht zum Papst machen«, erwiderte der Mann. »Was für ein Unsinn!« sagte sie. »Wenn er mich zum Kaiser machen kann, kann er mich auch zum Papst machen, geh hin und versuch es.« Und so ging der Fischer los. Aber als er an das Ufer kam, wütete ein Sturm, und das Meer war aufgewühlt wie kochendes Wasser, und die Schiffe waren in großer Bedrängnis und tanzten furchterregend auf den Wellen; in der Mitte des Himmels war ein kleiner blauer Fleck, aber nach Süden war er ganz rot, als würde sich ein furchtbares Unwetter zusammenbrauen. Der Fischer hatte schreckliche Angst und zitterte, daß seine Knie aneinanderschlugen; aber er ging an den Strand und rief:

»Manntje, Manntje, Timpe Te,
Buttje, Buttje in der See,
meine Frau, die Ilsebill,
will nicht so, wie ich wohl will.«

»Was will sie denn jetzt?« fragte der Fisch. »Ach!« sagte der Fischer, »meine Frau will Papst sein.« – »Geh nach Hause«, sagte der Fisch, »sie ist schon Papst.«

Da ging der Fischer nach Hause und fand seine Frau, die auf einem Thron saß, der zwei Meilen hoch war; und sie hatte drei große Kronen auf dem Kopf, und um sie herum standen der ganze Prunk und die Macht der Kirche; und auf jeder Seite waren zwei Reihen brennender Lichter, in allen Größen, das größte so groß wie der höchste und mächtigste Turm auf der Welt, und das kleinste nicht größer als ein Binsenlicht. »Frau«, sagte der Fischer, als er diese ganze Pracht erblickte, »bist du Papst?« »Ja«, sagte sie, »ich bin Papst.« – »Nun, Frau«, erwiderte er, »es ist eine großartige Sache, Papst zu sein; aber jetzt mußt du dich zufriedengeben, denn noch Größeres kannst du nicht sein.« – »Ich werde darüber nachdenken«, sagte die Frau. Dann gingen sie zu Bett; aber die Frau konnte die ganze Nacht nicht schlafen, weil sie darüber nachdachte, was sie als nächstes sein wollte. Endlich wurde es Morgen, und die Sonne ging auf. ›Ha!‹ dachte sie, als sie durch das Fenster zu ihr hinsah. ›Kann ich die Sonne nicht davon abhalten, aufzugehen?‹ Darüber war sie sehr zornig, und sie weckte ihren Mann und sagte: »Mann, geh zu dem Fisch und sage ihm, daß ich Herr der Sonne und des Mondes sein will.« Der Fischer war noch halb im Schlaf, aber der Gedanke erschreckte ihn so sehr, daß er zusammenfuhr und aus dem Bett fiel. »Ach, Frau!« sagte er, »kannst du dich nicht damit zufriedengeben, Papst zu sein?« – »Nein«, sagte sie, »ich fühle mich sehr unbehaglich und kann es einfach nicht ertragen, zuzusehen, wie die Sonne und der Mond ohne meine Erlaubnis aufgehen. Geh sofort zu dem Fisch.«

Da begann der Mann vor Angst zu zittern, und als er zum Strand hinunterging, erhob sich ein schrecklicher Sturm, daß Bäume und Felsen schwankten; und der Himmel wurde schwarz, und Blitze zuckten, und Donner grollte; und im Meer hätte man große schwarze Wellen wie Berge so hoch sehen können, mit einer weißen Schaumkrone oben drauf, und der Fischer rief:

»Manntje, Manntje, Timpe Te,
Buttje, Buttje in der See,
meine Frau, die Ilsebill,
will nicht so, wie ich wohl will.«

»Was will sie jetzt?« sagte der Fisch. »Ach!« sagte er. »Sie will Herr der Sonne und des Mondes sein.« – »Geh wieder nach Hause«, sagte der Fisch, »in deinen Graben!« Und da leben sie bis heute.

Weitere Bücher zum Thema

Norman Angell, *The Story of Money,* New York: Stokes Company, 1929. Ein kleiner und humaner Überblick für den Laien; das beste Buch seiner Art.

Hayyim Nahman Bialik, *And It Came to Pass: Legends and Stories About King David and King Salomo,* New York: Hebrew Publishing Co., 1938. Eine Sammlung einfach und gut dargestellter Salomonischer Legenden.

Fernand Braudel, *Capitalism and Material Life 1400-1800,* Harper and Row, 1973. Ein großer Gelehrter betrachtet die außergewöhnliche Geschichte alltäglicher Dinge, einschließlich der Vorrichtung namens Geld, »das nie aufhört, die Menschheit zu überraschen«.

Norman O. Brown, *Hermes the Thief: The Evolution of a Myth,* University of Wisconsin Press, 1947. Provokative und tiefe Einsichten, die sich mit dem legendären Gott der Wirtschaft, Tausch, Geheimnis, den Schlichen und dem Engagement in allen Kräften des Lebens beschäftigen. Ein faszinierender Teil des Gedankens vom Weg ins Leben.

William H. Desmonde, *Magic, Myth and Money: The Origin of Money in Religions Ritual,* New York: The Free Press of Glencoe, 1962. Ein kühnes und überzeugendes Argument für die spirituellen Ursprünge des Geldes.

John Kenneth Galbraith, *Gesellschaft im Überfluß,* München-Zürich: Droemersche Verlagsanstalt Th. Knaur Nachf., 1959. Zu Recht ein moderner Klassiker voller Einsicht, gesundem Menschenverstand und Klugheit.

John Kenneth Galbraith, *Geld. Woher es kommt, wohin es geht,* München-Zürich: Droemersche Verlagsanstalt Th. Knaur Nachf., 1976. Eine ausgezeichnete historische Analyse der Natur des Geldes in der amerikanischen Gesellschaft.

Louis Ginzberg, *The Legends of Jews,* Philadelphia: The Jewish Publication Society of America, 1909. Eine prächtige mehrbändige Legendensammlung, die alle Völker und Ereignisse der Bibel umfaßt.

Robert W. Green, Hrsg., *Protestantism and Capitalism: The Weber Thesis and Its Critics,* Boston; D. C. Heath and Co., 1959. Eine Sammlung ausgezeichneter Essays für und gegen Webers Ansicht vom

Protestantismus und Kapitalismus. Der Artikel von Kemper Fullerton über Calvinismus und Kapitalismus ist besonders hilfreich.

William Greider, *Secrets of the Temple. How the Federal Reserve Runs the Country,* New York: Simon and Schuster, 1987. Ein faszinierender und umfassender Bericht über die Bedeutung des Geldes im amerikanischen Leben.

G. I. Gurdjieff, *Begegnungen mit bemerkenswerten Menschen,* Frankfurt: Sphinx, 1992. Dieser auf mehreren Ebenen geschriebener Bericht Gurdjieffs schließt in einem langen Kapitel, ›The Material Question‹, seine eigene Suche mit ein und zeigt, wie ein Meister des Wegs im Leben der Frage des Geldes begegnet.

Lewis Hyde, *The Gift: Imagination and the Erotic Life of Property,* New York: Vintage Books, 1979. Ein brillanter Essay über den Platz der künstlerischen Kreativität in der Welt des Kaufens und Verkaufens.

Albert Hyma, *The Christian Renaissance: A History of the ›Devotio moderna‹,* New York: The Century Co., 1924. Eine fundierte akademische Geschichte der Brüder des gemeinsamen Lebens.

Rufus M. Jones, *Studies in Mystical Religion,* London: Macmillan and Co., 1909. Stellt die Brüder des gemeinsamen Lebens auf intelligente Weise in den breiteren Rahmen der Geschichte westlicher Religionen.

Jacques le Goff, *Wucherzins und Höllenqualen: Ökonomie und Religion im Mittelalter,* Stuttgart: Klett-Cotta, 1988. Eine tiefgründige Analyse des Zinswuchers.

Moses Maimonides, *Führer der Unschlüssigen.* Hrsg. von Adolf Weiss. Phil. Bibliothek. Frankfurt: H. Meiner, 1972. Ein überragendes und umfassendes Werk des größten jüdischen Philosophen, das die inneren Bedeutungen der Bibel mit außerordentlicher Logik, praktischer moralischer Weisheit und mystischer Sensibilität offenlegt.

P. D. Ouspensky, *Auf der Suche nach dem Wunderbaren,* München: Scherz Verlag, 1991. Der beste Bericht eines Schülers über die Lehren von G. J. Gurdjieff und den Gedanken vom Weg im Leben.

Michael Phillips, *The Seven Laws of Money,* New York: Random House, 1974. Das erste Buch seiner Art, und noch immer das beste, das sich bemüht, Geld wieder als einen Diener und nicht als einen Meister zu behandeln. Voller gesundem Menschenverstand und humanistischen Idealen.

Nancy Wilson Ross, *A Way of Life and Thought,* New York: Alfred A. Knopf, 1980. Es gibt inzwischen viele ausgezeichnete Bücher, die dem westlichen Geist die Grundlagen des Buddhismus erklären. Dieses ist eins der besten.

Harry Scherman, *The Promises Men Live By: A New Approach to Economics.* New York: Random House, 1938. Einer der interessantesten Versuche, die Natur des Geldes in Begriffen zu erklären, die menschlich bedeutsam sind.

E. F. Schumacher, *Small is Beautiful: Economics as if People Mattered,* New York: Harper and Row, 1973. Eine visionäre Humanisierung der Wirtschaftswissenschaft. Tiefe Einsichten in die Beziehung zwischen den spirituellen und den materiellen Dimensionen des menschlichen Lebens.

Georg Simmel, *Philosophie des Geldes,* Berlin: Duncker & Humblot, 1958. Eine erstaunlich breit angelegte Behandlung der sozialen, psychologischen und philosophischen Aspekte des Geldes.

R. H. Tawney, *Religion und Frühkapitalismus,* Bern: A. Francke AG. Verlag, 1946. Eine der wichtigsten Untersuchungen der zuerst von Max Weber behandelten Themen, deren Einsichten dabei helfen, die einseitigen Auslegungen der Weberschen These zu interpretieren, und die ein faszinierendes Bild von dem sozialen und religiösen Kontext der Geburt des modernen Kapitalismus geben.

Max Weber, *Die protestantische Ethik,* I und II. Eine Aufsatzsammlung. Hrsg. v. Johannes Winckelmann, Gütersloh: Gütersloher Verlagshaus Gerd Mohn, 1991. Webers revolutionäre Analyse der Beziehung zwischen dem Calvinismus und dem modernen Kapitalismus, deren Lektüre unbedingt erforderlich ist.

Philosophie
in den suhrkamp taschenbüchern

Adorno, Theodor W.: Erziehung zur Mündigkeit. Vorträge und Gespräche mit Hellmut Becker 1959-1969. Herausgegeben von Gerd Kadelbach. st 11

Alain: Die Pflicht, glücklich zu sein. Aus dem Französischen übertragen und mit einem Nachwort versehen von Albrecht Fabri. st 859

Bloch, Ernst: Freiheit und Ordnung. Abriß der Sozialutopien. st 1264

Broch, Hermann: Philosophische Schriften. 2 Bde. st 375

Cioran, E. M.: Gevierteilt. Aus dem Französischen von Bernd Mattheus. st 1838

Dürckheim, Karlfried Graf: Erlebnis und Wandlung. Grundfragen der Selbstfindung. st 1945

Foucault, Michel: Überwachen und Strafen. Die Geburt des Gefängnisses. Aus dem Französischen von Walter Seitter. st 2271

Geschichte der Philosophie. Eine Einführung in die europäische Philosophiegeschichte mit Blick auf die Geschichte der Wissenschaft und die politische Philosophie. Zweiter Band. Herausgegeben von Gunnar Skribekk und Nild Gilje. Übersetzt von Lothar Schneider. st 2168

Horstmann, Ulrich: Das Untier. Konturen einer Philosophie der Menschenflucht. st 1172

Jonas, Hans: Dem bösen Ende näher. Gespräche über das Verhältnis des Menschen zur Natur. Erstausgabe. st 2197

– Der Gottesbegriff nach Auschwitz. Eine jüdische Stimme. st 1516

– Macht oder Ohnmacht der Subjektivität. Das Leib-Seele-Problem im Vorfeld des Prinzips Verantwortung. st 1513

– Materie, Geist und Schöpfung. Kosmologischer Befund und kosmogonische Vermutung. st 1580

– Philosophische Untersuchungen und metaphysische Vermutungen. st 2279

– Das Prinzip Verantwortung. Versuch einer Ethik für die technologische Zivilisation. st 1085

– Technik, Medizin und Ethik. Zur Praxis des Prinzips Verantwortung. st 1514

Koestler, Arthur: Die Wurzeln des Zufalls. Einzig berechtigte Übertragung aus dem Englischen von Irmgard Schoppmeier, unter Mitwirkung von Hans-Joachim Grünzig. st 181

Lem, Stanisław: Das Katastrophenprinzip. Die kreative Zerstörung im Weltall. Aus Lems Bibliothek des 21. Jahrhunderts. Aus dem Polnischen von Friedrich Griese. PhB 125. st 999

Lenk, Hans: Kritik der kleinen Vernunft. Einführung in die jokologische Philosophie. st 1771

257/1/11.94

Philosophie
in den suhrkamp taschenbüchern

Russell, Bertrand: Eroberung des Glücks. Neue Wege zu einer besseren Lebensgestaltung. Autorisierte Übersetzung von Magda Kahn. st 389

Sloterdijk, Peter: Der Zauberbaum. Die Entstehung der Psychoanalyse im Jahr 1785. Ein epischer Versuch zur Philosophie der Psychologie. st 1445

257/2/11.94

Soziologie, Ethnologie, Politik in den suhrkamp taschenbüchern

Adorno, Theodor W.: Studien zum autoritären Charakter. Aus dem Amerikanischen von Milli Weinbrenner. Vorrede von Ludwig von Friedeburg. st 107

Beck, Ulrich: Politik in der Risikogesellschaft. Essays und Analysen. Mit Beiträgen von Oskar Lafontaine, Claus Offe, Joschka Fischer, Erhard Eppler u.a. st 1831

– Das ganz normale Chaos der Liebe. st 1725

Brecht, Bertolt: Schriften zur Politik und Gesellschaft 1919-1956. st 199

Broch, Hermann: Politische Schriften. st 445

– Massenwahntheorie. Beiträge zu einer Psychologie der Politik. st 502

Camartin, Iso: Nichts als Worte? Ein Plädoyer für Kleinsprachen. st 1974

Duerr, Hans Peter: Intimität. Der Mythos vom Zivilisationsprozeß. Band II. Mit zahlreichen Abbildungen. st 2335

– Nacktheit und Scham. Der Mythos vom Zivilisationsprozeß. Band I. st 2285

– Sedna oder die Liebe zum Leben. st 1710

Elias, Norbert: Mozart. Zur Soziologie eines Genies. Herausgegeben von Michael Schröter. st 2198

Elias, Norbert / John L. Scotson: Etablierte und Außenseiter. Aus dem Englischen von Michael Schröter. st 1882

Enzensberger, Hans Magnus: Politik und Verbrechen. Neun Beiträge. st 442

Eribon, Didier: Michel Foucault. Eine Biographie. Aus dem Französischen von Hans-Horst Henschen. st 2226

Fanon, Frantz: Die Verdammten dieser Erde. Vorwort von Jean-Paul Sartre. Deutsch von Traugott König. st 668

Foucault, Michel: Überwachen und Strafen. Die Geburt des Gefängnisses. Aus dem Französischen von Walter Seitter. st 2271

Hesse, Hermann: Politik des Gewissens. Die politischen Schriften. 1. Band: 1914-1932. 2. Band: 1933-1962. Vorwort von Robert Jungk. Herausgegeben von Volker Michels. st 656

Konrád, György / Iván Szelényi: Die Intelligenz auf dem Weg zur Klassenmacht. Übersetzt von Hans-Henning Paetzke. st 726

Kracauer, Siegfried: Die Angestellten. Aus dem neuesten Deutschland. Mit einer Rezension von Walter Benjamin. st 13

Kraus, Karl: Sittlichkeit und Kriminalität. st 1311

Mayer, Hans: Außenseiter. st 736

– Der Turm von Babel. Erinnerung an eine Deutsche Demokratische Republik. st 2174

258/1/11.94

Soziologie, Ethnologie, Politik in den suhrkamp taschenbüchern

Moser, Tilmann: Politik und seelischer Untergrund. Aufsätze und Vorträge. Erstausgabe. st 2258

– Vorsicht Berührung. Über Sexualisierung, Spaltung, NS-Erbe und Stasi-Angst. st 2144

Opfer der Macht. Müssen Politiker ehrlich sein? Herausgegeben von Peter Kemper mit Beiträgen u.a. von Gernot Böhme, Alfred Grosser, Matthias Horx, Oskar Negt, Michael Rutschky, Klaus Staeck und Michael Stürmer. st 2380

Oz, Amos: Bericht zur Lage des Staates Israel. st 2192

Puhl, Widmar: Dichter für die Freiheit. Von der subversiven Kraft der Literatur in Osteuropa. st 2173

Schiffauer, Werner: Die Gewalt der Ehre. Erklärungen zu einem deutsch-türkischen Sexualkonflikt. st 894

Sternberger, Dolf: Drei Wurzeln der Politik. st 1032

Wesel, Uwe: Juristische Weltkunde. Eine Einführung in das Recht. st 2265

258/2/11.94

Politische Ökonomie und Wirtschaftsgeschichte in der edition suhrkamp

Abelshauser, Werner: Wirtschaftsgeschichte der Bundesrepublik Deutschland 1945-1980. NHB. es 1241

Berghahn, Volker: Unternehmer und Politik in der Bundesrepublik. NHB. es 1265

Dobb, Maurice: Wert- und Verteilungstheorien seit Adam Smith. Eine nationalökonomische Dogmengeschichte. Aus dem Englischen von Cora Stephan. es 765

Esser, Josef / Wolfgang Fach / Werner Väth: Krisenregulierung. Zur politischen Durchsetzung ökonomischer Zwänge. es 1176

Eßer, Klaus: Lateinamerika. Industrialisierungsstrategien und Entwicklung. es 942

Heimann, Eduard: Soziale Theorie des Kapitalismus. Theorie der Sozialpolitik. Mit einem Vorwort von Bernhard Badura. es 1052

Held, Karl / Theo Ebel: Krieg und Frieden. Politische Ökonomie des Weltfriedens. es 1149

Huffschmid, Jörg: Die Politik des Kapitals. Konzentration und Wirtschaftspolitik in der Bundesrepublik. es 313

Jaeger, Hans: Geschichte der Wirtschaftsordnung in Deutschland. NHB. es 1529

Kiesewetter, Hubert: Industrielle Revolution in Deutschland 1815-1914. NHB. es 1539

Mandel, Ernest: Der Spätkapitalismus. Versuch einer marxistischen Erklärung. es 521

Menzel, Ulrich: Auswege aus der Abhängigkeit. Die entwicklungspolitische Aktualität Europas. es 1312

– Das Ende der Dritten Welt und das Scheitern der Großen Theorie. es 1718

Menzel, Ulrich / Dieter Senghaas: Europas Entwicklung und die Dritte Welt. Eine Bestandsaufnahme. es 1393

Narr, Wolf-Dieter / Alexander Schubert: Weltmarkt und Politik. es 1892

Neumann, Franz L.: Wirtschaft, Staat, Demokratie. Aufsätze 1930-1954. Herausgegeben von Alfons Söllner. Die Übersetzung der in diesem Band enthaltenen englisch geschriebenen Aufsätze haben Sabine Gwinner und Alfons Söllner besorgt. es 892

Pankoke, Eckart: Die Arbeitsfrage. Arbeitsmoral, Beschäftigungskrisen und Wohlfahrtspolitik im Industriezeitalter. NHB. es 1538

Radkau, Joachim: Technik in Deutschland. Vom 18. Jahrhundert bis zur Gegenwart. NHB. es 1536

Ribeiro, Darcy: Unterentwicklung, Kultur und Zivilisation. Ungewöhnliche Versuche. Aus dem brasilianischen Portugiesisch von Manfred Wöhlcke. es 1018

306/1/5.94

Politische Ökonomie und Wirtschaftsgeschichte in der edition suhrkamp

Ronge, Volker: Bankpolitik im Spätkapitalismus. Politische Selbstverwaltung des Kapitals? Von Volker Ronge unter Mitarbeit von Peter J. Ronge. es 996

Senghaas, Dieter: Weltwirtschaftsordnung und Entwicklungspolitik. Plädoyer für Dissoziation. es 856

Strukturveränderungen in der kapitalistischen Weltwirtschaft. Margaret Fay, Ernest Feder, André Gunder Frank, Folker Fröbel, Jürgen Heinrichs, Otto Kreye, Anne-Marie Münster, Barbara Stuckey. Starnberger Studien. es 982

Sweezy, Paul M.: Theorie der kapitalistischen Entwicklung. Eine analytische Studie über die Prinzipien der Marxschen Sozialökonomie. Aus dem Amerikanischen von Gertrud Rittig-Baumhaus. Herausgegeben von Gisbert Rittig. es 433

Vobruba, Georg: Politik mit dem Wohlfahrtsstaat. Mit einem Vorwort von Claus Offe. es 1181

Wirz, Albert: Sklaverei und kapitalistisches Weltsystem. NHB. es 1256

Ziebura, Gilbert: Weltwirtschaft und Weltpolitik 1922/24-1931. Zwischen Rekonstruktion und Zusammenbruch. NHB. es 1261

306/2/5.94

Kulturgeschichte
in der edition suhrkamp

Aron, Jean-Paul / Roger Kempf: Der sittliche Verfall. Bourgeoisie und Sexualität in Frankreich. Aus dem Französischen von Agnes Bucaille-Euler, Birgit Spielmann und Gerhard Mahlberg. es 1116

Brunkhorst, Hauke: Der Intellektuelle im Land der Mandarine. es 1403

Engler, Wolfgang: Die zivilisatorische Lücke. Versuche über den Staatssozialismus. es 1772

Holbein, Ulrich: Der belauschte Lärm. es 1643

Kleinspehn, Thomas: Warum sind wir so unersättlich? Über den Bedeutungswandel des Essens. es 1410

Kultur. Bestimmungen im 20. Jahrhundert. Herausgegeben von Helmut Brackert und Fritz Wefelmeyer. es 1587

Lang, Bernhard / Colleen McDannell: Der Himmel. Eine Kulturgeschichte des ewigen Lebens. Mit zahlreichen Abbildungen. es 1586

Die Listen der Mode. Herausgegeben von Silvia Bovenschen. es 1338

Macho, Thomas H.: Todesmetaphern. Vom Reden über den Tod. es 1419

Mythos und Moderne. Begriff und Bild einer Rekonstruktion. Herausgegeben von Karl Heinz Bohrer. es 1144

Naturplan und Verfallskritik. Zu Begriff und Geschichte der Kultur. Herausgegeben von Helmut Brackert und Fritz Wefelmeyer. es 1211

Scholem, Gershom: Über einige Grundbegriffe des Judentums. es 414

Das Schwinden der Sinne. Herausgegeben von Dietmar Kamper und Christoph Wulf. es 1188

Vernant, Jean-Pierre: Die Entstehung des griechischen Denkens. Aus dem Französischen von Edmund Jacoby. es 1150

Veyne, Paul: Glaubten die Griechen an ihre Mythen? Ein Versuch über die konstitutive Einbildungskraft. es 1226

Die Wiederkehr des Körpers. Herausgegeben von Dietmar Kamper und Christoph Wulf. es 1132

308/1/5.94